超越化学教化学

唐隆健 著

图书代号:JY22N0137

图书在版编目(CIP)数据

超越化学教化学 / 唐隆健著. —西安: 陕西师范大学出版总社有限公司, 2022.2

ISBN 978-7-5695-2704-9

Ⅰ.①超… Ⅱ.①唐… Ⅲ.①中学化学课—教学研究 Ⅳ.①G633.82

中国版本图书馆 CIP 数据核字(2021)第 263342 号

超越化学教化学

唐隆健 著

责任编辑	王军翔　刘　琪
责任校对	刘惊宙
封面设计	张　彬
出版发行	陕西师范大学出版总社 (西安市长安南路 199 号　邮编 710062)
网　　址	http://www.snupg.com
印　　刷	兴平市博闻印务有限公司
开　　本	787 mm × 1092 mm　1/16
印　　张	14.5
字　　数	250 千
版　　次	2022 年 2 月第 1 版
印　　次	2022 年 2 月第 1 次印刷
书　　号	ISBN 978-7-5695-2704-9
定　　价	48.00 元

序

□房 喻

几天前，我的同事、青年教师顾泉博士转告我，他的大学同学、商洛中学化学教师唐隆健老师要出一本书，非常希望我能为之写序。虽然之前《中学化学教学参考》杂志王军翔主编曾给我讲到过唐隆健老师的优秀，但对于我来说，还远谈不上熟悉这位据说还旁听过我课的老师。所以我只能说，先把书稿发来我看看后再说。

浏览书稿后，我还真被打动了。由书稿不难看出唐隆健老师喜欢阅读，喜欢思考，还喜欢以文字与人交流。他热爱化学又不局限于学习化学，而是跳出化学学习化学、理解化学。作为肩负育人重任的理科老师这一点显得特别难能可贵。仅就“超越化学教化学”这一书名而言，我就觉得其不仅仅是契合书的内容，更是表达了一种理念，这就是化学教育不能囿于知识传授。如同教授其他课程一样，化学教育的根本是育人，是要学生通过这门课程的学习在素养，特别是化学这门课程能够赋予的独特素养上有所养成、有所提高，从而使学生终生获益。

我之所以认同唐隆健老师的“超越化学教化学”这一教学主张或理念，原因在于我一直认为没有人文就没有情怀，没有艺术就没有对美的感受。这种情怀和感受是优秀老师所必需的，是一个人是否有“厚度”、是否有“质感”的分水岭。教育需要爱，教育需要尊重，教育需要理解。这种发自内心的爱、尊重和理解，是人文阅读、艺术欣赏和长期修炼的必然结果。很难想象，一个对美麻木，对人文关怀没有感觉，对事物没有独立思考的人，会是一个活得有境界、有感染力、能够获得他人尊重的人。化学专业，包括其他理科专业的老师由于学习经历、知识结构的局限，这些要素往往比较欠缺，很需要通过自主学习弥补。可以说，唐隆健老师带了一个好头，做了一个示范，值得鼓励。

“超越化学教化学”上篇谈科学、哲学、教育心得，以及作者对阅读写作的认识等。这些无疑有助于提升对教育本质的认识，升华教学境界，助推化学教学。下篇则是作者对化学教学的独特思考，特别是对化学教学的哲学思考，对一线教师的帮助无疑会更加直接。

近几年我因参与国家课程标准修订工作，对中学化学教学有了一些了解，深感唐隆健老师在书中讨论的问题源自实践，他的认识发自肺腑。我相信这些思考对于一线教师搞好教育教学一定具有重要的参考价值。因此，我乐意向化学从业者，特别是中学化学教师推荐这本书。

2021 年 11 月 15 日于陕西师范大学长安校区

房喻，中共党员，中国科学院院士，英国 Lancaster 大学博士，陕西师范大学化学化工学院教授；曾任英国 Birmingham 大学 Research Fellow，陕西师范大学副校长、校长；现任中国化学会常务理事及应用化学学科委员会副主任、《Langmuir》顾问编委、《物理化学学报》等期刊编委、国家教材委员会委员、国家高中和义务教育化学课程标准修订组组长。曾获全国先进工作者、国家级教学名师、五一劳动奖章、全国优秀教师等荣誉。

前　言

记得刚大学毕业时，一位常在网上读我文章的高中同学便鼓励道："你的文章应该出版"，我当时觉得这很遥远。尽管一开始并未想到有一天要出书，但我深知阅读写作于人生的特殊价值（尤其作为老师），所以从高中到现在近二十年我一直保持着阅读、反思和写作的习惯。和我的成长之路一样，写作的路上也充满了荆棘，是因为一直有许多温暖善良的人（包括亲朋、师长、同事、学生、期刊编辑和一些素未谋面的同行等）在真挚地鼓励，才使我一路坚持。前不久，太原一位陌生的中医药工作者在知网读了我一篇讨论化学中的还原论的文章后，找到我的联系方式并和我进一步微信交流，这都是写作带来的奇妙缘分。

对于热爱读写和思考的人来说，出一本书不过是了却自己一个真诚而朴素的心愿。我一直认为，写作其实是一种典型的"自成目的"行为——过程本身就蕴含价值和回报，使人内在充实并反思和成长，就像阅读、听音乐、旅行和运动一样，而最后有什么结果反而不重要。

这些年在化学教学之余，我自觉在人文哲学等其他领域的涉猎从未停止，这种较大视野的阅读思考不仅让我能经常跳出化学看化学、跳出教育看教育，而且让我能用出世之心去做入世之事。在我熟知的大家（如丘成桐、钱学森、南京江敏老师等）中，没有一位是视野不开阔而局限于自己狭小领地的；在我了解的精英里，因高深专业知识抵挡不住灵魂世界的脆弱无助而使人生以悲剧收场者(如玻尔兹曼、王庆根、张首晟等)绝非个别。所以我始终觉得,不论作为老师、学生还是任何其他人,修炼一颗觉醒的、强大的、温暖的内心比获得外在种种成绩更为紧要。学科有界,但人的成长发展无限;理科重“理”,而人之幸福却离不开“情”。关于化学教学,每位老师都有自己的经验和理念,而我在这方面的体悟若要用一句话概括,那便是“超越化学教化学”,是为书名。

本书是对我多年阅读、教研和写作的一次系统梳理。主要选编了近年在化学教、学、研方面的一些思考和尝试,同时汇集了我在科学、哲学、教育、心理等领域阅读思考的心得。全书分上、下两篇,上篇重“道”,下篇偏“术”。上篇“教育随笔”含19篇文章,按主题分为“哲学科学”“教育学习”“阅读写作”“成长命运”四部分(篇幅约占全书四分之一);下篇“教研集萃”含26篇发表过的化学教学方面的文章,按主题分为“超越化学”“深度思考”“学科魅力”“思维素养”“教学方法”五部分。书中部分文章在当初发表时便得到了一些老师的反馈和共鸣,有的曾被中国人民大学书报资料中心《复印报刊资料·中学化学教与学》全文转载,有的被他人博客和公众号转发,还有老师专门收集过我的系列文章,这些都增强了我进一步将其整理出版的动力。

本书最大的特色就是既有上篇超越化学的人文哲学视野,又有下篇深入化学的学科理性思索,但愿两者能相得益彰。上篇多数文章虽与化学教学无直接关系,但就个人体会而言,有时恰恰是这些非专业领域的、不带强烈功利色彩的阅读思考,能给教学带来新鲜空气与灵感个性,让人能在更高更广的视野层面审视教学,这既是“超越化学教化学”的重要内涵,也是“生活即教育”理念的有力体现。归根结底,所有的学问和教育都是为了生命的茁壮成长和人的完整幸福。所以,本书既是与化学同行交流,也是与所有对教育、哲学和人生思考感兴趣的朋友交流。

值得一提的是，若书中某些内容有点思想，那很可能是从别人那学的，只不过加入了自己的一点注释与理解。我觉得对一般人而言，能认真踏实地去学习古今中外杰出者的思想智慧就已经不错了。因为读书越多的人越清楚一点：只要是个道理，前人差不多都已说过了（科技领域除外），只不过各人表达方式不同罢了（比如我们今天常说的“以人为本”，在康德那里可能就叫“人即目的”）。另外，因现在对以前的某些内容又有了新的认识，故部分文章在原发表的基础上略有改动。同时，因个人专业水平和人生阅历所限，书中定有浅薄或不当之处，请包容指正。

本书的出版，凝结了许多人的关心帮助。首先要感谢《中学化学教学参考》主编王军翔，他全程张罗出版事宜并亲自编校，在编校最忙的那段时间，几乎每天都与我通话并给出了许多中肯建议；感谢高中恩师杨盛峰老师最早鼓励我出版此书并多次为我加油打气；感谢我校（商洛中学）各位领导对该书出版的大力支持与鼓励；感谢好友顾泉为本书相关事宜付出了许多宝贵的时间精力；感谢敬爱的陕西师范大学原校长房喻院士在百忙之中阅读书稿并作序，给予了许多殷切鼓励和热忱帮助；感谢母校陕西师范大学化学化工学院各位领导为本书的出版给予的热情帮助和支持；感谢陕西师范大学出版总社刘琪等编辑为本书的出版所付出的辛勤劳动。

最后，借此机会，我也要深深地感谢一直关心鼓励我的家人、亲友、师长和同仁。

唐隆健

2021 年 12 月 11 日

目录

上篇：教育随笔

哲学科学

教育学习

阅读写作

成长命运

下篇：教研集萃

超越化学

深度思考

学科魅力

思维素养

教学方法

上篇：教育随笔

哲学科学

化学的上位概念应当是自然科学，再往上可能就是哲学（尤其是科学哲学）。“超越化学教化学”的一个基本要求就是要真正教（或学）好化学，得先理解好科学甚至哲学，从而在整个自然科学的世界图景和精神氛围中去更好地进行化学教与学。本部分文章有些是我个人对科学和哲学独特的思考与体会，有些则是直接分享科学大家对科学及化学的精彩认识。

科学随笔三则

一、科学的魅力

科学有三种极限形式的美：一是宇宙星空的浩瀚美，二是微观世界的变幻美，三是生命世界的神秘美。

费曼说理解科学以后，我们看世界的眼光就不一样了。比如，我们会知道树木不过是空气加阳光的另一种形态，万物运动最终大多是因为太阳、风花雪月这些完全不同的事物皆由原子构成，这一切深刻而有趣。

科学远不是“鬼火是磷火”那么简单，它经常是一种违反我们直觉经验而你却仍然不得不靠它来做决策的“硬知识”（如热力学定律、牛顿定律等），是一种可证实或证伪并不断自我纠错的解释自然的机制（如燃烧理论），是一种谨小慎微、尊重事实、逻辑严密的理性精神。科学还是一种通过不断学习达到不断深入认识（往往经历若干阶段）、不断自我超越的精神典范，科学的精神气质是谨慎的、怀疑的、实证的、创新的，它从不认为自己知道全部的最后真理。

重大科学发现总是试图寻找世界的内在联系与统一，从而把之前发现的若干不相关的东西统一起来。比如，麦克斯韦对电磁光的统一、量子力学及量子化学对微观世界的统一、电离理论对溶液诸多性质的统一、元素周期律对无机化学的统一等。

我觉得天地的统一至少有两大科学基础：一是牛顿力学（表明星体运行和苹果落地基于同一原理），二是原子论（星星月亮和地球万物都由同一周期表中的元素原子构成）。其中，万有引力定律是通过观察大量星体的环周运动，再结合惯性定律和牛顿第二定律演绎推理并带有猜测性地得出的（绝非“苹果砸出来”那么简单），它在科学上的伟大意义还在于增进了人们理解宇宙的信心。

“结构决定性能”是源于科学的一个基本观念，从化学分子、生物细胞到家庭社会都是如此。钱旭红院士曾说：“一些单位组织的内耗大、效率低，根源之一正是因其缺乏顶层系统设计而导致结构混乱与功能脆弱。”又如，生命与分子手性关系密切，分子水平的对称性破缺是生命微观层次的显著特征之一，生物蛋白几乎都由左旋氨基酸（S 构型）组成（原因仍是谜），人工合成氨基酸（包括很多药物）通常是两种手性异构各半的外消旋物，而生物酶也主要是左旋的，所以它只能消化或制造结构相配的左旋氨基酸。

很多自发化学反应和核反应就像在山顶上处于亚稳态的石头需推一把或踢一脚才能滚下去一样，也需要“推一把或踢一脚”以达到其活化能或核反应激发能（后者极大）才能发生。我们得感谢活化能和激发能，它们像是大自然专门为人类利用某些化学反应和核反应而配置的安全开关（核反应的这道开关真结实）。

溶解、扩散、气化、液化等现象均直观表明物质并非无间隙连续体，这可算作原子论最早的朴素证据。如今，冷热、酸甜、软硬、色彩、溶解、扩散、三态变化、表面张力、毛细现象等万千表象均可由“原子分子论”统一解释。当然，诚如薛定谔等科学家指出的：原子论并不能解释一切，否则人的心灵情感和伦理道德位置何在？假如我们做的所有事都是出于由必然运动方式构成的科学定律的强迫，那么思考是非善恶还有何意义？

由电子、质子和中子三者构成原子，原子再构成分子与万物，这或许是道家“三生万物”的一种科学解释吧！“三”是一个特殊而重要的数字，构成万物的原子的“三元组成”（尤其是中子对稳定性起着特殊作用）对人颇有启示，可视为一种超越简单二元对立思维（如阴阳正负、是非好坏、唯心唯物）的“多元思维”的隐喻和典范。

微积分是一种思想智慧。微分思想代表着一种普遍的分析和分解思维，它是思考的显微镜（如曲线由直线构成、地球表面微分是平面），积分则是微分的逆运算，是一种综合与合成思维。

二、科学的特质

激动人心的科学发现经常表现为大胆而有理地说“不”：伽利略说运动不需要力来维持，爱因斯坦说质量不一定守恒，普朗克说能量不是连续的，玻尔说核外电子可以不辐射，海森堡说科学有时测不准，杨振宁和李政道说粒子世界不对称，谢苗诺夫说化学反应往往不是一步完成的，巴特列特说氙不是惰性的……

科学概念往往由日常概念发展变换而来，通过剔除后者中的含糊性质而获得严格定义。速度和速率的区别是这方面的一个典型例子，显然前者作为矢量更利于科学的发展。又如，物理中的“功”（是理解“能量”的基础），其英文（work）和“工作”为同一词，显然前者由后者抽象而来。

西方科技的兴盛，是因为他们慢慢地有了一个假设和信念：世界是可以被理解和预见的（主要基于因果律），而古代东方则给了它过多神秘的色彩。

很多学者都指出过，我们的民族擅长想象类比、整体直觉和辩证思维，但曾一度缺乏逻辑推理与分析实证能力，不重视过程原理，故出得了火药、指南针、中医和西游记，但诞生不了化学、物理、生物等现代科学。

科学中有些重要定律并不能通过严格推理和严密实验得出（即唯象理论，像数学中的公理），而只能通过大量观察归纳或极限推理得到，如惯性定律和能量守恒定律，人们对这类知识只停留在知其然而不知其所以然的境地。科学中很多看似熟悉的概念定律实际上具有极其抽象的特征（熟知非真知），人们往往只能说出它大致是什么和有什么用，而难以说清其详细机制原理，如万有引力、能量及其守恒、量子力学等，连费曼这样的大家都只能通过比喻和举例来说明“能量守恒”。很多所谓的概念解释，不过是用一些文字替代另一些文字。

现代科学是以还原论和分类法为指导而形成的庞大有序的知识体系。为弥补在分解还原过程中丢失的信息和切断的联系，学科交叉势在必行。据说现实中，企业技术保密的一种方式正是将那些关键技术拆分还原给若干具体学科专家，使参与者只见树木不见森林。

在生命科学和社会科学（如经济学）中，由于现象素材要比数学和物理复杂得多，故难以建立完善的数学模型，很难达到物理学那样的精度。

对一个理论或模型的评价，最好是说它有没有用而非对不对，因为史上很多科学模型尽管有各种缺陷因而不断被改进甚至替代，但大部分至今仍在各自的适当范围内有用，比如原子结构的行星模型。

化学中的科学命名与传统习俗（旧术语）间往往存在一种较量和两难，想要始终如一地遵循系统简单的命名原则有时很难。如，若类比硫酸、磷酸、碳酸，HNO_3似乎应叫氮酸，但实际却叫硝酸，因为硝酸首先来自硝石，而氮元素的发现却在硝酸之后。又如，硫酸早期来自铁矾（绿矾），故又俗称矾油。

三、科学的学习

《道德经》中虽无具体科学知识，但我以为其开篇语“道可道，非常道”却是学科学最好的座右铭。在科学里，一边是自然本真与客观规律（作为名词的“道”），一边是人为用概念符号、理论假说和规则模型对事实规律的描述（作为动词的“道”），这一自觉区分对理解科学的本质极为紧要。科学家费曼、诺德·霍夫曼、格林伍德和杰出化学教育工作者傅鹰、江敏老师等，都表达过类似的自觉。如今概念术语满天飞，很多时候不过是在用新的语言样式重复古老的常识。

因此，在科学教学中一定要引领学生学会领悟区分什么是人为的“游戏规则”（如分子中手性碳的 R 或 S 构型界定），什么是真正的科学事实和规律真相（如手性异构的普遍性及手性合成的意义）。

学习科学时，常有一些错误直觉和迷思概念根深蒂固地阻碍我们认知，不是简单的一次学习就能克服的，如多数儿童会认为我们之所以看见物体是因为光照亮了那个区域而不知道是光的反射。直觉只在某些场合非常高效，但由于它依赖于感官，故在抽象、微观或宇观领域往往无能为力甚至带来谬误。很多抽象科学领域，更需要的是耐心点滴的探索实践，即罗素的“逻辑原子主义”（基于客观事实和逻辑推理）。伽利略对科学的最大贡献之一就在于他使用了“超越直觉”的观点进行科学发现，因此推翻了人们之前认为“力与速度间有直接联系”这一持续几千年的谬误，牛顿也正是在此基础上才提出了他的运动定律和万有引力定律。

无知即灾难，对科学无知的代价往往惨痛。如，古人出于对财富和长寿的向往，想“点石成金”和拥有“金刚不坏之身”，企图通过服用含金属的丹药让躯体像某些金属（尤其金子）那样永葆光泽而不衰，结果许多帝王名士死于毒仙丹（据说李世民便是）。不过无心插柳柳成荫，虽没炼成黄金和仙丹，却积累了大量化学的前期感性知识。

既然能量守恒，又何来能源危机一说？这是因为人们在能源使用过程中往往改变了其品位和聚集程度，进而降低了其可用性（能量贬值）。如化学能、电能、机械能都比热能品位高（热能无法自发全部地转化为别种能量）。即便同样是用水提供热能，水蒸气又比液态水提供的能量品位高，因为前者蕴含大量分子平动能，其可用性更强（如用于蒸汽机等）。

物质的气液固不同相态是由其构成微粒的热运动（出于追求自由的熵增本性）与微粒间相互作用（化学键或分子间作用力）和大气压共同较量的结果。对气态物质而言，分子热运动占绝对上风，对固态而言显然后两者占上风，而对液态物质可以说这种较量有些势均力敌。另外，如果把物质热运动完全停止时的温度称为绝对零度的话，显然就没有比这更低的温度了，因为怎么可能有比静止更慢的运动呢?

初中的平面几何表面上是学边角线面，实质上是在学形式逻辑和演绎思维。平面几何从简单明了、不可辩驳的几条公理出发，用严密的逻辑演绎得到大量推论并最终形成了庞大的学科体系，成为现代科学的典范。牛顿力学、热力学、量子力学等的建立莫不如此。

不断发现问题，不断扩大数域，这便是“数的进化”。减法是加法的逆运算，且由减法引出了负数；乘法是一种特殊的加法，除法是乘法的逆运算，且由除法引出了分数；为了填满整个实数轴（使其具有连续性），引入了无理数；为了自由对任意数开平方，引出了虚数。其中，$1+1=2$ 可谓整个代数之根基。

用大规模统计发现事物间的“相关性”是基本科学方法之一。但要注意，有相关性未必有因果性（如统计发现事件A和B相关性很高，但可能是因为A与B都是由第三者C决定的）。国际医学权威曾专文指出许多医学研究不靠谱，主要原因就是大部分医学研究结论都是“弱效应”（而非绝对因果性）。

概率论是认知世界的一把重要钥匙，从概率角度理解随机现象和小概率事件有很多特殊意义：如遇事不再轻易大惊小怪，也不会急于总结伪规律或将人生置于绝对必然与完全世事无常的对立怪圈。概率论的基础是随机行为和大数定律（要有足够样本），如果统计样本不够大则什么也说明不了，所以生活中个人经验虽重要但却往往难以复制。

参考文献

[1] 薛定谔. 自然与希腊人 科学与人文主义[M]. 张卜天,译. 北京:商务印书馆,2019.
[2] 爱因斯坦,利·英费尔德. 物理学的进化[M]. 周肇威,译. 长沙:湖南教育出版社,1999.
[3] 理查德·费曼. 发现的乐趣[M]. 张郁乎,译. 长沙:湖南科学技术出版社,2008.
[4] 理查德·费曼. 费曼物理学讲义[M]. 上海:上海科学技术出版社,1982.
[5] 远山启. 数学与生活[M]. 吕砚山,李诵雪,马杰,译. 北京:人民邮电出版社,2010.
[6] 伽莫夫. 从一到无穷大[M]. 暴永宁,译. 北京:科学出版社,2007.
[7] 钱旭红. 改变思维[M]. 上海:上海文艺出版社,2012.
[8] 万维钢. 万万没想到:用理工科思维理解世界[M]. 北京:电子工业出版社,2014.
[9] 托马斯·库恩. 科学革命的结构[M]. 4版. 金吾伦,胡新和,译. 北京:北京大学出版社,2012.

聊聊哲学

我爱哲学。哲学是思想的磨刀石，人生的望远镜，苦难的安慰剂。哲学的基本特征是：整体的、根本的、统摄的、超越的、终极的。哲学让我们反思人的一切可能性与限度，从而追求在更高层面对生活的掌控。我欣赏罗素先生的看法，即哲学是属于科学和神学宗教之间的大量缓冲或空白地带，因而哲学往往既有科学的理性精神，又有一点神学的玄妙气质。

哲学家是一群善于俯视静观、反思冥想和追本溯源之人。好的哲学家像是人类命运的侦察员和守望者，他们常常在人类盲目狂热地向某个方向奔跑时冷静地反问一声：我们应该或值得这样做吗?

乔布斯曾说："我愿用自己所有的成果去换取和苏格拉底相处一个下午"，这或许正反映了哲学的特殊魅力吧。大科学家如爱因斯坦、薛定谔、玻恩、钱学森等，无不具有深厚的哲学功底。

在大量哲学学说中，我比较欣赏下面几种：

一是普遍规律论。一种寻找"最高、普适、绝对、终极"的东西的智能性冲动。正是在这个层面，哲学被称为超级或终极知识。

二是认识论。探讨"思维与存在、心与物"的关系，包括人与世界的关系，以笛卡尔的"我思故我在"为代表，我以为这是最深刻最根本的哲学问题。

三是实践论。探讨"理论与实践、知与行、经验与理性"的关系，强调直面现实、问题解决与知行合一，以马克思为代表。

四是元认知论。关注对思想的思想和管理，对认知的认知与掌控。即强调哲学是思想和思维的艺术，是反思冥想的艺术。赵汀阳先生即持此说。

五是人生境界与意义论（伦理哲学之核心）。以冯友兰先生的"人生四境界说"和马斯洛的需求层次理论为代表。加缪说"自杀是哲学的首要严肃问题"，便是在强调人生意义问题在哲学中的地位。

在整个哲学中，我以为最具魅力的线索之一是：从康德的二律背反（矛盾与悖论），到黑格尔的正反合（合题是对正题与反题的超越与兼容调和），再到马克思的辩证法（如对立统一思想）这条线。其实，这股哲学更早源于古希腊，苏格拉底说："辩证法是通过对对立意见的争论而发现真理的艺术"（所以人要听得进反对的声音）。

氢氧化铝是碱（正题），是酸（反题），是两性氢氧化物（合题，达到了超越与兼容）。光是波（正），是粒子（反），光具有波粒二象性（合）。不过钱旭红院士似乎对光说得更妙：光既不是波也不是粒子，光就是光量子（自觉地区分了理念与实体）。

你说唯物论对、唯心论错，诚然，当我们离开这个世界以后，这个世界仍在，太阳照常升起，可是反着说：对“我”而言，“我”不在了，“我”的那整个世界当然也就不在了，你能说这种“唯我或唯心论”完全错了吗？ 你能否认人的心灵、潜意识对人的行为和客观世界产生的巨大影响甚至决定性影响吗？ 所以，我现在不是简单机械、二元对立地相信唯物或唯心，而是相信“心物一体”，心和物是无法截然分开的。 近日，读叔本华的《作为意志和表象的世界》，更加深了这种认知。

古往今来，很多智者都讨论过决定论和意志论的冲突关系。 有人坚信因果决定论（起点和过去决定了我们的现在，现在的状态和环境又决定了我们的将来，人生似乎就是一道道基因命令与预存程序的展开，因此有种宿命的味道），有人笃信自由意志论（如“我命由我不由天”“我的世界我作主”等）。 我呢？ 都信又都不信，我相信因果决定论和自由意志论、必然性与偶然性会同时在人生中并行不悖、共同耦合影响（依据是个人朴素的经验），当然在人生的不同侧面和领域两者可能有主次之别。 我相信，人的命运是基因、环境、教育、努力、运气等共同作用的结果，我们特别强调个人努力，是因为上述只有这一因素自己能够完全把握。

最后，套用傅佩荣先生的话说——哲学不能当饭吃，但它却能使我们的饭吃得更有滋味。 至少对我而言，我觉得人生会因哲学的观照与慰藉而更加丰富高远、坚韧达观、勇敢自信。

化学、哲学与人生水乳交融

——读霍夫曼《相同与不同》

由诺贝尔化学奖得主、思想大师洛德·霍夫曼著、李荣生等翻译的《相同与不同》（吉林人民出版社）精彩非凡，我读后感触良多：知道原来很多化学问题还能这样来理解和欣赏，原来讨论化学的书还能写得如此妙趣横生、富有启迪。我觉得这本书至少有如下引人入胜的方面：一是展示了化学学科中很多富有魅力的核心问题，如学科个性、合成与分析的魅力等；二是作者站在哲学的高度和人性的深度讨论具体化学问题；三是作者用了近乎文学般优美生动的语言来深入浅出地表达化学问题。我想，如果要找一位“超越化学教(或研)化学”(我的这个书名也多少受了这位化学家的启示)的榜样的话，那么洛德·霍夫曼肯定是其中最杰出的代表之一。为了更好地和同行朋友分享这位杰出化学家和思想大师的智慧魅力，我把他这本书中的部分精华内容摘录、提炼、整合如下，从中当不难窥见洛德·霍夫曼将化学、哲学与人生思考水乳交融的大师境界。

化学家关注的主要对象既不是无限大（如宇宙），也不是无限小（如基本粒子），而是处在中间的且与我们现实生活密切相关的分子世界。生命的每一细节，都依托着千百万形形色色的分子。我喜欢分子科学（化学），因为它内容丰富，但本质却朴素简单，而且蕴含了太多富有生命力的变化。

合成、分析和机理，这是化学里的三件大事。化学主要与原子中的电子有关，绝大部分化学作用，都是电子在那里漫游并相互联络着感情。

创造是绝妙的，我要赞美化学合成创造分子！合成是化学的心脏，它使得化学更接近于艺术，并且富有逻辑。化学家用 10 种原料 9 个反应合成了自然界不存在的立方烷（C_8H_8），人们做出它不是因为它有用，而是因为它美丽。在化学合成中，想象是无拘无束的，多步骤合成的设计，就像下好一盘棋，但合成的规矩比下棋更有趣和自由；化学合成，又好似一个绝妙的建筑过程，人们能在两者之间看出相通的思路和相似的美学。因为合成中包含的鲜明逻辑性，启发人们把化学家的合成思维仿制下来，编写为计算机程序（现已在某些工业实验室普遍应用），这对常规合成是一个很大的促进。

明亮的玻璃、轻巧的塑料、缤纷的色彩、便捷的药品，所有这些在几百年前都只能是人们的梦想，如今化学合成已使它们十分普及。然而人是奇怪的，他们如今又换了口味，说天然的才是好的。其实没有“坏的分子”，有的只是人的疏忽或邪恶。如 NO，它既是大气污染物，但也是天然的神经信号传导剂。再如臭氧，它在高空是紫外线保护伞，但在低空却导致光化学烟雾。

静与动，合与分，得与失，同与异，利与弊，简单与复杂，安全与危险，吸引与排斥，变化与恒定，障碍与超越，共享与独霸，现实与理想等，这些都是与分子世界紧密联系的精神层面的事物，也是化学家在研究分子时产生的心理活动。

你是谁或这是什么东西？你们一样吗？这是化学家经常问起的根本问题。这两个分子真的完全相同吗？分子往往是由各同位素原子共同构成的，这恰恰是相同与不同的精彩例证。如由于同位素的存在，自然界有不止一种水分子，精确地说应该有18种（尽管有的少得几乎找不到）。

近年由于同位素的普及，反应机理的研究容易多了。同位素是最好的情报员，它们彼此的细微差别恰好可使我们辨认出其在分子中的位置但又不致影响化学反应。

化学家们是怎么探测分子结构的？这个过程好像侦探故事。单靠仪器图谱中的峰和谷证明不了什么，它们只是线索而已，唯有人的头脑和才智把这些线索联系拼接，就像拼七巧板一样，最后得到一个美妙的结果。化学家是“分子案件”的侦破者，好比一个经验丰富的声乐专家通过在屋子外面听琴声，就能推测里面那琴弦的材质、长度和粗细。

分子的顺反异构、手性异构等微小的几何学差异最后却成了关键，主要是因为我们身体很在乎这样的细节。正是这些微小差别决定了分子的味道、是否有毒或是否让人上瘾。人体蛋白质像暗室中的假手，通常蛋白质对手性分子的反应不同。手性异构体的气味不同，这说明人类的嗅觉接收器也是手性分子，像一只左手或右手手套。自然界的模糊细节和朦胧是通向这个世界内部的钥匙。所以，在化学中像“差不多、相似”这种词一定要慎用，在物质的结构和性质上，失之毫厘差之千里。

“我们需通过文字这种媒介进行思考，语言符号是真正的解析方法”，于是拉瓦锡开创了化学物质的命名系统。化学符号学在分子结构中尤其引人瞩目，以至其成为化学书本或刊物的醒目特征，书本的每一页都为之生辉。对化学家来说，相互交流分子的三维结构信息至关重要，而通常的交流往往受制于二维的纸张或屏幕，因此结构的表达成为一个重要问题，这种表达是图形的、语言的、科学的、也是艺术的。同时，这种表达是复杂的，因为原子和电子绝非钉在某个固定位置，所以有时需要用基于概率统计的原子轨道或分子轨道这样的术语和模型。不同场合，我们需要不同的表达程度，比如有时用“樟脑”这个名字即可，有时知道它的分子式就够了，但还有些时候需要它的结构式、球棍模型、某个角度的透视图或分子的电子分布图等。最后反问一下：这些表达哪个是正确的，都是或者都不是！看到一个化学结构或模型，人们就能借助心灵的慧眼“看”到许多关于分子的信息，这是多么神奇和令人赞叹！

各种物质体系表面平静掩盖下的紧张运动状态也正是化学的核心问题之一。有时，我们恰好在一缕阳光中看到那些较大尘埃颗粒的杂乱跳动，并借此想象它们正是周围看不见的空气分子快速运动撞击的结果。氧气、氮气分子的运动速度接近声速（这并非偶然，通常声波正是靠这些分子传递），但为什么刚进门女士身上的香水味却要若干秒才能传到我们身边？因为香水分子要和空气分子频繁碰撞，最后才跌跌撞撞地“扩散”过来。

有一种哲学，它似乎接近于我在化学分析时所遵循的路，即黑格尔辩证法：任何一个命题都有一个反命题，从两者的争论出发，就可以演化出一种联合、补充、统一与平衡（正—反—合）。如粒子和波、质量与能量。任何一个研究表面现象的化学家都知道，很多重要的事情正是发生在两物的过渡界面上。

我以为，科学论文的内容比你能想象到的要多，化学家在论文中想要表达的事实，与他为了征服对手宣扬自己成果之间有一种辩证的张力与紧张。揭露这种紧张就是揭露科学的创造活动如何掺杂了复杂人性的影响。表面格式规范的论文内容里或多或少是一段由人们“精心编织”过的文字，其中那些缺乏说服力的内容和在制造某个仪器时的障碍等都删去了。其实，那些研究中被克服的障碍才是论文故事的真正光辉所在。

人意识中的某些阴暗面有时却成为我们创造的动力，有时正是一些本能欲望冲动、源于无知的恐惧、虚荣心和争强好胜、童年的创伤或自卑等隐蔽在迷雾中鞭挞着我们前行。而在正式和书面的科学语言中，那些非理性因素都被有效地掩盖了。 正如莫扎特是天使般的音乐奇才，但其私生活是很复杂的。

如果我们不能理解周围世界的基本运作原理，我们就会感觉到无能甚至产生恐惧和迷信，就像很久以前人们对于闪电和火山那样。 科学和技术改变了世界，但所带来的东西的确可能有一种危险性，以致可能使这个星球的大循环发生本质变化，而这种变化的后果人类自身可能也束手无策。世界从来就不是简单的。

绝对还原主义把一切高层次的认识都还原为低层次，如从人文学开始，退到社会学生物学，再退到化学物理学，直到数学。 让我来举例证明强还原主义的轻浮，如无论是诗人写诗还是读者读诗时，他们的脑海里都伴随着一系列神经元放电，而这放电背后隐藏的是神奇绝妙的生化反应和物理学机制，但我们最终理解这首诗却是要从创作背景和人的心理活动等方面入手，而不是靠神经元放电去领会。

人类知识和艺术的每个领域，都有其理解问题的独特视角。 化学面对的问题，在某些方面比物理学更复杂。 如果我们承认在科学和艺术之间有个飞跃，那么我想说，甚至在两个“硬科学”（即使关系密切到物理和化学那样）间，也会有个飞跃，不能把化学概念都还原成物理概念，否则许多有价值的内容就失去了。 只有化学家才会思索像酸碱性、芳香性、催化、官能团、同分异构等概念。 还原主义只是认识事物的一个方法，我们不仅要分析和还原，更要综合与创造。 这外面的世界只靠还原论是对付不了的，如果我们硬要这么做，就等于把自己封进一只盒子里，而且这只盒子小得可怜。

追求可靠的知识，是一项艰巨的事业，需要耐心。 在我们为自然界那极端的复杂性苦恼之前，我们要想到生命体本身及世界是需要这种高度复杂性和差异性的。 简单只能使我们懒惰的头脑感到舒服，但却不是现实生活的真谛。

最后，什么是化学呢？ 它不是当一辆装满苯的卡车翻入河里，在决定附近居民该不该撤时才去关注和讨教的学问。 它最激动人心的杰作，或许正像除夕夜天空中漂亮的五彩烟火。 分子就是分子，化学就在那里。

科学、教育与哲学融会贯通

——读费曼《发现的乐趣》

诺贝尔物理学奖得主理查德·费曼是少有的极其聪明又特别好玩的大科学家，他的研究和教学都是一流的。由费曼著、张郁乎译、湖南科学技术出版社出版的《发现的乐趣》一书中充满了作者对科学、教育和哲学的真知灼见。这本书与上一篇分享的洛德·霍夫曼的《相同与不同》相比，相同之处是两者都语言优美、内涵深刻、深入浅出，不同之处是理查德·费曼这本书中蕴含了更多关于科学学习、教育和研究的方法与精神，这些内容和方法极富启示，尤其是对于作为自然科学的老师。我有时甚至觉得，单从对教育的理解程度看，他的这本小书中的某些只言片语或许胜过了一大堆教育论著。下面和大家分享我从这本书中整合提炼出的部分精彩内容与观点，希望通过分享这位杰出物理学家的智慧，对我们的中学化学教学亦能有所帮助。

作为科学家，我从一朵花中见到的美丝毫不比艺术家少，甚至更有趣：我可以从微观尺度想象其中细胞和分子的情形；我可以想到花是为了吸引昆虫授粉才进化出漂亮色彩的，并进一步想到或许昆虫也会审美。

父亲常让我坐在他腿上并给我读书，读到某个地方他会停下并拿身边的实物开始举例。凡是读过的内容，我们总是想办法结合实际并进行某种转换，以真正理解它到底在说什么。

父亲常带我去森林散步，给我讲各种植物动物星星和原子。当看到一种鸟儿时，他先告诉我这鸟在不同地域有不同的名字，然后接着说：你知道这鸟儿的不同名字后，其实对它还是一无所知，现在让我们来好好看它，我们去观察。由此我明白了：知道一个东西的名字和真正了解它是很不一样的。而且，如果你想教导别人去观察，你首先得让他体验观察的美妙。

父亲的教育蕴含着普通的智慧：先让你觉得这事好玩，然后慢慢向其中加入教育的因素。他这样和我讨论能量问题：玩具狗为什么会动？因为我给它上了发条；那么，你为什么有劲上这个发条？因为我吃东西；你吃什么？吃粮食庄稼；那么庄稼是怎么长起来的？因为吸收阳光。所以，物体运动最终都是因为太阳。同样一个关于能量的思想，教科书上讲得那么死板，而父亲却和我讨论得如此生动。这只是一个例子，以说明定义和真正的科学不同。定义很重要，但不能第一课就直接来定义，对于孩子的问题应当给出孩子式的答案。而且我们要分清：什么情形是在教科学的定义和工具，而什么情形是在教科学本身。

我们在森林里还学了其他东西：比如各种植物如何为争取阳光而斗争，高大的树木如何解决吸水问题，除了观察植物如何生长，我们还观察它们如何枯死腐烂以及参与自然的物质循环。

学习科学以后，我们眼中的世界就变得很不一样了。以树木为例，我们能知道它主要由空气和阳光长成，而当树木燃烧时，它们又返回空气，当初聚集的阳光现在又以热和光的形式放出来，只是最后会留下一点灰烬，那是来自土壤的一点东西。

科学中不能模仿形式、迷信专家。如果有人说科学表明了什么，你应该追问：科学怎么表明这个了？科学家是怎么发现这个的？科学需要在对前辈的尊重和挑战之间保持一种微妙的平衡，否则其错误知识就会强加给青年。怀疑、追问是我思想的灵魂，对不同的事物，我有近似的答案、可能的信任和不同程度的确信，但我对任何事情都没有绝对的确信，有些事更是一无所知，我深知真正懂得一件事是多么难。

像人生的意义问题等，已有无数人回答了无数次，但他们的答案都不相同，其中接受这种答案的人震惊地看着接受另外一种答案的人。因此，我们对许多问题应当保持一种开放性，留一些怀疑和讨论的空间，只有这样，才有利于人类潜能的发挥。而这种怀疑的自由，应在童年时代与权威的斗争中诞生。

有一天我知道了振荡电路的频率公式，其中有个 π，于是我就想：圆在哪儿呢（π 是圆周率啊）？是与圆形线圈有关吗？不对，也有方形线圈啊……

一开始时，我们看到的是不同的事物和现象，人、动物、高山、大海、白云等，后来我们深入思考并想重组它们，渐渐地我们发现它们的差异并没有想象的那么大，其中一些事物是另一些事物构成的，而且我们发现最终它们都是由原子构成的，这是一种深刻的美和趣。另外，思考宇宙中的不同尺度（如微观、介观、宏观、宇观）、生命体的统一性等，有了这种对宇宙自然的客观眼光，我们再回来看人自身，于是产生一种审慎和敬畏之心，这一切都是那么耐人寻味。

《面向全体美国人的科学》读书札记

几年前，我从保志明老师的文章中知道了由美国科学促进协会编著、中国科学技术协会翻译、科学普及出版社出版的《面向全体美国人的科学》一书。该书虽小，但字字珠玑，这本仅240页的小书是美国数百名科学家、数学家、工程师、哲学家、教育家和历史学家三年合作的结晶，书中不仅给出了关于科学素养与人类发展的若干建议，还讨论了科学中的通用概念与思维习惯，以及有效教学、教育改革的若干原则，它既是一本浓缩的科学百科全书，更是一本关于科学教育的指南，值得所有老师（尤其理科老师）阅读。我读完后，把其中自己觉得很受启发的部分精彩文段摘来与大家分享，希望对大家有所裨益。

美国慎重地把未来幸福押在科学技术的领先上。

在历史进程中，人们发展了有关物质、生物、心理和社会的许多相互关联且被验证的思想，这些思想代代相传，使人们对自身和环境的认识日益全面和可靠。

科学课程推荐的内容不仅应具有知识的内在价值和现实意义，还应具有哲学价值，如有助于提高人们思考生与死、感觉与现实、个人与公众利益、肯定与怀疑等人类永恒问题，这些内容还应当能丰富孩子的童年时代。

没有怀疑批判精神和独立思考能力，公民就易成为教条主义者或诈骗分子的牺牲品。

有些事物的博大复杂完全超出了我们的理解力，如宇宙的边疆、原子的体积、分子的数目、量子现象等。

无论一种理论对一组现象解释得多么完美，但都可能还有其他理论同样适用，甚至更好。 科学家即使无法获取完美的绝对真理，但要说明这个世界及其如何运转，得到日益精确的近似真理还是可以的。

紧张或负面情绪会引发某些生化反应，如恐惧和愤怒会引起血液中的激素变化，从而使人逃跑或战斗，并导致头痛或其他疾病。

数学和物理的区别一例：如 0 在数学上是“无”，然而在温度计上却是一个相对标度，而非没有温度。 又如数学中平均值的局限：如水星的平均温度与地球相差不大，然其最高和最低温却相差几百度，使人类无法忍受。

即使两个数值强相关，也不意味着两者有因果关系，它们可能都是第三个因素的共同结果，如从统计概率上看人的寿命与其拥有的电子产品数量正相关，而这却都是其富裕程度（第三因素）的表现。

对付工程技术风险常用办法：过度设计、系统备份、设计故障保护系统。

确定教学目标时，要把焦点放在理解的质量而非所教信息的数量上。不管老师和书本说的知识多么清晰，人最终都得靠自己去体会其真义。 有效学习不仅要建立新旧知识的多重联系，有时还要求人们改变原有观念并彻底重建自己的思维方式。

教育学习

化学教师不同于化学家的关键一点就是我们在专业知识的精深上要求没那么高，但对学科育人及学科教学与学生认知发展规律的匹配等方面（即学科知识的教育学化、心理学化）要求很高。这就要求我们在化学教学之余，应不断在教育学、心理学等方面有所学习领悟，尤其要能坚守教育的本质与常识。本部分主要与大家分享我近年在教育、学习、心理等方面的一点阅读与思考。

教育随笔四则

一、教师的自觉

教育是一门研究人（包括教师自己）成长发展规律的学问。一个教师如果恰好本身爱阅读、爱思考、爱交流、爱表达，那么他就是幸运地选择了一项与自己天性相符的工作。

一流的老师能打通学科教学和学生的生命体验，从而提升学生的生命境界。教师可分三个层次：一流的重传道，即引人觉醒和自强；二流的传技法，即会教学科思维方法；三流的只会照本宣科传知识，甚至背教案念课件。

“深度自觉”是好教师的关键。老师的第一个学生其实应当是自己，第一件作品应当是自己的思想和人格。诚如魏书生老师所言：教书第三，育人第二，自强第一（教育的至境是身教）。魏老师常给学生寄语“处天外遥望，地球很小；居体内细察，心域极宽”，这已是思想家的境界了。

教师既不是蜡烛（过于强调牺牲和悲剧性），也不是催化剂（教师并非最终一成不变），而是需要不断成长超越、追求幸福完整教育生活的活生生的人。

教师在做好本职工作（基本前提是懂教育、懂学科）的基础上，要想

“出彩”通常可能有三条路：一是班主任当得好，二是讲课赛课出众，三是研究写作厉害。

在信息技术和人工智能时代，老师依然无可替代的地方是什么？也许主要在于赋予知识以生机、情感、价值和个性，使知识永远与“真善美”联在一起，使冰冷的文字知识与师生鲜活的生命体悟融为一体。因此，我们都应像于漪老师那样经常反省：我的课有多少是上在黑板上的、有多少是上到了学生心里的？

关于教学，这些年发明了很多新的模式、概念和术语（如杜郎口模式、衡水模式、微课、翻转课堂、探究式教学、项目化教学、三维目标、核心素养等）。对此，教师当有一种自觉理性：既不要盲目跟风，尤其不要让教学和研究停留在玩概念贴标签的层面，也不要一味抵触，尤其不要为自己的懒惰厌学找借口，而是要在学习研究的基础上审慎地取舍、扬弃和调整。

要自觉区分教育中的“道”与“术”。“道”是古今中外皆认同的基本理念和大原则，比如“德智体美劳”五育并举、身教胜言传、寓教于乐等；“术”是因人因地而变的具体操作方法与模式，如项目化学习、微课、衡水模式等都是术的层面。须警惕的是：“道”不对，“术”越强危害越大，如题海战术。

二、教育的道术

一言一行即教育，一花一草皆课程。

教学与生活追求的其实是相同的东西：有趣、智慧、有爱，它们共同构成人生真正的幸福和意义。

好的教育应当让学生开悟、开眼、开心。如果我们在教学中总想着如何让学生觉醒和智慧、如何为其终生幸福奠基、如何让他们从“知道”到“得道”并不断领悟生命的意义，课自然会慢慢好起来，且不是“技”的层面而是的“道”的境界。

学生是有血有肉有情的人，教育要教“活的知识和智慧”。诚如怀特海所言，书本知识都是别人归纳的二手货，一切学习都需要自己去重新发现一遍，尤其是一定要激励学生走上自主发展的道路。

无知者犹如黑夜走在陌生的山里，前行的每一步都充满恐惧迷茫。提升认知进而克服恐惧与迷茫，既是每个追求幸福之人的必修课，也是教育的重要使命之一。

一些教学常常由专业谈专业、从概念到概念。然而，好的教学应当基于生活经验谈专业、从学科专业看大千世界，以生活和大自然为课本，在整体中教局部，让学生既见树木又见森林，进而深刻认识多彩、系统、整体的世界，而非只留下一堆知识碎片。

学习有三个境界：学会、会学、乐学。没有兴趣的学习才是最大的学习负担，所以教育的艺术首先是交流和激励的艺术，如果知识不能调起学习者的情感兴趣，教学注定低效。要以学生想知道的、基于真实生活的东西来引入教学，而非一上来就展示抽象的概念符号。

教学贵在：激发动机，使其勤奋学习；启迪方法，使其高效学习；培养习惯，使其终生学习。

教学中“渔和鱼”都是重要的，在某些领域内容甚至比方法重要（如语文、政治）。有些课虽用着最先进的技术方法，却传播着僵化陈腐甚至错误的观念。思想永远比技法紧要。

教学与发展要有节奏感，要循序渐进。怀特海认为学生的学习成长大致分三个阶段：浪漫阶段（感性直观、积累素材、好奇自由），精确阶段（理性抽象、准确知识、克制约束），综合阶段（知识与直觉和想象力、经验感性与理性抽象的融合）。

一个真正透彻掌握的知识不是一堆文字表述，而是应内化为一种思维习惯甚至条件反射，它能使你在丢掉课本忘记知识细节后仍能充满力量地解决问题。这种好的结构化的知识技能如同“长”（而非“堆”）在大脑中的一种有机硬件结构，而刻意学习和实践则可以改变和强化这些特定的神经网络结构。

三、教育的复杂与挑战

在教育中，所有人都要经常反思追问的一个根本问题：究竟该是社会引导教育还是教育引导社会?

比科教兴国更根本的是制度兴国，破解教育难题的钥匙可能在教育之外。

教育教学中的研究管理比原子、基因等科学问题更复杂，其中的情形(活生生的人)往往更加多变难控。比如，单是教育中的激励奖惩(都是双刃剑)便是一门大学问。

如何以个体生命的有限应对知识增长的无限是现代社会对人类教育智慧的最大考验之一，而培养思维悟性、自学能力和核心素养是应对这一考验的关键。

如果你学的知识都可以在网上轻易搜到，那么你将来凭什么找比别人更好的工作?

随着生产效率的提高和经济问题的不断解决，未来人们的主要挑战之一将是如何充实闲暇以免除生活的无聊，以及如何安顿好自己的内心使人生充满意义。从这个角度看，将来表面不实用的文学哲学艺术可能比理工技术更不会使人生落空。

缺乏创造力和兴趣贫乏的人将不断从外界寻找各种肤浅刺激并可能简单粗暴地对待生活，这也正是许多孩子逃学、早恋和沉迷网络的根源之一。因此，帮助孩子找到人生兴趣是教育的重要使命之一，内在的丰富兴趣是生活枯燥的最好预防针。

四、儿童与家庭教育

玩是儿童的中心工作，其价值在于刺激儿童大脑和心灵的发育，通过“玩”感知语言逻辑、数量关系、空间形状等基本智力并培养性情。心理学和医学中的精神分析就特别强调一个人的童年境遇。诚如阿德勒所言，幸运的人一生都在被童年治愈，而不幸的人一生都在治愈童年。

儿童在很多方面反而是我们成年人最好的老师。成人要学习儿童在体验大千世界时那种无知无畏的勇气、好奇、无成见、善尝试并在特定情景中察言观色和改错修正等特质，这些特质正是儿童快速成长的关键。

儿童教育的关键之一是换位思考，让自己也回到童年，而且对于孩子的问题应当给出孩子式的答案。其实，本来每个孩子的心底都有一种上进和变好的愿望，教育的关键之一就是要抓住和呵护孩子的这种心理。

在孩子成长过程中，父母始终要有一种自觉：生活即教育和寓教于乐，从而随时随地且润物无声地培养其德智体美劳（这“五育”的顺序尤其值得关注）等综合素养，尤其是独立自主地思考和解决问题的能力。

父母赠予子女的生命往往是一件有缺陷的神圣礼物——我们往往连同自己的基因禀赋、思维认知、品性人格等都烙在了子女身上。正是从这个角度讲，家庭教育重于学校教育。而许多人却误把教育简化为上学，把上学简化为上课和考试，从而忽视了家庭教育和孩子心灵成长的重要性。

教育处处有智慧。大到教育理念，小到作业辅导，都需家长不断反思、研究和创新。尤其在“双减”背景下，教育真正到了“拼爹时代”，拼的主要就是父母的教育观念和水平。

分享黄武雄教授的教育智慧

由台湾大学黄武雄教授著、首都师范大学出版社出版的《童年与解放》和《学校在窗外》两书是近年来我读到的为数不多的优秀教育读物。我对儿童认知发展的真正敬畏和关注、对学校“套装知识”和碎片化教学的反思与警觉、对皮亚杰教育思想的重视、对“存在先于本质”的深刻理解等均是阅读这两本书后的收获。为了让更多的老师认识这两本书，我仍将书中部分精彩观点与内容作了如下选编、提炼和整理，借此和大家共同分享黄教授的教育智慧。

都知道好的教育要好的教师，可好教师又由谁培养得出呢？我们甚至可以追问人类最早的第一位好老师又有谁培养呢？真正意义上的教育都是自我教育！

康德以前，多数人的心智被君权神权垄断，故康德提出的“人即目的（而非工具）”具有启蒙意义，强调人最重要的事就是充实生命、发展生命、追求自我实现。“维生、互动、创造”，是人存在的三个支架，也似乎是人类天生共有的原始旨趣，尤其是人互动时的彼此肯定与欣赏，是人前进的巨大动力。

古埃及属于统治阶级的僧侣，秘密将尼罗河水引至寺庙地窖并长年累月观察水位的涨落规律，然后假托神旨预示河水泛滥时刻，并以此换取民众的信仰与服从。

人的认知与智慧的发生主要依赖于皮亚杰的“同化与顺应”这两种机能。其中，“比较”是知识的基础和同化的手段，尤其是深入掌握“特例”，并以特例作为比较的基准和理解普遍规律的铺垫。

没有谁有一把万能的尺，能真正度量一个人的才华。所以，对各种考试和排行榜，都要持怀疑和审慎的态度。当下，很多通过无数次密集考试筛选出的所谓“精英”的心智，由于其学习过程中内在认知结构的“同化与顺应”不断受考试干扰（往往同化不足、顺应有余），造成其内心世界不过是七拼八凑、无法独立思考的一张张平版印刷。

自然蕴含的是无穷多个变数，即无穷思维和无限变化的世界，而儿童天生有整体感受这种复杂事物和无穷变数的禀赋（儿童透视世界的能力是整体性和洞察性的）。在儿童的心中，世界是一整体，知识也随着成一整体，母亲的悲喜、村镇的作息分工和日月草木之变幻多姿，对儿童是一体而不可分割的，且它们分别为文明知识中人文学、社会科学和自然科学的原形。可惜现代文明教育（多为分析性和描述性的）因过分致力于精确控制世界的有限变数反而忽略了这一点。

深入而全面地探讨儿童如何辨认复杂事物的整体特征，是教育者进入儿童世界的可能线索。小孩天赋有体验（身体力行、验其后效）世界的无比勇气，正是这种无知无畏的勇气和好奇，加上其没有预存的偏见，使其在生活中不断尝试和纠错修正（尤其是敏锐地感受情景特征和观察大人反应），终于在两三年内便能学会一口结构复杂无比的语言并能辨认周围纷陈的万象。这也是小孩常常比成人对事物更敏感的原因。

儿童文学给予儿童的应是辽阔与无限。不过，儿童纵有无限的想象力，若无大人提供的足够素材与实践经验支撑，其世界很快就会因素材贫乏而萎缩。因此，教育者施与小孩的应主要是生机盎然变化万千的情景和环境。

“存在先于本质”这一哲学主张基于：特殊先于普遍、具体先于抽象，就像先有三个人、三个苹果、三颗石头，才有数字“3”，先有对日月车轮的感知才有“圆”一样。通过具象，儿童渐渐体会到“3、圆”等概念的不变性、普遍性，而不断变换素材情景以激发儿童体验各种“不变性”，正是催化儿童心智成熟（获得抽象能力）的关键之一。

人的主体经验网络是发展人智慧和情感的最真实基础，当教育的内容尽是抽象的普遍形式，而无法与人的直接经验接轨时，其思维便始终浮离于真实世界之上，此时人的经验网络便发生了断层并一知半解地流连于文字符号和公式堆里，而真实世界缤纷多变的特殊现象又往往使其迷惘和不踏实，受教育者便只有不断被迫地顺从附和并因此产生厌烦和痛苦，这是学校教育最大的失误，而这却是当下升学教育的共象。

学校教育重“套装知识”（过滤了人的特殊经验而留下的分类化、抽象化、系统化、标准化的知识体系），轻个人的主体经验联结（个人经验直觉常常被压抑），非学校化的分散学习则又重主体经验联结但不易于系统知识的掌握和抽象思维的培育。理想的教育，应是套装知识与经验知识的融合接轨，切忌由概念谈概念从术语到术语甚至故作高深（所谓套装知识的“黑话”）。

自我价值感是长在每个人心里的珍珠，当打骂孩子时要意识到：我们正在摧毁这个孩子的自我价值和侵犯其人格系统核心，而且当你把棍子打在孩子身上时，要知道你的这种暴力和权威性格也会终生烙印在其身上，并可能在将来的某一天又复制传递给他的妻儿或下属。教育孩子时不妨多换位思考，让自己回到童年，回想当时自己成长以及被人体罚打骂的真实感受。人不能忘记自己的童年，尤其是作为家长和教师。

一点心理学读书札记

心理学知识对教育教学和个人成长幸福的意义不言而喻。某种程度上可以说,化学教学就是把化学学科知识与学科智慧进行“心理学化”的过程。本文是我前几年的一份心理学读书笔记,是对多本心理学书籍中部分精彩观点的摘编与整合,主要来自林崇德先生的《我的心理学观》(商务印书馆)、美国 Anita Woolfolk 著的《教育心理学》(何先友等译,中国轻工业出版社)和俞国良的《社会心理学》(北京师范大学出版社)。

绝大多数国家都把心理学当作间接生产力。如马斯洛的需要层次理论早已被广泛用于政治、经济、教育、军事、宗教等领域。又如研究社会心理学有利于社会重大问题的解决,比如第二次世界大战使信仰、偏见和专制等成为社会心理学研究的重点。

智力即灵活成功地解决问题和适应新情境的能力。流体智力以天赋悟性为基础,晶体智力主要指后天学习积累所得(其中何者为主是智力领域的最大争论)。国际公认智力的首要成分:语言与逻辑、数与运算、形与空间感知。影响智力的主要因素有生理遗传、教育环境、实践经验和个人主观能动性。一个天赋很好的人如果离开了学习、训练和实践,没有知识,那么其智力就缺少了发挥的中介与成长的契机。幼儿园到小学初期(6、7 岁以前)是儿童智力的一个高速成长期,直到高中基本成熟。

情绪智力的核心是觉察、理解和管理情绪的能力。调查显示,诺奖获得者的智商大多中等或中上,但情商远非普通人可比,且大多具有跨学科知识和多元化教育背景,这使其能不断用新的方式去研究思考。

思维的多维结构包括思维的目的(问题)、思维的材料工具(感知觉、知识基础)、思维过程与方法(如概括抽象、归纳演绎、分析综合)、思维品质、思维监控(元认知)和思维中的非智力因素(性格、情绪、动机等）。优秀思维品质主要包括思维的深刻性、灵活性、敏捷性（要克服轻率）、批判性和原创性。直觉思维可认为是潜意识的、高浓缩的、日积月累的、高迁移的、迅速的一种特殊逻辑思维的结果。

概括和抽象是思维的第一特性，一切学科能力都以概括能力为基础。概括性越高，知识系统性就越强，迁移就越容易，思维就越发达。概括也是科学研究的关键机制。概念是思维的细胞，概念是抽象的，它帮助人们把大量信息组织成易于储存和管理的单元，真实世界存在的只是概念的单个样例。大部分概念，人们脑中都有与之对应的原型或形象以助理解，这也是概念教学的关键之一。

学习迁移（触类旁通、活学活用）是教育心理学家关注的重点，有正迁移和负迁移（消极思维定势），纵向迁移（上下位知识迁移）和横向迁移（如类比对比）。在整个学习领域中，“听说读写算”可算是迁移性最强的能力。值得留意，个体越精通第一语言，他掌握第二语言的速度也越快，因为他拥有更多关于语言的一般知识和经验。

认知心理学的科学技术背景：用信息的输入、储存、加工、检索和输出等来说明人的感觉、记忆、思维与反应的全过程。信息加工越精细，越能把新思想变成自己的东西。记忆术中最有用的是基于概括和关联的关键词法。

科学创造者的突出心理特点：问题导向的知识架构（爱提问和挑战）、自主牵引性格（独立自信）、综合性动机（兴趣、抱负及成就感等）、思维开放深刻等。被证实的创造性人格特征有：见多识广、自主性强、生命力旺盛、不压抑好自由、元认知和想象力潜意识发达、生活复杂并能看到复杂的普遍性、好挑战等。

阻碍学生创造力的常见因素：过于规范单调的生活环境扼杀孩子的想象力（这一点城市孩子可能不如农村儿童）、父母的过分关照使孩子缺乏独立解决问题的能力、过分追求一元化成功的氛围扼杀了对兴趣特长的培养、教学环境过于严肃使孩子不敢尝试而一味听话。

“头脑风暴”的基本原则是尽可能说出所有观点并在所有建议说完后再作评价（延迟判断，过早评价会约束创造性），甚至鼓励疯狂的观点

（也是各种可能性的一部分）。

林崇德先生的教改实验多管齐下：既重智力和思维品质，又重动机、勤奋、习惯、兴趣等非智力因素。当今片面追求升学率自有其深刻的社会背景，连林先生这样大心理学家也只能在夹缝里对教育做改革。

广义的课程是指学生在学校经历的各种有形无形影响的总和，包括课程计划（目标进程）、课程标准（内容要求）、教材与教师等，其中教师是最重要的活的课程资源。课程设计要考虑心理学、教育学、哲学、历史、政治、教学评价及课程改革等众因素。布鲁纳说凡不顾政治经济和社会环境而妄谈教育的都是浅薄之徒。

“有效学习”即引起个体认知和行为持久改变的学习。关于学习的经典理论有：信息加工理论（重知识加工和结构化）、发现学习理论（引导学生尽量像科学家那样去探索知识）、最近发展区思想等。维果茨基认为人的高级心理活动是以人类特有的语言符号为中介进行的，其“最近发展区”思想提醒教学要尽量排除那些教了也不会（会引起沮丧）和不教已会（会引起厌倦）的内容。

贫困儿童往往缺乏学习成长资源（如课外书、旅行或博物馆），常用“低品位”的电视手机打发时间。我国还没有健全的电影电视分级制，常看不良影视的儿童与其日后不良行为甚至犯罪有直接关系，相关教育一定要让孩子认识到影视情景的虚幻性。

父母的教养方式可由其对孩子的温暖性和控制性水平分出四种极端：高温暖高控制的权威型、低温暖低控制的冷漠型、高温暖低控制的溺爱型、低温暖高控制的专制型。现实中很多是介乎其间的。

埃里克森指出人的发展需经历几个关键阶段，每个阶段都有要培养的特质与要应付的主要危机：学前阶段主要是获取信任和自信，上学阶段的主要心理挑战是勤奋自信对自卑（尤其小学成绩直接影响自信），青春期的最大挑战之一是自我镜像与角色定位问题（回答“我到底是谁”，这一困惑通常很难完成）。青春期孩子往往有一种人人都在注视自己的感觉，对自我形象极为关注（自我中心）。

激发人动机的三种方法：一是行为主义的外部奖惩诱导（各有其复杂

的利弊）；二是人本主义，即基于内在的个人成长与自我实现；三是社会文化观强调保持其在团体中的身份和认同感。激发学生动机的策略有课堂本身的魅力、宽严适度的管理、成绩进步与反馈、任务的适度挑战等。没有哪种激励能替代成绩进步带来的激励，为让学生体验进步的喜悦，考前可给出备考范围和重点，让其充分准备以考好获得自信，并进入良性循环。

个人自尊心自信心高低主要受三大因素影响：一是过往成败体验，二是社会比较，三是自己内在标准。韦纳对“成败”的三维归因理论：一是成败由外因还是内因所致，二是成败之因是否可变，三是成败之因是否可控。当一个人把失败归于稳定不可控的原因时，就会自卑和放弃。“挫折－攻击理论”认为攻击总是挫折的结果，如一些学习受挫的学生易拿破坏公物和打架引人注意。

形成偏见的原因主要有信息和认识不足、为表象迷惑、有敌意、迷信权威。偏见总是以不足甚至错误的信息源为基础、有过度类化的倾向（即晕轮效应）、一旦形成很难纠正。外界若对某个群体产生偏见，往往无视其个体特殊性而一棍子全打死。偏见产生作用时，情感就替代了认知。很多隐藏的文化差异（如阶层、性别、国籍、种族等）导致了无意识的偏见。

真正改善我们健康的不是医疗技术，而是明智的生活方式。许多疾病都有相应的人格特征，如癌症患者常常情绪压抑、过于克制、压力大等。

角色期望即每个人扮演了特定角色、占据着社会的特定位置，周围人会对他抱特定期望（如作为儿子或老师），故成人脑中往往有大量角色图式，即使我们第一次接触某人（如新领导或老师），仍会对其行为模式有相当的预期。

大量统计表明，目前无论是在家庭还是工作中，沟通不好引起的人际内耗非常严重。人际关系历来是社会心理学的重头。决定人际喜欢的因素错综复杂，如美貌、才华与修养、相似性（如爱好、老乡、同病相怜、共同利益等）与互补性、赞扬恩惠等。其中才华和美貌的影响更复杂，一方面人们固然不喜欢无能或丑的人，但另一方面过于出众则易引起羡慕忌妒恨。美貌的魅力根源：一是本能地激发了人的审美愉悦；二是人们觉得同漂亮的人靠近自己荣耀；三是晕轮效应（把其他优秀品质也强加给美貌的人）。

交际中的自我暴露要适度，如果对不太熟的人一开始试图加密关系就过多过快自我暴露，反而会引起对方的疑虑排斥。

狂热的集群行为指个体处于群体狂热之中，没有理智地在群体感染下相互模仿盲目行动，甚至不计后果（极端的如犯罪组织），其中也隐藏着法不责众的侥幸心理。

心理震荡，即由内在文化积累或外在文化移入而引起生活巨变对人心理的冲击。如我国改革开放前后，由长期的封闭落后突然面临现代化全球化给人们带来的心理影响。

展开“说服与顺从”的常用方法有：基于刺激触发特征的模式化行为（被动条件反射）；认知对比原理（衬托手法）；社会认同原理（基于从众心理）；稀缺原理（故意制造稀缺、机会难得的假象，如限时限量促销及某些招聘）；喜好原理（基于美貌、相似性、恭维、恩惠等）；权威（基于迷信和思维定势）；承诺与一致（基于对言行一致、自我同一性的愿望）。

生活中的“对比原理”无处不在：商品打折促销，买房时推销员先让你看差的再看好的，餐馆推出离谱高价菜进而让我们舍得点那些次贵的菜，节假日免过路费促旅游消费等。对比原理反映了我们思维所受的束缚，即我们总爱通过比较来作判断，包括人生是否幸福。

高效学习十大原则

怎样高效学习，不光是学生要关注，而且每一位现代公民都应思考关注，尤其是老师。我从自己的学生时代到参加工作，一直也在反思如何高效学习。下面是从个人学习经验中提炼的若干基本原则，与大家分享。

一、高期望原则。指学习前要下定决心激起热情，给自己定一个远大而美好的目标，进而最大程度地激发自己潜力和决心，尤其要充分运用潜意识和自我暗示的心理力量。高期望带来高努力，高努力带来高成绩，高成绩带来高自信……如此，学习便进入了良性循环。

二、萃取精华原则。各科要选择精要核心内容、根本知识，这些根本知识具有强大的自我繁殖能力和广泛持久的迁移价值。然后按专题分类下力气学透、各个击破，这样可"以一当十"、触类旁通，这是最基本的学习之道，即先"把厚书读薄"。这也是学习中勤于笔记归纳和知识整合的价值。

三、融会贯通原则。这条原则强调学习重在深度思考、透彻理解、广泛联系、活学活用，并最终形成系统化、结构化的整体认知。多关注知识之间以及知识与世界万象之联系，如用原子分子论分析自然万象（跨学科）。切勿把学习简化为记住一些死的、碎片化的结论。真正高层次的学习主要是"悟"，即领会蕴含在具体知识背后更多的东西，如知识的来龙去脉、学科的思维范式、观念方法、智慧素养、当前的局限和不足等，这是"把薄书读厚"。

四、任务驱动原则。这一原则强调学习要带着真情境和真问题，针对自己认知上、教学上或生活上的具体困惑与问题去学。这样，某一知识的学习过程实际上就是某一问题的解决过程。这种学习能在根本上解决学习的动机问题和效率问题，且富有成就感，容易进一步强化持续学习的热情。

五、复习升华原则。各科有很多基本的东西需要先记住（如物理量符号、化学式、英语单词等）。记忆的诀窍是"知识加工"：先把知识通过理解、概括整合、线索联系提炼成少量有序有规律的关键词。但记过的总会遗忘，遗忘的特点是先快后慢，所以及时复习很关键，且每次复习应当是更深入的理解和对已有认识的超越升华，而非简单重复炒剩饭。

六、多管齐下原则。学习时要多感官并用、多管齐下，要动脑、动眼（如阅读与观察）、动手（如演算与实验）、动口（如讨论，尤其是给别人讲、教别人）。还要借助书籍、师友、网络、文献及生活万象等众多学习资源。这种多渠道、多层面的学习印象深、效率高、不易疲劳。

七、循序渐进原则。这条原则强调知识环环相扣、量变引起质量、冰冻非一日之寒。学习要重基础、重积累，高楼需要地基深，尤其是理科学习。学习基础知识时要有耐心有毅力（有时难免枯燥），要把握各部分知识的内在逻辑联系，在整体中学局部。真正入了门的学习是充满乐趣和成就感的。

八、闭关修炼原则。每天尽量营造一段不被干扰的环境，用以集中时间集中精力学习，像武侠小说中的“闭关修炼”一样专注，这是学有所成的重要保证。很多人都有体会，专注一个上午超过低效懒散一整天。

九、劳逸结合原则。长期用脑而不及时休息会使大脑疲惫、迟钝甚至受损，学习效率会大打折扣。所以，要学会利用各种闲余时间养精蓄锐和运动调节。玩时尽兴，学时专注，且要在精力最好时学最有挑战性的内容。

十、时空不限原则。要利用好零碎时间随时随地学，学习不一定非要在教室或书房，也不一定要纸笔在手。闲暇或零碎时间（如散步、等待、监考时）的回忆、反思、温习、计划等均是一种学习成长。著名作家林语堂说“要真正了解一个人，只要看他怎样利用闲暇时光就可以了”。尤其，生活本就是一本无字天书，世事洞明皆学问，更需处处学习、终身学习。

2017 年《中化参》研修活动小记

2017 年《中学化学教学参考》编辑部（简称《中化参》）在西安组织了一场为期近一周的暑期高端研修活动，感谢王军翔主编的抬爱，让我有幸主持了其中的两场报告（金陵中学江敏老师和南师附中保志明老师各一场）。听完这些思想盛宴后收获颇多。下面将此次学习的部分收获、体会与广大同仁分享。

一、江敏老师强调“道法自然、大道至简、原点思维（溯源）”

杭州无人超市的出现促人深思：教育将往何处去？

要尊重自然，对自然怀有敬畏之心，要体会人为的文字规则与自然本真之别。要让自然直接去讲话，让自然在我们眼中活起来，而不是光让那些抽象的文字符号去发言。比如，我们如何从自然真实的角度来体会离子反应与离子方程式的书写？

宏观与微观的切换联系需要丰富的想象力来化抽象为直观，要使知识形象化甚至拟人化。

要换位思考，要把自己当学生时的学习心理体验融入自己的教学设计。

课首先要上得干干净净，要形散神聚，“聚”的方式和手段主要有“学科观念、学科思维、科学思维、科学精神”等，比如善于用“有序思维、组合思维、系统思维”等统摄教学。

模型有不同的层次和种类：如物理模型与数学模型（注意两者的差别）、思维模型与实物模型等。

为何像在碘、干冰等棒状分子的晶体中，分子有多种取向？请综合考虑几何因素与电性因素。

原子是实心的！？原子是空心的！？原子是实心的！因为核外弥漫的电子云浑然一体难以侵入。

比关注前沿科技成果更重要的是，要关注和思考其诞生的源头和背后思维的脉络。

二、保志明老师强调“扬长避短，以学定教，自主学习”

与专业科学家相比，中学理科老师的最大优势在于来自教学实践的经验和智慧。

顾家和教学是不冲突的，甚至是互促的，比如对自己小孩的培养和对学生的教育是可以相互借鉴启发的，两者是相通的。

我们要多和中学教师之外的各种丰富人群交流，以拓宽眼界并形成认知上的互补。

理科教学一定要讲理，这个“理”的关键词就是逻辑和实证。

概念教学要基于学生已有认知引导其慢慢建构。不但要让概念在学生脑子里从无到有，还要让概念慢慢“长大和繁殖”（这需要基于跨学段备课的系统教学设计）。

由仪器精度等因素本身带来的“测量不确定性”始终未能进入我国化学教材。另外，要注意精度的匹配性和一致性，比如在 $n=m/M$ 计算中，质量虽用分析天平称，但分母的摩尔质量却只取整数，这不是很搞笑吗？

一定要让学生明白：老师只是你学习成长的资源之一，而且是很有限的一种，因而促使学生努力自主拓展自己的学习资源和渠道，这是十分重要的事情。

要让学生舍得投入去买好书和好的学习工具（投入得多的东西往往会更珍惜），如买精美的笔记本作业本、订阅科学杂志等。要想各种办法诱导学生先上路入门、先产生兴趣，并督促其制定学科计划、养成好习惯。

从作业到考试，要真正体现过程性评价及其价值。

教师仔细研究高考，从而为学生降低高考应试成本，提高复课效率，这是另一种对学生很现实的关爱与保护。

其他专家的几场报告也都十分精彩，如陕西师范大学原校长房喻先生在报告中提到的“每个学科都需要一些学科长远发展的战略思考家（如徐光宪先生）”“已知的已知、已知的未知和未知的未知”，以及他对终生阅读、终身学习和人文素养的强调与身体力行等让人敬佩感动。还有浙江越州中学吴文中老师对化学实验和中学化学若干疑难问题的深入研究案例，尤其是吴老师谈到的“一些普通化学规则在极端条件（如高压）下可能被打破，有文献曾报道高压下氯化二钠和氯化三钠等的出现，这让我们反思物质在组成与合成上到底有没有禁区”等，都让我受益匪浅。

这是我近年参与的收获最大的一次教学研修活动，特记之。

阅读写作

不难发现，基础教育圈里语文老师成家成名的最多，这也许应归功于他们整体上开阔的阅读视野和语言表达的优势。阅读与写作能促使我们对人生和职业进行深刻反省与梳理，甚至帮助我们跳出专业的局限，这是成长的关键。尤其是当教师把阅读写作与日常教学和研究融为一体时，读写将成为我们专业成长和职业幸福的催化剂。本部分内容既有个人对阅读写作的独特体会，也有对罗素、叔本华等大师思想精华的分享。

论 写 作

立德、立功、立言，写作乃“三不朽”之一，它是超越时空的深度交流，具有永恒价值。当一个写作者想到多年后自己虽已离开世界但仍可能有人在读自己的文章，定倍感欣慰。

写作是对经验和思想的反思优化、深度锤炼与规范传播，也是放大个人思想价值与影响力的有效途径。有人说在目前教育生态下，一位老师要在本校立足主要靠分数，要在市域立足主要靠讲课，而要想在更大范围产生影响，则要靠研究和写作。

写作是教师成长的关键抓手之一，以写促思、以写促读、以写促教、以写促研、以写促行。尤其是，当教师把写作与日常教学和专业阅读融为一体时，写作将成为我们专业成长和职业幸福的催化剂。诚如梁启超所说，纯粹地教书和纯粹地做学问都是一种乐趣，而研究型写作型教师能同时兼得这两种乐趣。

从选题选材到布局谋篇，从论点论据论证到文字加工润色，写作能在很大程度上反映一个人的综合素养，如眼界格局、文化底蕴、思维层次、专业水准、性情风格等。有思想的人未必都写得好，但写得好背后必有思想支撑。

好的写作源于实践而又高于实践，因而可以指导实践，教师的专业写作尤其如此。当然，写作是艰辛的，笔下的一点点思想灵感往往是作者长期思考、阅读和实践的积淀结晶。

尤其值得留意的是，严肃的学术写作是对这个网络时代喧嚣肤浅的某种调剂与解毒。严肃的写作天然反对肤浅化、庸俗化、碎片化甚至娱乐化，而引导人们进行深刻、系统、理性地反思和批判，进而引导人们进行有价值的创新与建设。

和阅读能力一样，写作属于高迁移、高附加值能力，也是教师的一种通用能力。从我熟悉的化学名师江敏、保志明、郑胤飞、肖中荣、白建娥、吴文中、胡列扬、刘怀乐、王云生、兰建祥等，到其他学科领域的名师名家如于漪、魏书生、王栋生、李镇西、唐江澎、魏勇、王开东等，无不是边教边研边写，写作极大地提升了他们的专业成长与影响力。且不难发现，教育圈中语文老师成名成家的最多，这除了他们专业上的语言表达和阅读视野优势外，我想习惯性的写作导致其经常对人生和职业进行深刻反省与梳理（这是成长的关键）可能是另一重要原因。

好的写作在任何时代都值得尊重与鼓励。人们反感虚假文章和低劣书籍，反对为写作而写作和为炒作而写作，但同时也期待呼唤“思想和文采兼备、理念与实践融合、传递着真善美”的好文好书，尤其是那些具有启蒙性开拓性的文章书籍，因为它们往往能引领一个领域或一个时代的发展，或者能唤醒一批灵魂，就像很多学者先知（如哥白尼、拉瓦锡、鲁迅、胡适、陶行知等）已经做到的那样。

对我而言，每一次教育教学上的写作，其实何尝不是对自己教育理想与理念的一次反思和擦亮？每一次真诚而略带冲动的写作，又何尝不是对自己人生的梳理唤醒及灵魂深处的倾听抚慰？

这些年读过的好书

培根说人有三个头脑，一个是天生的，一个源自读书，还有一个源自实践。我觉得读书比使人聪慧更大的意义是强大内心和拓展胸襟。人的聪慧总归有限，而内心足够强大的人则可以承受一切。孔子时代，人们能读十本书可能就算博览群书了吧？而现代，书籍不计其数且良莠不齐，所以我们最好挑那些能经得起时间考验的真正经典（而非一时的畅销书）去读，尽量多与那些几十上百年才出一位的大师进行思想与灵魂的对话，当然还要在专精和广博之间寻求一种平衡。每个读书人心里都有一份自己的“私房书单”，下面是我这些年读过的好书中的一部分（不求类别上的完整，只是自己的偏爱），和大家分享。

一、人文哲学类

《罗素文集》（罗素）、《叔本华思想随笔》（韦启昌编译）、《冯友兰谈哲学》（冯友兰）、《思维的乐趣》（王小波）、《扶轮问路》（史铁生）、《生活的艺术》（林语堂）、《人间词话》（王国维）、《本杰明·富兰克林自传》（本杰明·富兰克林）、《从文自传》（沈从文）、《科学革命的结构》（托马斯·库恩）、《自然与希腊人 科学与人文主义》（薛定谔）、《钱学森讲谈录——科学、哲学、艺术》（钱学森）、《改变思维》（钱旭红）、《论可能生活》（赵汀阳）、《自由在高处》（熊培云）、《假如给我三天光明》（海伦·凯勒）等。

这类书的价值显然不在于提供具体知识与方法，而在于唤醒生命、启迪智慧、丰富灵魂、涵养性情、慰藉人生，从而极大地拓展我们生存的时空与经验，促进我们对社会万象的觉解，可谓“无用之大用”。比如当我们读着海伦·凯勒时很难不反思自己是否用好了自己这心灵的窗户——眼睛，去欣赏大千世界的美和传达对他人的善意。如果说教师的恰当阅读结构应是金字塔形的，那么人文哲学类的经典书籍当处于阅读金字塔的底座，这类书籍将奠定一个人生命的底色。

二、教育教学类

《教育的目的》（怀特海）、《皮亚杰教育论著选》（卢濬选译）、《思维与语言》（维果茨基）、《发现的乐趣》（R·P·费曼）、《陶行知名篇精选》（方明编）、《傅雷家书》（傅雷等）、《学校在窗外》（黄武雄）、《教育心理学》（Anita Woolfolk）、《我的心理学观》（林崇德）、《不跪着教书》（吴非）、《有意思的化学 有意义的教学》（江敏）、《追求饱含学科意义的中学化学教学》（王军翔主编）、《文化有根 课堂有魂：郑胤飞化学教学设计集》（郑胤飞）、《化学教育的生命色彩》（罗滨）等。

这些书都有思想、有个性、接地气，可以说是优秀化学教师专业成长中必读的一大类，可以让我们的教育教学行为更加专业和智慧。每个领域细嚼慢咽少量经典胜过走马观花地看一大堆二三流的书。

三、化学科学类

《相同与不同》（洛德·霍夫曼）、《化学基础论》（拉瓦锡）、《化学史简明教程》（张德生）、《魅力化学》（寇元）、《大学普通化学》（傅鹰）、《物质结构》（徐光宪）、《结构和物性》（周公度）、《物理化学讲义》（彭笑刚）、《物理化学》（Peter Atkins 等）、《基础有机化学》（邢其毅等）、《有机化学》（R. T. 莫里森、R. N. 博伊德）、《化学原理选讲》（严宣申）、《漫游化学世界》（吴国庆）、《中学化学学科理解 疑难问题解析》（吴星）、《物理学的进化》（爱因斯坦等）、《定性与半定量物理学》（赵凯华）、《大学科学读本》（吴国盛主编）、《面向全体美国人的科学》（美国科学促进协会）、《数学与生活》（远山启）、《从一到无穷大》（G·伽莫夫）等。

以上分享的都是我觉得较有特色或趣味的书籍。化学专业方面的一般书籍（如无机、有机、物化、分析等）有很多，其基本内容也往往相差不大，但行文布局风格和作者的个性魅力常大相径庭，比如同是《物理化学》，对比着读傅献彩、胡英、彭笑刚、Peter Atkins（牛津大学）等教授的书将是明显不同的感觉和风格。而同主题多版本的对比阅读，结合任务问题的驱动式阅读，正是专业类书籍研读的重要方法。

有人说，成长的最大捷径之一便是读一流的书，我深以为然。人这一生会有很多憾事，而好书不能尽读便是其中之一。但同时也必须警惕，过度沉浸于阅读有可能使人丧失原始的直觉与灵性，并导致眼高手低甚至知行不一。须知，任何书本文字都只是作者有限的经验与思考，它们都深深地烙着时代背景和个人局限的印记，这也正是读书须独立思考的弥足珍贵之处。要像沈从文先生说的“我读一本小书同时又读一本大书”那样，将读书与做人合一，使阅读与实践合一，这是比读书本身更难也更重要的事。

经典阅读之一：罗素——世纪的温和智者

伯特兰·罗素是大数学家、大哲学家、诺贝尔文学奖得主，这几个身份足见其智识之广博。读他的书，总感觉像在和一位亲切温和、理智深刻的朋友交流，他的文字兼具数学的理性严谨、哲学的深刻洞察和文学的优美流畅，难怪被天才作家王小波视为偶像。正是在高中和大学读了罗素的书以后，我真正体验到了思想的魅力和思维的乐趣，才知道原来理工科出身的人（罗素早年研究数学）文章可以写得比纯人文作家的还要耐读（后来这种感觉在读叔本华、费曼、王小波等人时不断被强化），也由此坚信了真正的思想大师应当文理贯通（科学与人文互补且密不可分）的看法。下面我分类选编、提炼了罗素的部分思想观点，以此品味其博大思想世界的冰山一角。所摘编的内容主要出自《罗素自选文集》（戴玉庆译，商务印书馆出版）和《罗素快乐智慧书》（荷兰译，中国国际广播出版社出版），感兴趣的朋友可阅读罗素的更多书籍，如商务印书馆出版的《罗素文集》。

一、论认知

美好的生活应当是由爱激发而由知识引导的。如果没有知识，人们将满足于相信一直以来别人告诉他的东西，并可能怀着最为真诚的善良去做坏事，医学可能是最能表达我意思的一个例子。另一种只有知识而没有爱的极端例子便是战争。

青年人很容易认为他们所熟知的环境代表着整个世界。他们几乎不能相信：自己那些被认为违背常理而不敢承认的观点，在另一个地方或另一个群体却被看作老生常谈。这样，由于对世界的无知，人们忍受着许多不必要的痛苦，尤其是青年时代。

从外部看，人的生命与自然力相比不过是渺小之物。时间、命运和死神固然伟大，但严肃地对它们进行思考，对它们的显赫无情加以感知则更伟大，正是这种思想使我们成为自由人。

不要迷信任何权威，因为你总能找到相反的权威。

须知，今天的许多常识曾经都是骇人听闻的，所以不要固执地反对任何新东西。灵魂博大之人将敞开整个心灵之窗，让来自宇宙每个部位的风自由地吹入。

摆脱某些教条主义的方法是：留心与你不同的圈子的意见。如果不能大量旅游，可以多结识一些不同类型的人。认识自己的偏见也是有方法的，如果一个与你相左的意见使你恼火，这就是一个信号，因为如果某人坚持 $1+1=3$，你只会觉得遗憾但不会生气地和他争执。

有意识的想法被投入足够的强度就会变成潜意识，正是潜意识真正引导我们做了大量的工作。

智能性冲动的本质是对事物内在联系和统一性的衷爱。

二、论幸福

参差多态乃幸福之源。

我的人生正是：使事业成为喜悦，使喜悦成为事业。导致工作有趣主要有两个因素：首先是技能的施展，其次是建设性。 在一些工作中，某种东西会被建立起来，在这一工作完成后，它便是一个里程碑。

天性快乐的首要条件是身体的强健和本能的满足。 典型不快乐的人是这样一种人：由于在青少年时代没有在某些方面获得本能的满足，于是他对这一方面的满足比对在其他任何方面的满足都更为看重，他的生活方向因此变得单一。 你不能单是通过成功去逃离嫉妒和闷闷不乐，因为在历史或传说中，总有某个比你更成功的人存在，减少嫉妒最好的一个办法莫过于获取一个令本能得到满足的人生。

训练有素的头脑会在恰当时间对问题进行充分思考，而不是在所有时间对问题泛泛考虑（即经常忧虑），这种头脑的培养对幸福和效率的增加是惊人的。

克服忧虑和恐惧最有效的方法不是转移注意力（那会使忧虑和恐惧乘虚而入进入潜意识），而是相反，正视所忧虑和恐惧的东西，勇敢而集中地思考它，直到对其厌倦和无所谓。

明慧地充实闲暇是文明时代的最后一个任务，而目前很少有人能做到。 要适当地从自我专注移向对外界的兴趣，每一个外在兴趣的养成都将成为预防生活倦怠的良方。 生命太短，我们不可能对任何东西都感兴趣，但兴趣广泛得可以填满我们的日日夜夜，将是件多么美妙的事。

现在生产效率大为提高，而人们的生活压力却有增无减，这主要应归咎于竞争。 自工业革命以来，一个划时代的错误就是过度竞争，这导致了整个社会的紧张感和各种邪恶的出现。 我们经常操心的不是第二天有没有早餐，而是是否过得比邻居和同事好。

三、论科学与哲学

哲学是介于科学和神学之间的空白地带，其价值并不在于提供具体问题的答案，但通过对哲学中那些不确定性问题（有确定答案的问题都已放到各种科学中了）的思考，可以扩充我们对一切可能事物的概念并丰富我们心灵方面的想象力，从而破除迷信、偏见和自大。 我所推崇的哲学可称为“逻辑原子主义”，即它以事实和逻辑为根基，像经典科学那样，用一件件详细可证的结果去取代未经检验的大量一般原则和神秘主义。它虽见效缓慢，却根基可靠。

由于直觉靠感官才发挥作用，故在那些感官无能为力的抽象或微观宇观领域，直觉是无能为力的，甚至带来谬误。抽象的科学领域，更多的是靠理智耐心的点滴探索和实践。两个台球相撞看似简单，实则玄妙——两球根本未真正接触，其间所发生的事情复杂非凡。

单纯的求知欲和纯科学研究比应用科学有更特别的价值。孟德尔、法拉第和麦克斯维做研究时可能并未考虑要为生活带来什么实际利益，而主要是出于对科学的兴趣和信念，其巨大的实用价值不过是副产品。而在商业化社会，功利主义最终将扼杀单纯的求知欲。

人性，即使是那些自认为是文明开化的人性，也存在阴暗的内里。我对这一点从不怀疑，我曾认为很安全的文明，其自身也会产生破坏力。在人们发现钨可用来制炮弹和电灯之前，它还只是一堆废物，而现在人们有了相关的科学知识（了解了钨的性质和用途），却在为了获得钨矿而相互残杀。

四、论教育

未曾受到大人压制的儿童会提出无穷无尽的问题，有些是理智的，有些则相反。这些问题有时令人不胜厌烦，有时也不便答复。但你必须尽最大努力，实事求是地予以回答。告诉孩子的东西要多于他所能理解的，而不是相反，因为那些他一时还无法理解的部分将会激起他的好奇心及求知欲。

比起成年人，精神探索的欢愉在孩子中更常见，随着岁月的推移，这种欢愉日益罕见，因为某些不恰当的教育扼杀了精神探索的欢愉。在孩子那里，存在着某种神圣的东西，它捉摸不定，无以限量，具有某种个性且神奇珍贵。事实上，在精神生活上，受教育最多的人往往已萎缩枯败，刻板机械常常取代了生机勃勃。

一些学校强迫学生接受军训却禁止学生了解关于性的问题，于是关于创造生命之事被贬为讨厌之事，而关于夺取生命的事却被捧为高尚之举，这一自杀性的行为准则源于一个事实——我们对权利倍加推崇，而对生命的丰富内涵却默然视之。

几乎所有教育都抱有政治动机，正是这一动机决定了教育的主题，决定了学生会获得怎样的精神习性。在任何国家，历史学都会夸大自己的国家，教导孩子们相信自己的国家总是正确和战无不胜的，由于这些信念听起来使人舒服自豪，所以很容易被接受，而不偏不倚的历史学是难以成就民族自豪感的。比如，同样是关于滑铁卢战役，英法德三国的学校就讲授得大相径庭。

我们应当像为赢得一场战争那样把保持孩子心灵的活力和独立思考能力当作一件重要的事去做，即使为此付出百倍的代价也在所不惜。为此，必须花费极大的经济开支，让教师热爱教育并享有充分闲暇，做到几乎每天都能愉快地工作，并了解学生的精神需求。教育，还应当为未来社会的耀眼景象所鼓舞，应当被思想在今后将取得的胜利所推动，还应当被人类探究宇宙的前所未有的开阔视野所振奋。而受此精神熏陶的人将充满活力和欢乐，并担负起自己的责任，为人类开辟未来。

经典阅读之二:叔本华——真正大师的老师

叔本华是哲学家、教育家、美学家，也是现代心理学家的宗师，还曾研习医学，其代表作为《作为意志和表象的世界》。很多人因误以为其哲学思想过于悲观而对其心存偏见，然而事实是从许多领域的顶级大师（如爱因斯坦、薛定谔、达尔文、弗洛伊德、尼采、维特根斯坦、萨特、伯格森、托尔斯泰等）到众多我国著名学者艺术家（如王国维、吴国盛、陈丹青等）均从中汲取养分，就像他自己曾自信地宣称过的——我的一本书就可以成为后世许多领域的大师和作品的源泉，世上深受其影响的名人是如此之多，可谓“大师的老师”。他的书我一读再读，既为其洞察人世的非凡直觉所惊叹，亦为其在人生终极意义上的透彻思考而折服。为了让读者朋友能在较短时间初窥这位思想大师对人世之非凡洞察力，我从韦启昌先生编译的《叔本华思想随笔》（上海人民出版社出版）中提炼了部分观点和内容，分类整理如下（少数内容加入了我自己的理解与注释）。对叔本华感兴趣的朋友建议从阅读《叔本华思想随笔》这本翻译水平很高的简洁译著开始。

一、论智慧

人们很容易把自己视野的尽头当作世界的尽头，这一错觉无论对肉眼（古人把地平线上的天地视为相连）还是精神智力的眼界而言都是难免的。

所有发生的事情，都遵循着严格的必然性。所有的偶然其实都被一种深藏不露的更高的必然性（相互纠缠的因果链）所完全控制。

人能做他所想做的，但不能要他所想要的（作者注：此话大有深意，涉及人的欲望、自由和事物的内在本质与必然性，爱因斯坦曾在《我的世界观》一文中说这句话慰藉了他一生）。

作者能否给予读者满足，很大程度上取决于双方在思维方式上能否发生共鸣。

第一等头脑喜欢独自思索，而不是一有空就拿起书，不要让自己的大脑完全成为别人思想的跑马场。

哲学家的眼睛永远注视着事物本身，让大自然、世事和人生直接成为他思想的素材，然后对其抽丝剥茧般加以概括提炼，且必须把所有流传下来的现成观念放在现实生活中加以核实检验，书本只是他的辅助工具。

我给予智慧的定义就是：对整体和普遍的事物能有一个正确和根本的认识，且这种认识力完全渗透在他身上并指导着他的一言一行。

我们的生活就像镶嵌在大墙上的粗线条图案，靠得太近往往看不清内容，只有拉开一个距离后才能看清其含义。同样，生活中的一些重要事件往往事过境迁很长时间我们才真正明白其关联和价值。

如果一个人头脑了得但心肠不好我们会恨，但若心肠好头脑不行我们往往会宽容，正是基于此，不少罪犯想尽办法证明自己有精神病，从而把心的缺陷说成脑的过失。

二、论教育

教育关键是教人从正确的一端认识世界。很多人终其一生也没有完全排除教育所给他的虚假概念和偏执，因而终其一生都受着自己定了型的思想的压迫。很多时候妨碍我们认清真相的不是为表象所惑，而正是先入为主的成见。

青少年是收集素材和了解个别事物以形成基本判断力的时候，可以让他们学习语言数学和自然科学，而不要先接触一切带有笼统信条和可能有谬误的学问（如哲学、宗教、政治等）。

直观认识应先于概念学习，一切直观或直觉都属于智力行为，天才的根本前提就是有敏锐的洞察力和直觉。要真正明白某样东西，我们就必须从直观上把握它，并在头脑中获得清晰的图像，如果现实生活本身缺乏这图像，就应由想象力完成。

记忆是深不可测的，但它不是容器，而是使智力得以发挥的一种本领。凡是我们想真正留在记忆里的东西，都应尽量将其还原为某一直观形象给自己造成印象，这也正是比喻和寓言的意义。

人们身上一切原初的也是真正重要的东西（本能、直觉、天赋），就像自然力一样无意识地发挥作用。一个人在无意识情况下完成的事是不费吹灰之力的，但却是任何努力都无法替代的，它构成了一切真正成就的根基和内核。

三、论意欲和个性

意欲是世界万物的本质，物体自发下落、人类的种种行为等，无不出于某种意欲（动机）。一个人幸福与否，就看意欲和智能这两者谁占上风，天才往往意味着后者占绝对上风。

智力是派生的，是为意欲服务的爪牙。大自然完全是根据目的（意欲）行事，她的作为着眼于种属而不会只为个体效劳，这是她一贯的做法，如性冲动维持繁衍；又如，让人的智力发育先于意欲，好充分学习以备将来之需（儿童的大脑智力非常活跃，他们醒着时一刻不停地捕捉所有现象并把获得的知识小心储存，就像蜜蜂采蜜）。

个体在并不知情的情况下，依据更高的种属命令行事。当两个年轻异性首次见面时，在那种相互打量的无意识的认真劲里，隐藏着某种奇特的东西：种属守护神对双方可能产生的下一代及其素质的思考，男女彼此的满意和渴望程度由这思考的结果而定。

一个人的个性（融合了性格、智力和体质等）就像渗透力很强的染料一样，精确地决定了这个人的所有行为和思想。反过来，通过分析人的某一典型行为，我们也可以了解他的个性。关于无意识的内心活动和意欲对人的重要影响，很少人是清楚的。几乎可以认为我们一半的思维是在无意识中进行的，甚至可以大胆提出这一生理学假设：有意识的思维在脑髓表层发生，而无意识的思维在脑髓的内层发生。

正如每个人都是自己睡梦的秘密导演，控制我们真实人生轨迹的命运归根结底也是以某种秘密方式源自潜意识的某些意欲。我们常常感到有一种看不到的操纵力量指引着我们。

超验宿命论可能源自这一事实：虽然偶然和变故无数次地使我们事与愿违，但事情的最终结局有时却对我们有利，在诸如此类的情形里我们仿佛认出了冥冥之中的命运之手。

敬叹那些短暂而精彩的生命

大学开始读他，终生难忘。他的文字“有着水晶般的光辉，仿佛来自星星”，文笔以幽默睿智著称。他的不少文章，读的时候一直笑出声，但读完笑完便陷入长久的深思。他说“我活着，无非是想明白些道理，遇见些有趣的人，经历些有趣的事”，他喜欢智慧而有趣的人，认为无知和偏执是最大的邪恶，他最敬佩像英国哲学家罗素那样的人，一生智慧、幽默、丰富、正义。他写过一只特立独行的猪，并亲切地在文中称其为兄弟，从中足见他对自由和个性的珍视。他很欣赏自然科学，因为那里有他极度珍视的某些精神品格，如自由、独立思考和逻辑实证。他说“我总以为，有过雨果的博爱、萧伯纳的智慧和罗曼·罗兰的美的熏陶，人类无论如何也不该再愚昧了”，他还说“生活是天籁，需要凝神静听”、“人的痛苦，本质上都是对自己无能的愤怒”。人称他为天才作家，但天妒英才，他45岁不幸因心脏病突发逝世。他叫王小波。

他的一生主要在轮椅上度过。他调侃说自己的职业是生病，业余写作。他的最大愿望是幻想着能像正常人那样走在大路上，并能随意踢起一颗石子。他说“人所不能，即是限制，即是残疾。知道作为人的种种限制与不能，是智慧的起点”，他说“生而为人，终难免苦弱无助。你即便再聪明富有、再健康走运，世界终究还是要以其巨大的神秘置你于无知无能的地位”，因此人人都有残疾都有局限，没有人可以无所不能，我们都始终以有限对峙着无限，这种“不对称”注定了个人永远的渺小脆弱。他还说“宇宙令人吃惊的和谐，在于它本是一个整体，任何部分之于整体或整体之于部分必定严丝合缝。人若硬要分而观之，人是人，宇宙是宇宙，我们就不可能真正理解宇宙中各个部分恰到好处的比例了。”“你相信人是自然界慢慢演变过来的吗？自然界亿万年，连一块手表、一辆汽车都演变不出来，凭什么演化出比手表汽车精密高级千万倍的人？”“生病的经验是懂得一步步满足，因为任何的不幸原本都还可能加个‘更’字。”他的腿是脆弱的，但内心世界比谁都强大。难忘他那清澈、明媚、洒脱的笑脸。他是史铁生，2010年因病去世。他生命的59年，是坚强的59年，精彩的59年，给人留下了无限的精神财富。

他生在湖南，但生命力最旺盛的十年却在牢狱中度过而立之年才出狱，狱中结识了不少教授，自学了很多学问，作了五六十本读书笔记，甚至自己在牢中独立推出了一些重要的经济学原理，足见其天赋。他正印证了电影《肖申克的救赎》中的一句台词：“有些鸟儿是任何笼子都关不住的，它们的每一片羽毛都闪烁着光辉。”后来他有机会出国留学，接着在经济学领域大显身手，在华人经济学界鲜有人能望其项背，对中国政治与经济都有太多宝贵的思考与建议。比如，当很多人对我国发展的“后发优势”盲目乐观时，他先知般地提出了“后发劣势”的忧虑。而在他事业的高峰，却查出肺癌晚期，接着与宗教结缘，于是开始深刻的人生反思与觉醒，如对现代化和理性至上的警惕与反省，更加珍视信仰和非理性的价值，他说“父母爱孩子是非理性的，但却事关人类存亡”，认为信仰对个人健康和生活质量的影响无可替代，很多东西与健康和人之间的爱相比一文不值，他说“得到了全世界，却失去了性命又有何用？”。他在56岁离世，让后人无限怜惜。他叫杨小凯，他的一生，是个人命运与大环境体制博弈的典范，他的人生有很多面（经济、政治、宗教），每个领域的思索都给人无限启迪与感慨。

不知什么原因，王小波、史铁生和杨小凯深深地留在了我的精神世界里。虽然他们互不相干，可我总觉得他们是气质相通的一路人——真性情和大智大悲，且都在某种不幸中将脆弱而短暂的生命活出了精彩。

成长命运

教育是一门关于人的成长发展规律的学问，而且不仅要关注研究学生的成长发展，还要关注研究教师自身的成长发展，不反思不成长的教师难以教出追求进步的学生。本部分主要是对自己成长的部分回忆与反思，以及对人生和职业的一点体会，这些思考也都丰富着我对教育内涵的理解。因为某种程度上，我自己就是我的第一个学生。

人生随笔六则

一、幸福与选择

我的最大追求莫过于想在哲学层面对人生做最大程度的尝试和实践，以追求更多的高峰体验，并永远走在觉醒的路上。 穷尽一切可能性，做最好的自己。

最要紧的是要有敏锐的洞察力，能以整体而根本的眼光打量人生，从而像梭罗说的那样——真正把握生命每一阶段的精华，以免在它快终结时才发现自己仿佛没有活过。

每个人需尽其一生修炼的九个字：拿得起，想得开，放得下。 唯有始终冷静严肃而又积极乐观地思考这复杂的人生，才能争取些许自由与幸福。 尽管现实残酷，但生活仍有多种可能。

面临重大抉择时，应多听从内心的声音，包括自己的童年初心。 切记，情绪激动或悲落时尽量勿作重大决定（尤其是深夜），因为愤怒悲伤会降低我们的智慧和判断力。

人生哲学的几个关键问题：什么样的活法更高明、更值得？ 能否以及如何主宰自己的人生？ 因果宿命和自由意志各占几何？

幸福的人是相似的，追求美好生活的关键是要让自己配得上那些美好。

幸福往往由“自成目的”的生活（即过程有意思且结果有价值）构成，运动旅行、阅读写作及人间情爱等算是“自成目的”之典范。生活中常见的一种不幸就是误以为生活的目的是某种结局而真正的生活仿佛从未开始，因而始终不能活在当下。

对于人，“创新创造”最具魅力，因为创造性行为所开拓的生活是崭新而有趣的，对人类心理有着天然的刺激和吸引力。对多数人而言，最要紧的创造不是那些伟大的科技艺术，而是日常生活和工作的细节。

人生短得不够扯鸡毛蒜皮，只有做真正重要的事生命才有效率。高效率的人常有三大习惯：一是善于统筹计划；二是掌控心境且劳逸结合；三是创造性超常规做事。

二、智慧与认知

比努力更要紧的是提升我们的认知层次与维度。思想必须比现实生活更宽阔，这样它才能把现实生活的各种可能性（包括阴暗面）囊括在内，以便充分理解生活提出的疑难。其实，我们受的很多罪都源于无知，还要警惕“熟知非真知”。因而，要不断反思自己的观念信仰、心智模式和性格习惯，发展自己的元认知能力。

世间万象，多为“生存竞争”，终归是智力的较量。热烈的心性不足以应付严酷的现实，唯有靠深思熟虑的理智。严酷的生存竞争尤其通过下面事实体现出来：一是很多坏人比好人更勤奋专业团结；二是很多高起点的聪明人却比我们还努力。

智慧的关键之一是：认识到相关问题的所有要素。视野和维度不够，智慧便无从谈起。三视图、盲人摸象等词对我们的认知是一种启示。

智者们的共性：都是伟大的怀疑论者而不迷信任何教条权威；能对问题做全局多维考虑故不偏激；知行合一，注重实践操作和问题解决；视野宽格局大，无小聪明故若愚。

在生活中，没有哪种智能比人际智能（核心是同理心与沟通力）更要紧，因为它决定你的婚姻家庭是否和睦以及如何交友。其中，“儒”（人之需求也、换位思考、善解人意）字正是人际关系的关键，情商的核心即知人识己。

斯腾伯格的成功智力包括一种“沉默知识”（或称实践智力）：没有明确教授也难以言表、只能自觉自悟的、微妙而心照不宣的，像老子的“道”。生活中细致入微的观察留意、善于证据推理和预测想象、遇事的从容冷静与随机应变等，都是智慧的重要组成。

选择的智慧：一要拓宽视野，掌握信息，看清事实；二要有远见，顾大局，知轻重缓急。真正的智者都能审时度势，随机应变，懂天时地利人和。

三、因果与命运

也许如叔本华所言，这世上没有什么偶然，只有未被发现的必然（决定论、因果链），所有偶然都被深藏不漏的更高的必然性规律（隐秩序）控制着。一个人的个性（才智、体质、性情、习惯等的综合体）很大程度上精确地决定了这个人的所思所为和人生轨迹。

很大程度上，人生就是因果关系的无限运作。作为人的最大局限不在于我们沉重而脆弱的肉身，而是我们往往觉察不到那双“看不见的手”：世事规律和命运的因果链。

又或许，人生既非绝对必然（因果宿命论），也非完全偶然（自由意志论和不可知论），而是两者共同耦合下的一种概率行为（朴素经验告诉我）。与我，概率论是一种人生观。

在开端起始时善用时机，没有比这更大的智慧了。正如巴菲特所说：“人生就像滚雪球，最重要的是发现很湿的雪和很长的坡”。

超然的根本是在更高层面对生活的掌控。要清楚自己的心痛触点和快乐触点，并区分现实中哪些是自己能掌控和改变的。

在思索计划人生时，一个很关键的维度是青春和时光（都不可逆），故要多想想哪些才是当前这个年龄非做不可的。

四、自信与自由

人始终以有限对峙着无限，故而要谦卑谨慎。而认识到脆弱、局限、残缺和恐惧是一切人的共性后，我们就能以不卑不亢、平等释然的姿态面对任何人，包括权贵和另类。

不要被某些人的大话和旗号吓住，有些名头很响的人到头来发现不过是浅薄之徒，善钻营而已，头戴桂冠的可能是狗屎。

人生最重要的修炼之一正是：永远要有内在而根本的自信，并小心地呵护它使其不被任何人事侵蚀。其中，学会扬长避短和积小胜为大胜是修炼自信的关键。遗憾的是，年轻人常常由于缺乏广泛的阅历见识作参照，故而容易过于在乎他人的看法，易随波逐流甚至沦为环境的牺牲品。要追求林语堂的境界——胸中自有青山在，何必随人看桃花。

随心所欲的人并不自由，他们其实是自己习惯、欲望与惰性的奴隶。自律是自由的条件，因而康德反对“他律式”的表面自由，如一味地服从动物本性。诚如熊培云所言：“自由在高处”。

每个追求自由的现代人需记住这句哲学界的名言——拥有就是被拥有。

五、成长与阅读

有种成长境界叫“闻过则喜”。

任何领域想有所成大概须三要素：天赋（悟性）、勤奋（尤其是善于自学）、机遇（有眼光），冯友兰先生概括得更好——才、力、命。而且，几乎所有领域的大师都有一段艰辛的自我成才过程。努力不一定成功，但一定有成绩。

快速成长的关键在于：跟对人做对事，扬长避短，博采众长，知行合一。每到一个环境或领域，应迅速找几个榜样大师，然后持之以恒地向其学习。在学习区刻意练习，在能力圈立业发展，修炼核心竞争力。

比较和反差（如旅游参观、学术交流、改变生活环境等）可给人带来新的体验思考，因而可增长智慧，甚至古人的流放和漂泊（如苏东坡、屈原等）在客观上也能开阔视野提升思想。境变可促生命之变。

人与人的最大差异在业余时间的利用。我常提醒自己闲暇做四事：静思默想，见多识广，专业成长，身体保养。

好的阅读是让自己在思想上经历大世面，让自己有机会和那些几十上百年一遇的杰出心智神交，从而知道优秀的人可以优秀到什么程度（这些人我们往往无缘相见）。所以，阅读的至要是品位层次，即要重点读那些真正能启蒙唤醒、提升境界高度或改善知识结构的大师经典。

还须警惕：过度沉浸于阅读（尤其是平庸读物）可能会使人丧失生命中原始的活力、灵性、直觉与洞察力，甚至导致缺乏解决实际问题的能力并看不到世事和人性的复杂多变性。任何书本文字都只是作者有限的经验与思考，现实中总有它覆盖不到的地方，这也正是独立思考和实践的弥足珍贵之处。所以，要以理性批判精神阅读，深入作者的思路立场和背景局限。正如赵汀阳所言："怀疑是思想的免疫系统"。

死的知识并不能使人有效把握世事的复杂性，只有"观察实践—还原抽象—推理判断"的活的思维才能增进智慧力量，才能真正使人明物理、懂事理、知情理、晓心理。要善于读"现实生活"这本无形亦无限的大书，并在实践中不断检验和修正已有的观念与认知。

一种极重要的日常修炼：先处理情绪，再处理问题。

六、心理与人性

心里充满积极暗示和乐观豁达是人年轻快乐的一个秘诀，人的积极暗示和乐观潜意识往往会带来良性循环（皮格马利翁效应）。

"行至水穷处，坐看云起时"，学会化危机为转机。境随心转，心宽路广。

我确信每个人都会散发独特的场。追求真善美的人会散发一种场，而奸猾邪恶的人会散发另一种场。相由心生，慈眉善目或横肉恶相均会在长期"用进废退"的生物积累效应中保留下来。

现代社会信息海量并不可怕，可怕的是其中的陷阱，即很多是高智商专业人士（如顺从说服专家）精心设计的圈套，他们利用我们的从众心理、被动条件反射、贪婪及其他心理学原理（如认知对比原理、稀缺原理、喜好原理等）让我们上当，而他们以此为职业。

人们的潜意识和内心想法很容易在被动的条件反射中暴露无遗、被人利用（这也是心理测试常用伎俩）。所以要学会克制条件反射式言行（尤其特殊时刻），做到深思熟虑、谨言慎行。防止被动条件反射是心理强大和智慧的重要标志。

叔本华说，残障病人更易引起同情与宽容（包括法律上），这使得不少罪犯在量刑时将心肠的恶毒假扮成心智的残障。

“有神论”的一大深意是把人引向责任和向善，使人相信“人在做，天在看”，从而实现对人性恶的监督。当然，应警惕“神”沦为某些坏人的护身符。

这世上，最让我们痛恨的首先是暴力凶残、大灾大难及自己的无知无能，相比之下别人的自私、虚伪、狭隘、势利和斤斤计较等都是其次。

人性本复杂，生活本复杂，社会本复杂，要洞察甚至欣赏这种复杂，才能达到丰富和通透。大道至简，绝不是说把复杂问题过于简单化，而是指要找到复杂表象背后简洁而根本的规律和真相。

从古到今，人们生活方式的各种可能性也许会慢慢穷尽，加之科技的某些负面影响日渐显现（并未将人真正解放出来），由此造成的重复和失望让人躁动不安，于是“复古、极简主义”将会成为某些现代人的追求。

与其赞美自然与科技的力量，不如欣赏人的观念、心灵和潜意识的惊人力量。

若从人性、历史、形而上的角度看，太阳底下无新事；而从个人成长经历和科技创造角度说，太阳底下仍有许多新鲜可爱之事，值得我们去憧憬和创造。

我为什么坚定做老师

不论时势境遇如何变迁，我做老师的初心不改，对教育的信念始终如一。我愿像于漪老师说的那样：一辈子做老师，一辈子学做老师。

为什么我坚定做老师？我想，可能主要有以下原因。

一是中学老师的影响。无论是对教师职业的好感还是中、高考时志愿的填报都极大地受了我各个阶段老师的影响。他们正派体面的生活，开阔的眼界学识，以及大部分老师所流露出的优雅性情和善良心地，都对我产生了持久而积极的影响。感谢我的老师们，这一方面让我明白了自己今日之责任，另一方面也突出了“孟母三迁”的道理。环境对一个人潜移默化的影响太大了。

二是价值观使然。我始终固执地以为：世间的一切灾难均出自我们的无知，自然灾害显示了我们对大自然的无知，其他灾难显示了我们对自我和人性的无知，而克服无知最有效的途径就是学习、教育。毫不夸张地说，教师群体在很大程度上决定着民族的兴衰和人类的福祸。诚如于漪老师所言，教育一头挑着学生的命运，一头挑着祖国的未来。所以我始终觉得自己从事着这个世界上最紧迫最有价值的事业（当然有人会觉得这种看法很幼稚），这是我坚定职业理想的核心动力。

当然，我对教育价值的认识不是一下子轻易形成的，而主要是大学期间通过广泛的阅读、多样的体验与思考之后逐步形成的，现在这种认识正在实践中进一步得到检验和强化。

三是因为性格和生活追求。我并不是那种甘于现状不敢冒险进取的人，相反我曾豪言要“以世界为舞台，以一生为背景，穷尽一切可能性，做最好的自己”（可惜这种凌云壮志如今似乎已被柴米油盐和残酷现实冲刷得所剩无几），因为我清醒地知道我们都只有一个人生、生命的最高境界是无悔无憾。但现实中我屡屡发现自己其实喜欢的是一种安稳自在、简单闲适的生活，我不喜奔波追逐，也不再向往小说家或诗人笔下的闯荡奇遇和浪漫天涯。世界很大，而自己真正需要的其实只是一点点。

我喜欢校园生活的清静，喜欢学校里的大操场、绿草坪和音乐，喜欢孩子们那一张张单纯无邪的笑脸，还喜欢读写和分享，喜欢听到自己一番用心的话语之后孩子们热烈的掌声，喜欢看到孩子们由粗鲁无知变得谦和进步。校园环境总能让我心静神宁和内心满足。

四是基于个人成长成才规律。我知道，任何一个行业里都有无数的知识、技巧和奥秘，所谓“一沙一世界”。因此，要在任何一个行业里做出一点成绩来都不可急功近利，需要扎扎实实地耐心积累。那些好高骛远、爱跳槽转行的人可能多半不知道自己真正喜欢做什么和适合做什么。 他们一生像在凿很多井，但也许没有一口能真正抵达水源深度。 所以，我不打算离开这个行业，哪怕有时也身心疲倦，哪怕有时也悲观失望。

我曾作一对联以自省明志：感悟科学问道自然育求真审美向善心，专注教育研习人文探成长发展幸福路。 也以此与同行朋友共勉。

奋发、专注与梦想

——对高中岁月的回忆与反思

2019 年喜逢高中母校镇巴中学 80 周年校庆，感谢高中班主任、现在的同行、永远的良师益友杨盛峰老师厚爱，让我有机会通过给学弟学妹写一点自己在高中求学的回忆文字来梳理反思人生中最要紧的这几步。

高中三年，回忆起来千头万绪，其中压力与动力、迷茫与清晰、自信与自卑、感恩与梦想纵横交错。 我愿选取“感恩、奋发、专注、阅读觉醒”等关键词略做回忆反思。

先简要说一下我中学时的家境。 我家在高桥村一偏远大山顶（就是那种再过百年也通不了车的地方），父母长期从事重体力活却永远只够勉强养家糊口，家中还有弟弟妹妹。 像我这种偏远贫寒的出身，最后还能读完大学的主要原因之一就是求学路上有很多人在帮我，对此我一直铭记在心。 如在高中阶段，班主任杨盛峰老师不但利用各种谈话机会给我鼓劲减压，还常送给我各种书报开眼界（那时自己几乎没什么课外读物）。 有一个下午我在体育课上不慎从单杠摔下致左手骨折，当时杨老师有事走不开便让师母用自行车送我去医院检查治疗，此事后来时常想起且感动万分。高中的很多其他老师也给了我很多帮助，如汪召沛老师多次给我赠送数学资料并默许我不交数学作业（已会），吕俊老师曾送我大包衣物和一个英语听力播放机，图书馆的阿姨破例对我的借书没有任何限制。 班里很多同学也热心肠，有同学见我吃不起早餐便在自己吃早餐时也带一份送我；当时为减轻家里负担，寻得一个勤工俭学机会，即每天打扫学校食堂区域的卫生可每月挣百十元生活费，那个工作量较大，常常课余时间完不成影响正常上课（尤其是早餐后垃圾非常多），后来班里很多同学每天就主动来和我一起干（他们舍得因此花掉自己的学习时间）。而且由于每天多次打扫卫生，导致几个食堂老板认识了我，并因此常在吃饭时少收钱甚至有时让我享受免费的午餐。那是一段艰辛而温暖的日子！

家境的艰难、师友的鼓励以及知识增长本身带来的充实愉悦，使我在学习上比一般同学更拼。那时真是一门心思在学习上，潜意识里每天都告诉自己一定要考上好大学，将来才有出路。现在想来，那时自己在学习上总体应该用到了九分力（高一时不善于利用零碎闲暇时间且缺乏保养身体提高效率的意识是个遗憾），我晚上一般睡得较早（从不熬夜），通常不超过十一点，不过早上起得早，尤其夏季，每天能在学校统一早读前自己先在操场踱步诵读个把小时，中午则一直没有午休习惯（因此早上和中午总体上能比一般同学多学几个小时）。周末因离家较远一般不回家，通常是准备好一两本书就跑到附近一片庄稼地或河边，一学就是半天。尤其是春夏时节，那种一个人躲在绿油油的庄稼林中时而专注看书学习，时而停下沉思天地万物，时而也驻足凝视沐着阳光的晶莹露珠或聆听清脆的虫鸣的情景，现在回想依然神往。那时为了省报名时的书费，父亲就四处打听哪家有刚高中毕业的学生，并在高一刚完就提前为我找到了高二高三的旧教材，从而为我的自学创造了机会。高中每个暑假，我大部分时间不是和父母上坡挖洋芋，就是上山放羊拾柴，在繁重农活的间隙能躲在房间里看书成了最惬意的事，尤其是在外面边放羊边读书（有时在大树林，有时在草坡上，有时在雪地里，有时在风雨中）那段如饥似渴的求知岁月令人难忘，正是在那些日子里我体验了马克思主义哲学的魅力，感受了万有引力、不等式和遗传定律的美妙，也初步培养了一定的自学能力，这是我在学校能有更多自主学习时间的关键。因为提前自学，故课堂上更有针对性，成绩也更好，于是更有信心，更努力自主学习，如此良性循环。人生就是因果关系的无限运作。

正是高中三年课内外大量的学习和读书，为我驱除了恐惧，提升了认知，为我带来了思想的火种并照亮未来。理化生和马哲的学习，让我能更客观理性地认知世界，粗略窥探到了宇宙深处和生命内部的奥秘，信唯物知因果，黑夜不再惧鬼神；语文和英语中的经典阅读润泽了我干瘪的心灵、拓宽了我狭小的视野，如毛泽东诗词的气概、东坡词文的豪放境界、毕淑敏散文的温存、罗素作品中的非凡智慧，均至今难忘。这些高品位的阅读让自己在思想上早早经历了大世面，让自己有幸能和那些心智伟大的人物神交。其他学科的学习，也都像吃下的蔬菜粮食一般化作了无形的营养。要知道在那个环境那个时候（互联网不发达），读书学习对于一个长年囿于偏僻农村、坐井观天的孩子的启蒙、开眼和开悟是多么紧要。

另外，我想再专门谈谈“读写能力”的重要性。读写能力比数理化或其他学科的能力更具有广泛和持久的迁移价值，这一点有些人要到工作以后才能体会。我虽大学读的理科，但中学时养成的阅读写作兴趣伴随一生，并为自己的专业发展增色不少，近年来在个人新浪博客累计发表各类文章近百万字，在《中学化学教学参考》等国家级专业学术期刊发表文章30余篇，其中多篇被中国人民大学书报资料中心《复印报刊资料·中学化学教与学》全文转载，并曾因此受邀外出作报告交流。

最后，我想聊一点这些年在阅读写作和成长过程中对人生的一点思考，它们在某种程度上已经成了我前行的指南和信条。

生活中，危机中往往暗藏着机会。高一我手摔伤是不幸，但也正是此事迫使我在那段时间花更多的时间安静地坐在教室学习并思考未来，因此反而赢得了学习进步的一个契机；我高中没钱买新教材是不幸，家中农活重是不幸，但因此促成了自学习惯的养成，可谓“塞翁失马，焉知非福”（因为是借的旧书格外珍惜，且看书学习比干农活有趣多了）。不要惧怕苦难，要学会把生活中的任何磨难和遭际都转化为教育和成长。

比努力更要紧的是提升我们的认知层次与维度，我们受的很多罪都源于无知。高中阶段我因为认知低下（甚至很多方面极其无知）而给自己带来的各种负面影响不胜枚举，如对生理、心理规律的无知，对学习策略和效率的认知不够，都直接影响了最后的高考，甚至填报大学志愿时对大学专业和个人生涯规划的无知等，至今想来仍有遗憾。思想必须比现实生活更宽广，这样它才能把现实生活的各种可能性（包括苦难和考验）包括在内，并真正引领我们从容前行。

要学会以整体和根本的眼光打量人生，像梭罗说的，“把握生命每一阶段的精华，以免生命终结时才发现自己仿佛没有活过”。在思索计划人生时，一个很关键的维度是青春和时光都不可逆，多想想哪些事才是当前这年龄非做不可的。对我而言，真正的人生内在觉醒就是在高中阶段的大量阅读深思和作文中慢慢开始的，这是生命中一个关键的节点。可以想象，对我那样的家境，若没有高中的奋发觉醒未来会怎样，也许比今天过得好，但一定是小概率事件。

人生最重要的修炼之一是：永远要有内在而根本的自信，小心地呵护它使其不被任何人事所侵蚀。这种根本的自信，要在个人家境相貌成绩等之外的内在觉醒的哲学层面去修炼，在积小胜为大胜中去建立。据说任何领域想有所成就大概须三要素：天赋（悟性）、勤奋（尤其是自学和毅力）、机遇（眼光），冯友兰先生概之为——才、力、命。而且，几乎所有领域的大师都有一段艰辛的自我成才过程。

高中毕业已15年，如今心中仍然澎湃着激情与梦想。我最大的追求莫过于想在哲学层面对人生做最大程度的尝试和实践，以追求更多的生命高峰体验并永远走在觉醒的路上。自由在高处，幸福在高处。

最后，祝母校欣欣向荣，愿各位恩师和学弟学妹好运、幸福！

我怎样走到今天

每个人都可以写“我怎样走到今天”，苏格拉底的临终遗言便是“未经省察的人生没有价值”。我们都需要适时对自己人生的重要经历、关键节点和信念追求进行冷静俯视与剖析，以便更好地、清醒地继续前行。我觉得自己成长路上的要紧处至少有下面几点。

一是童年父亲的潜移默化。父亲在农村算得上知识分子，读过些书，懂点数理甚至外语，字写得好，擅长讲故事。印象最深的是，每当一家人在地里劳动时，父亲为了让我和弟妹干得起劲，便常讲西游记等故事或自己外出做木工亲历的一些趣事逸闻。现在想来，当时父亲显然也是在用心拿那些故事对我们行启蒙教育，记得他常在讲完故事后加上一句“所以做人啊”之类的结束语。父亲还善于为我们寻找榜样，以鼓励我们勤奋上进，他常给我们说周围哪家孩子多懂事成绩多好。记得我还在小学时，父亲有时就会提到中学的一些课程或情景，比如某物理知识多么实用或他当年的数学老师学识多渊博，以及某大学多好……而当我们慢慢长大，父亲却渐渐地把他那些故事与知识都藏在了心底，好像什么都不懂了。当然，母亲也一直为我们的成长不停地流汗流血流泪。

二是小学启蒙老师的一双鞋一席话。记得在村里上小学五年级时，我遇到了从城里回来教课的年轻何老师。一次她见我穿着烂鞋就把我叫到房间，送了一双漂亮白色运动鞋并语重心长地给我说：“你看村里周围的人，差不多都在辛苦种地，而你们家不远处某某因多读了点书现在做着老师，你以后是想一直在村里种地呢还是想如某某那样有个较好的工作？”我听后似如梦初醒，此后一直认为何老师的那席话对我在学习上的坚持用功起了重要作用。此后，不想在偏远农村坐井观天地种一辈子地便成了我勤奋学习的原始动力之一。

三是初中班主任张友权老师让我改志愿。初中毕业我志愿本填的城固师专，想着可省钱早就业。幸好去看中考分数时班主任及时告诉我和父亲：从长远发展看，我读高中前途更好。因为张老师一向待我很好（曾在我一次车祸受伤后让我在他学校的一间房里住过几个月，这种温暖让我刻骨铭心），所以我和父亲当时听了他的建议没多想就改读了高中（现在看来，这是对的）。那时自己和家人确实是非常无知与茫然。现在回想，还常惊讶于曾经那样无知的自己是怎样撞到了今天的，这也常让我觉得命运中似乎真有一种神秘力量。非常感谢张老师，如果当初读了师专，命运肯定就是另一轨迹了。

四是高中阅读带来的力量。进入高中后，班主任杨盛峰老师教语文，在其引领下阅读面大为拓宽，有机会读了更多哲思类励志类文章，记得我在哲学方面的初次沉迷便缘于杨老师送的一份语文报。同学的影响也大，有一次正在书店看书，一个同班好友恰好也在，我说想买一本励志启智类的书给弟妹读也给自己读，于是他给我推荐了一本美国人写的《积极思考就是力量》，我一翻立即买下。这本书出现在我生命中可谓非常及时：当我正处于学业繁重、家庭经济压力巨大且对未来极其迷茫时，它告诉我怎样正确积极地看待这世界和人生——它说人生没有什么事值得真正忧虑，无论怎样明天地球同样运转；它告诉我目标的重要性、抱怨毫无用处、凡事多从积极一面思考会有惊讶的收获；它告诉我真正的健康快乐是饮食、睡眠、锻炼、情感、价值、信仰等诸因素良好整合的产物；它还告诉我人都有无穷潜能，关键要相信自己……这些话我至今仍觉受用。此后，我的高中生活就变得更加充实自信了，这或许就是好书的力量吧！

五是表姐等亲友全力助我入大学。高考结束后，我被陕西师范大学录取。虽然当时自己有决心一定要读大学，但家境的贫寒始终让我觉得有些遥不可及。这时城里的表姐做了表态：将想尽一切办法让我读大学，让我不要太忧虑。那段时间，她领我求见了城里几乎所有的亲朋好友帮忙，整天和我们一起忧虑，一个暑假下来她跑瘦了。最后，终于在一家建筑公司和一些热心亲友的帮助下顺利进了大学。这里，对他们（尤其是表姐）表示最深的感谢！

六是大学的学习阅读与生涯抉择。可以说整个大学期间，我是在一种充实而自由的阅读学习中度过的。这期间，我有幸从书中聆听了本杰明·富兰克林、萧伯纳、叔本华、罗素、罗曼·罗兰、胡适、王小波、周国平、李开复等人的教诲（尽管后来对这当中一些作者的认识有改变，但仍不能忽略其当初的积极影响），如：要会从正确的一端去认识世界（叔本华语）、成功是优秀的副产品（周国平语）、积极主动做最好的自己（李开复语）等。

当然，大学期间困惑挫折仍常有，尤其大二、大三在人生选择上有过激烈矛盾：一方面与伟大人物的阅读对话早已让我不甘平庸，满心抱负并急切地想穷尽人生的一切可能性，想考研深造（当时想若能当大学教授就绝不应满足于做中学老师）；但另一方面又必须面对严酷现实（首先是没钱读研，其次觉得自己似乎在化学上兴趣和天赋不够，而跨学科考研难度又大）。在反复考量自身特点及社会形势后决定先去中学教书，一则感觉自己具备某些成为优秀老师的要素，二是先工作似乎不影响继续深造，因为那时我已深知“生活是一本读不完的大书，社会是一所念不完的大学，学习努力是一辈子的事”。至于当年这一抉择是否正确，只有天知道。

七是工作后的深度自觉和专业发展。我特别怕自己工作后渐忘初心，担心自己麻木退化和“近墨者黑”，所以工作后一直保持着教学反思、专业阅读和研究写作的习惯，对身边各种教育现象保持着一定的警惕与独立思考，基本上能做到有自己的判断、追求与坚守，眼光能始终紧盯领域的真榜样。尤其是清醒地意识到只有超越中学化学才能教好中学化学，从而把大量时间花在经典研读上而非三流教辅资料中。在专业发展路上，特别值得一提的是《中学化学教学参考》这份期刊于我的特殊意义：首先我的第一篇文章和后来大部分论文都发表于该刊，这些文章的发表极大地增强了我专业成长的信心（记得最早几篇文章投稿还未发表时，素未谋面的王军翔主编便打来电话交流，这使我倍受鼓励）；二是我是因读该刊（包括后来参加其培训活动）而认识江敏、保志明等名师榜样并深受其影响的。因此，还是那句话——有时真的是一本书、一份刊物甚至一篇文章就能改变一个人。当然，在我专业成长的路上还有许多师长朋友都给予了莫大的赞赏、关心和鼓励，这让我前行的脚步愈加自信。

现已工作十多年，仍常反思自己如何一步步走来以及一路的选择是否正确，尤其感恩一路上有那么多贵人相助。这种回顾与反思让我更加看清今日之处境并渐渐懂得人生是怎样一个过程，也会更加珍惜人生旅途的每一丝缘分。

下篇：教研集萃

超越化学

从事任何领域的工作，视野和眼界可能都是第一位的。所以本书虽然从这一部分起是专门谈化学教学，但仍取名“超越化学”，是因本部分文章主要是结合化学教学谈教师专业发展、理想课堂要素、还原论思想、范式理论和公民教育等宏大而重要的主题，而非局限于化学教学的某一小点与细节，意在突出化学教学与研究的视野问题。

超越化学教化学

——兼论化学教师的阅读视野

一、问题的提出

诺贝尔化学奖得主洛德·霍夫曼喜爱诗歌哲学，其化学论述美不胜收；作家鲁迅有医学背景，其文学创作如手术刀般犀利；著名生物学家施一公对宇宙天文学着迷（称其为消解人事烦恼的妙方），其生命科学研究大气磅礴；金陵中学江敏老师博览群书采众长，其化学教学独树一帜[1]。他们都因在超越专业之外有所修为而最终在本行内大放异彩。

笔者多年教学实践的一点体会是中学化学教师如果整天只盯着“中学化学”，那么不论他多么用功，教学顶多算合格，很难达到优秀卓越。道理很简单，长期的“坐井观天”最后会把自己也变成一个中学生的水平，何谈教学品位与格局？即便教师的专业知识远超过中学内容，但如果他从来没有“跳出化学看化学”的意识，其教学仍不会理想（一些博士到中学教书，但教学效果不一定很好就是佐证），因为教育教学是一项远比学科专业复杂精妙的艺术。事实上，大部分教师的专业知识差别不是很大（何况教学基本内容通常是由课标和教材规定好的），很多时候决定教学效果的往往是一些“化学之外的东西”，如教师在教育心理学方面的修养、师生关系是否融洽、教学是否有个性魅力，甚至教师的习惯性眼神等，正所谓“功夫在诗外”。基于此，笔者把“超越化学教化学”作为一种自觉追求。其实，信息时代教师依然无可替代的地方恰恰在于教师能将学科知识与个人生命体悟融为一体，从而赋予知识以生机、情感和个性，进而超越所谓的“知识诠释性教学”[2]。这是冷冰冰的计算机做不到的，也从另一侧面显示出“超越化学教化学”的观念在互联网时代的必要性。

二、“超越化学教化学”的内涵与具体做法

1. 联系生活万象教化学，基于化学看世间万物

从燃烧反应（钻木取火）到人类文明的发源、从合成氨到人类饥饿的缓解、从沙子到信息技术、从水反常的冷胀热缩到分子间氢键、从钠钾离子半径到人体内钠钾平衡机理、从小分子多巴胺到人的情绪忧乐……每个化学反应、化学物种都与我们的生活和生命息息相关。

然而，现实中的很多化学课堂却没有很好地体现这一点，一位化学院士曾不无感慨地说：“常常有这么一种教学，是从学科看学科，从专业谈专业，由术语到术语，从概念到概念，轻则教学犹如播放留声机，重则犹如帮规中的黑话、套话。而课堂教学应该基于生活万象看学科谈专业，从学科专业看世界谈历史。”[3]所以，一个只能就事论事、就学科论学科的教师不是真正的好老师。

其实，化学中蕴含着许多独特的观念智慧，它们远远超越学科本身而成为人类文化精华的一部分：丰富的化学物质和变化塑造着我们的世界观，其中“元素观、微粒观、构性观、转化观、守恒观”等基本观念都为我们认识物质世界提供了独特而重要的视角，而大量的“化学反应”又进一步从量变与质变、定性与定量、宏观变化与微观变化、物质变化与能量变化、动态平衡与限度等角度为我们认识物质世界的变化规律提供了丰富的经验和智慧。

如“结构决定性能（构性观）”，它是化学观念更是人生智慧，从分

子、细胞、生命体到企业、社会都是如此，正如化学家钱旭红教授所言："功能弱化往往是因为结构弱化，分子如此，社会也如此。一些单位庞大的组织内耗的存在，正是由于基本逻辑与顶层设计的缺乏而带来的结构混乱与功能随意。"

再看洛德·霍夫曼如何将化学与哲学、人生水乳交融：相同与不同、吸引与排斥、障碍与超越、共享与独霸、理想与现实、合与分、得与失、利与弊、静与动，这些都是与分子世界紧密联系的精神层面的事物，也是化学家在研究分子时产生的心理活动……有一种哲学，它似乎接近于我在化学分析时所遵循的路，即黑格尔辩证法——任何一个命题都有一个反命题，从两者的争论出发，就可以演化出一种联合、补充、统一与平衡，如粒子和波、质量与能量，任何一个研究表面现象的化学家都知道，很多重要的事情正是发生在两物的过渡界面上[4]。

这些例子和观点都是基于化学又超越化学的典范。

2. 以超越的眼光看待现有的某些化学结论，培养"继承、批判、创新"的科学精神

一切都在变，绝对正确、一成不变的概念理论几乎没有，科学自身正是在不断纠错和完善中前进的。尿素的人工合成，破除了有机物只能来自生命体的迷信；稀有气体化合物的出现，使人们认识到价电子圆满的稀有气体原子也非绝对惰性；高压下金属态氢（导电）的制备，使人们更深刻地体会到金属与非金属的概念只是相对的；温室离子液体（由体积大、结构松散的阴阳离子构成）、导电塑料等的发现，无不让人重新审视现有的科学结论。又如酸碱理论的发展，在历史上曾先后有酸碱电离理论、质子理论、溶剂理论、电子理论及软硬酸碱理论等[5]。

所以，教学中要善于以发展超越的眼光审视当下已有的学科结论，这也是"超越化学教化学"的应有之意。化学还远非一门高度成熟的学问，其中很多结论都只是现阶段、局限性的认识。教师唯有打开视野、关注学科新进展，并怀有一份超越当下、不迷信书本和权威的精神，在教学中下结论时常常能留有余地，才能培养出有独立思想和开拓创新精神的一代新人。这也是"超越化学教化学"的重要内涵之一。

3. 基于思维品质的培养，为学生的长远发展奠基

思维品质是一个人未来竞争力的核心，以学科知识为载体培养良好的思维品质是教育的核心任务之一，也是“超越化学教化学”的重要内涵。笔者多年教学的一个深刻体会：很多时候学生解决不了某些问题，并非因为缺乏具体知识，而是缺乏比知识更宝贵的某些思维品质，如思维的有序性、系统性、严谨性、灵活性、深刻性等。下面略举几例：

（1）思维的有序性。

化学中有很多地方涉及这种思维品质，如化学反应系统中的有序性，其中金属活动性顺序、氧化还原反应顺序、酸碱反应顺序、沉淀反应顺序等，皆是分析化学反应时常常要考虑的。如果平时教学中有意识地培养学生这种思维，学生不但容易分析类似少量 Cl_2 通入 $FeBr_2$ 溶液或少量盐酸滴入 Na_2CO_3 和 NaOH 的混合物时所发生的反应等具体问题，而且可能由此养成做任何事都井然有序的好习惯。

（2）思维的严谨性。

在化学教学中，严谨的思维十分重要，像“差不多、大概、相似”这类词一定要慎用，因为在分子世界里，微小差别就可能导致极不相同的结果，像 OH^- 与—OH、Fe^{3+} 与 Fe^{2+}、CO 与 CO_2、稀硫酸与浓硫酸、顺铂与反铂等由某些细微差别而引起性能差异巨大的例子不胜枚举。其中，顺铂与反铂可谓“失之毫厘，差之千里”的典范，两者因空间结构的细微差异使前者成为有效抗癌药，而后者却无抗癌活性。化学学科为培养思维的严谨性提供了大量素材，教师应当关注。

（3）思维的灵活性。

化学中不少物质具有共性之外的个性以及一般规律之外的特殊，此类问题的分析对思维灵活性要求甚高。反过来讲，这类知识的学习又有助于培养学生思维的弹性，防止其思维僵化。如 CO_2 常作灭火剂，但某些物质（如钠、镁）因与之反应，所以着火时不能用它灭火；又如，铁、铝易与一般的酸反应，但浓硫酸和浓硝酸却因钝化可用铁、铝容器盛装。

化学中有很多素材都可以成为提升学生思维品质的抓手，关键在于教师是否善于发掘利用。

4. 在教学中注入“爱和悲悯情怀”，让化学课堂充满温情

古人言：“亲其师，信其道。”任何学科教学，只有注入无私的爱、悲悯情怀和人生智慧，才能肩负起“育人”的重担。教育的重要使命之一就是要帮助学生克服对未知世界的恐惧和迷茫，并唤起其对生活的理想、勇气和信心。高品位的课堂必然是追求“真善美”的课堂，以真挚的爱和悲悯情怀作为学科教学的底色，是“超越化学教化学”的必然追求。唯此，教师才能全身心投入并审慎地对待每个教学细节，才能超越教育的功利色彩，并赋予冰冷抽象的知识以温度、情感和魅力。

三、对教师提出的挑战及需要注意的问题

1. 化学教师亟待扩大阅读视野、提高阅读品位

我以为，对教师来说，学科教学其实是第三位的，传道和育人是第二位，首要的应是自强和示范，教育的最高境界是无言之教。教学中要做到立足化学又超越化学，首要的是教师要加强学习、反思与研究，既要有精湛的专业知识，又要有一定的跨学科修养，尤其要努力扩大阅读视野、提高阅读品位。有些教师教书几十年，手头除了可怜的“三件套”（教材、教参和教辅），连化学领域的经典书籍、化学教育界的主流期刊、学科教学领域的优秀引领者都不知一二，如此，其教学境界可想而知。我班门弄斧，在此推荐几类曾经阅读并获益良多的书籍。

（1）著名化学家的通俗杰作，如洛德·霍夫曼的《相同与不同》、拉瓦锡的《化学基础论》、寇元的《魅力化学》、周公度的《化学是什么》等。

（2）大学经典教材，如傅鹰的《大学普通化学》、徐光宪的《物质结构》、邢其毅等的《基础有机化学》、彭笑刚的《物理化学讲义》等。

（3）一线名师的经验杰作，如江敏的《有意思的化学　有意义的教学》、王军翔主编的《追求饱含学科意义的中学化学教学》、郑胤飞的《文化有根　课堂有魂——郑胤飞化学教学设计集》、王云生的《王云生的中学化学教学主张》等。

（4）科学哲学层面的书籍，如吴国盛主编的《大学科学读本》、钱学

森的《钱学森讲谈录——科学、哲学、艺术》、钱旭红的《改变思维》、约翰·布罗克曼主编的《第三种文化》等。

（5）经典人文书籍，因个人口味差异不再举例，但理科教师对人文哲学的涉猎无论对提升教学层次还是人生境界都十分必要。

2. 要超越化学教化学，但不能丢掉化学本身的特色与个性

教学中应当以化学为体、其他为用，化学之外的涉猎是锦上添花，不能本末倒置。

四、结语

真正好的化学课堂不但要让学生掌握基本知识、技能和方法，还应当让学生开眼、开悟、开心，应当在学生的精神世界里多播洒一些阳光和雨露，即学到一些超越化学、若干年后仍会在脑子里剩下的东西，这也是当下强调学科核心素养的应有之意。

如果说扎实精湛的专业知识能使教师站稳讲台并使课堂充满底气的话，那么唯有更高层面、基于化学又超越化学的修养才能使化学课堂充满灵气和大气。 如果教师有了超越具体学科教学的意识，即始终想着如何通过教学使学生变得更加智慧和幸福，想着如何为学生的长远发展奠基，课自然会慢慢好起来，而且不是“技”的层面，而是立意高远的“道”的境界，就像江敏、保志明、郑胤飞、罗滨等老师已经做到的那样，这也正是“超越化学教化学”的真正内涵。 而要做到这些，大视野、高品位的阅读是关键。 教学，永远在路上。

参考文献

[1] 陈凯. 化学的魅力和教师的魅力——读江敏老师“在实验中展现化学的魅力”[J]. 中学化学教学参考，2012(7)：66－68.

[2] 王军翔. 追求饱含学科意义的中学化学教学[J]. 中学化学教学参考，2016(9)：1－2.

[3] 钱旭红. 改变思维[M]. 上海：上海文艺出版社，2012：227.

[4] 洛德·霍夫曼. 相同与不同[M]. 李荣生，王经琳，译. 长春：吉林人民出版社，1998：3－5.

[5] 张祖德. 无机化学[M]. 合肥：中国科学技术大学出版社，2008：70－76.

论理想课堂的三要素

——以化学教学为例

一、问题背景

教育是“百年树人”的事业，诚如“生命化教育”倡导者张文质先生所言“教育是慢的艺术”。然而当前很多学校却嫌教育教学节奏太慢，迫不及待地跟风打造所谓“高效课堂”，且知识落实追求“堂堂清、日日清、月月清”，考试除期中期末外，还要月考甚至周考。一直以来，我国教育过于关注知识的落实效率和考试评价中那些冷冰冰的统计数字，而对充满个性、活生生的学生在教学中到底体悟了多少思维乐趣、增长了多少人生智慧以及人格心理是否健全等关注不够，这种不良的教育生态培养了不少畸形扭曲的人，这些年各种令人痛心的学生极端事件时常见诸媒体。与此形成鲜明对比的是，英美等国一直对学生的兴趣培养和情感关注不遗余力，甚至不惜以牺牲某些具体知识的落实为代价（这应是英美等国科技文化领先的一个重要因素）。当前，我国所有关心教育的人士无不在呼唤一种理想教育和理想课堂，然而理想课堂究竟应当必备哪些要素却见仁见智。以下是笔者对理想课堂要素及其在化学教学中如何实践的一点思考。

二、理想课堂的三大要素及其价值

1. 理想课堂应是“有趣”的课堂

课堂教学首先要解决的是学生的动力问题，没有兴趣的学习是最大的学习负担。事实上，“兴趣”在当代社会已成为异常重要的课题，它关乎每个人的健康[1]。伯特兰·罗素曾在自传中说其14岁时想过自杀，后来是因为对欧几里得几何的兴趣才使他找到了生活的希望。可见，内在的丰富兴趣是生活无聊的最好预防针。所以，帮助孩子找到兴趣是教育的一大使命，否则由于长期学习生活的单调乏味，他们不仅当前会厌学，而且将来可能会简单粗暴地对待生活，甚至不惜将精力转向外界一些肤浅的娱乐和刺激。其实，学生对一个教师最糟糕的评价之一正是“这课没意思”。因此，“有趣”应是理想课堂的第一要素，教学中首先要让学生乐学，其次才是学会和会学。

2. 理想课堂应是“智慧”的课堂

教育的本质是对学生整个人生的启蒙和唤醒。换句话说，理想的课堂应当让学生变得越来越智慧，以便使其有能力在充满未知和竞争的未来赢得幸福。听起来像是常识，但想想我们身边有多少理科教师让学生像记英语单词一样学物理、化学，有多少试题拐弯抹角抠字眼故意让学生掉进那些低品位的陷阱……最终学生在大量的死记硬背和低智无趣的题海中浪费了光阴，原本优秀的大脑也因此受到不可逆转的损伤。从更高层面上讲，学生最要紧的功课首先是超越具体知识的、哲学层面的“自我觉醒”，即知道作为人的种种可能、价值及局限。因此，好的教师必须做学生思想和智慧的引领者、唤醒者，其自身要有大视野、高品位的阅读和思考，要对教育教学有独到深刻的见解，这样才可能打造充满智慧的理想课堂。

3. 理想课堂应是“有爱”的课堂

一个教师水平再高，倘若不能真正尊重和关心学生，没有一颗善爱悲悯之心，其课堂效果就会因缺乏人情温暖而大打折扣。同样，一个学生再聪明，成绩再好，但若没有善爱之心，只是钱理群教授所说的“精致的利己主义者”，则其人生之路也是走不远的。没有比培养出大批高智商、低德行的人更失败的教育了。所以，理想课堂必须要传递善爱之心，必须关注学生的情感和德行成长，这或许正是“互联网＋”时代网络教学依然替代不了实体教师的主要原因。值得注意的是，教育中的爱是为学生“计深远”的大爱，而不只是一味满足学生的需求和快乐，所以，对学生的高标准严要求使其对必要纪律的服从、对法律和道德规则的敬畏甚至必要的惩戒等，都是一种深远而理性的爱。

综上，笔者认为理想课堂应首先追求三大要素，即有趣、智慧、有爱，化学学科也不例外。下面以化学教学为例谈谈理想课堂的实践策略。

三、关于化学理想课堂实践策略的思考

1. 营造化学“趣味课堂”需多管齐下、持之以恒

（1）多引导学生区分“人为规则”与“自然本真”之别，让鲜活、丰富的自然事实和现象本身去吸引学生。

像金陵中学江敏老师那样，在教学中尽量“让自然本身直接去讲话，而不是只让文字符号来发言”。课堂上，要用各种手段（如实验观察、模型想象甚至拟人比喻），让自然界在学生的眼中“活”起来，让概念理论“活”起来并一点点地在学生的头脑中“长”起来，从而超越僵死的概念规则和知识灌输。如为了让学生理解高分子的链状结构与小分子的区别，江老师曾让学生观察和感受从试管中倾倒水和鸡蛋清的区别，从鸡蛋清的黏性流动想象蛋白分子相互缠绕的长链结构，甚至把倒水想象成倒米粒而把倒蛋清想象成分面条[2]，形象贴切，令人折服，这样的教学方式学生自然感兴趣。

（2）用深入浅出、贴近实际的教学语言化抽象为形象吸引学生。

课堂教学切忌从概念到概念，由术语到术语。如《物质结构与性质》第一章中，关于核外电子的内容涉及很多量子力学的抽象概念且无法简单实证，若直接就概念讲概念，学生可能云里雾里，笔者把核外电子排布规律与学校学生的分级分班现象作一系列类比，效果较好：学校按学生的基础能力先分成不同年级（类比电子先按能量高低分不同能层）；同年级学生的基础能力仍有差异再据此分不同层次的快慢班（类比同能层电子能量仍不尽相同再细分为不同能级）；少数高一高二学生的能力比部分高三学生还强（类比电子排布中的“能级交错”现象）；年级越高班型往往越多，如高三可能既分文理、体育艺术还有补习班（类比能层越高，所含能级种类越多）；学生学习主要是在相对固定的教室完成的（类比各电子都有自己出现频率最高的特定轨道空间）；每个教室容量有限所坐学生数量基本相同（类比每个轨道最多容纳两个电子）……这一系列类比因贴近学生实际，学生易理解转化。

（3）尽可能让学生多动手实验。

实验是激发学生兴趣的不二法门，实验中的动手与观察、借助实验现

象和文字符号而展开的宏观与微观间的想象和推理以及对实验中异常现象的关注与探究等，都能让学生获得第一手的化学感性素材和事实性知识，并增进其学习兴趣。

（4）结合学校实际开展丰富多彩的化学课外活动（如组织化学社团、表演化学魔术、参观考察化工厂等），以及开设化学选修课满足不同学生的口味（如《化学简史》《化学探究实验》《身边的化学》《化学前沿》等）。

甚至化学中的某些“咬文嚼字”也可增加学习的趣味，如烃（从偏旁到发音皆由碳氢二字拼合）、甾族（该类有机物结构特征是有四个环和三个支链，与“甾”字上下偏旁何其相像）、螯合物（环状配合物）等字词都造得十分生动，教学中稍稍一点即可让学生会心一笑。总之，培养化学兴趣应当多管齐下、持之以恒。

2. 追求化学“智慧课堂”重在培育学科视角、深度思考能力和科学精神

（1）培育化学学科视角是中学化学教学的首要任务之一。

好的化学课最终应当教会学生用一种独特而智慧的眼光看世界，正如费曼所说，当一个人真正理解科学以后他眼里的世界就不一样了。关于化学中的独特智慧，笔者曾有拙文详述[3]，本文在其基础上进一步提炼出四种化学核心视角：①元素视角。所谓“元素”，基元、要素、根本也，这是一种把握根本、化繁为简的视角，生活中亦给人无限启迪。②微观视角。虽然别的学科也涉及微观原子、分子，但以“分子”为例，没有哪个学科能像化学那样系统而详尽地描述数以千万分子的结构和性质变化。化学训练有素的人，其心智能自由地在宏观与微观间切换、想象和推理，真正把世界看得“入木三分”。③结构视角。“结构决定性能”是物质世界的一条普适规律，而化学学习者可能对其体会最深，有太多的化学实例使我们深刻明白“结构的细微差异可使其性能大相径庭，结构改良可使其功能优化并实现 $1+1>2$ 的效果”等道理。④转化视角。化学即研究物质的变化、转化之道，并对转化的可能性、途径、条件、限度等都给出了很好的分析范例。化学的“化”字，既是学科之精髓，亦是看世界万物的一种豁达眼光与哲学智慧——“变化”是事物的常态、“化”腐朽为神奇、“化”危机为转机、“化”害为利等，皆道出了“化”字蕴含的高妙智慧。

（2）培养学生对化学问题深度思考的能力。

没有对问题的深度思考，就不会有智慧，这一点在信息社会尤其重要，因为现在人们大多习惯于网络的“快餐式”浅层阅读，由此获得的信息很多，但往往缺乏应有的深度思考和判断。因此，在化学课堂上，有必要经常引导学生对某些问题进行深度思考和实证：如化工反应中温度调控要兼顾哪些因素？为何乙烯和溴水发生加成反应而非取代反应？$CaCl_2$和$NaHCO_3$溶液能反应吗？H_2O_2与$FeCl_2$溶液混合究竟会发生什么反应？等等。然后请学生设计实验、观察或课后查阅资料获取证据，由此养成在深入分析问题和掌握充分证据前不草率下结论的好习惯，这对他们将来在充满未知复杂多变的世界中生存大有裨益。

（3）以化学知识为载体重点培养学生的科学精神。

当今，如何以个体生命的有限应对知识增长的无限是对人类教育智慧的最大考验之一，且化学是朝阳学科，其知识更是日新月异。所以，化学教学必须将重心从具体知识的积累转向科学素养的培育，如独立思考、怀疑批判精神，逻辑实证、不盲从、不迷信的理智，谦虚谨慎、自我纠错、不断超越创新的品格等，都会使学生受益终生。

此外，要让化学课堂充满智慧，教师还需积极应用教育心理学知识，如“最近发展区思想”指导下的以学定教、“罗森塔尔效应”启发下的赏识教育等都有助于智慧课堂的生成和学生潜能的激发。

3. 实现化学“有爱的课堂”重在潜移默化、润物无声

（1）利用学科特殊性培养学生的社会责任感和善爱之心。

由于众多化学物质和反应对人类生活的影响具有两面性，所以在化学教学中培养学生的社会责任感和善爱之心格外重要。否则，可能有个别学生将来化学水平越高，其祸害社会的本领就越大，如不法分子用化学知识制毒或食品药品造假，又如，我国曾发生过的大学投毒案、浓硫酸泼熊事件等。这里，大家耳熟能详的一个经典案例是德国化学家哈伯，当他用化学知识合成氨从而缓解了人类饥饿时，人们看到了化学如何造福苍生；但当他用化学知识为军队制造氯气等化学武器时，人们又看到了知识如何加倍地使人为恶。这些活生生的正反面教训和案例都可以渗透进化学教学，成为课堂德育的素材。

（2）化学实验室是培养学生相互关爱和生命安全意识的最好场所。

在实验室，规范谨慎的操作、必要的安全防护措施、小组的合作互助以及对“三废”的妥善处理等，都能潜移默化地培养学生对自己和他人生命安全负责的意识和同伴间合作互助的品格。

此外，教师自身的“学高为师、身正为范”很重要，要以自己的善良唤醒学生的善良，以自己的热情点燃学生的热情，以自己的专业提升带动学生的成长进步，甚至教给毕业班孩子必要的应试策略以降低其应试成本等，都是一种更隐性的、润物无声的爱。

其实，让课堂充满“趣、智、爱”，这首先是一种教学信念和自觉追求，有了这种信念，措施方法总会有的。

四、结语

有趣、智慧和有爱，既是理想课堂的三要素，亦是作为现代社会优秀公民所必备的品质。教育要面向学生难以预测的广阔未来，只有课堂有趣了，学生才会乐学并可能养成终生学习的习惯；只有课堂智慧了，学生才能越学越聪明并由此获得未来生存竞争的优势；只有课堂有爱了，学生才可能成为心智健全、德才兼备的人才。当然，现实中教师及各级教育管理者都有自己的难处，尤其是在现行体制下，要在保证高考升学率的前提下追求为学生终生发展奠基的理想课堂，谈何容易！但是，只要我们对教育仍有一丝信念和热忱，只要我们还坚守住一点教育良知，办法总会有的，哪怕兼顾折中的做法也行。其实，当下很多教育工作者违背教育规律行事，并非不懂教育，而是形势所迫利益驱使其渐渐背离了良心。所以，如何实现真正育人的理想课堂，既是观念和水平问题，也是良心问题。

参考文献

[1] 郑也夫. 吾国教育病理[M]. 北京：中信出版社，2013：178－179.

[2] 江敏. 有意思的化学 有意义的教学[M]. 西安：陕西师范大学出版总社，2016：163－164.

[3] 唐隆健. 让化学教学散发别样的智慧与魅力[J]. 中学化学教学参考，2017(9)：9－11.

还原论思想在化学中的应用及其局限

一、问题的提出

还原论（Reductionism）最早由美国哲学家蒯因于1951年提出，它是一种主张把事物的高级运动形式分解简化为低级运动形式的哲学观点，认为现实生活中的所有现象和实体都可看作由更低级、更基本的现象和实体构成[1]。还原论是人类认识和应对复杂世界的一种重要思想方法，也是主导整个近代科学的主流思想，其贡献是如此巨大，以至若没有还原论，可能就没有当今种类繁多、成效卓著的庞大自然科学体系。尽管它也有某些缺陷，但仍是现代科学的重要特点和基本原则之一。

在平时的教学或研究中，很多人也都自觉或不自觉地在使用还原论思想，如把一些生物学问题还原为分子水平的化学问题，又把一些化学问题还原成更基本的物理学原理等。化学在自然科学中是承上启下的中心学科，还原论思想在其研究发展中具有十分重要的意义，但也存在一些问题与疑惑，比如，所有化学问题最终都能还原成物理学定律吗？目前，专门探讨还原论思想与化学及其教学关系的文献很少，以下是笔者在这方面的几点思考。

二、还原论思想在化学中的广泛应用

1.把大千物质世界的组成构造还原成百十种元素及其原子

化学家已把琳琅满目的物质世界的基本构成分解、还原为一张比手掌大不了多少的元素周期表，并认为物质的各种化学现象和规律都可以还原到元素、原子和分子层面的行为。事实证明，这一解释机制是十分有效的，化学工作者现已习惯从微观的原子、分子行为去解释、预测和控制宏观物质的性质与变化。虽然科学的原子概念的诞生经历了极其漫长的历史演变和艰辛的科学探索过程，但其产生的源头正是基于这样一个古老而朴素的还原论思想：万物到底是由什么最基本的东西构成的？ 所以，“原子论”这一近代化学学科的基石性学说正是还原论思想成就的典范。

2. 把化学中的各种作用力和性质还原为电子和电磁作用

如果说原子论是近代化学发展基石的话，那么原子核外电子及其变化规律则是整个化学关注的核心问题。 我们对很多化学问题的解释都可以进一步还原到电子和电磁作用层面，如，化学键和分子间作用力的实质是静电作用，化学反应的实质是原子之间电子的重新分配（即化学键重组），分子立体结构是价层电子对互斥的结果，物质氧化性还原性的实质是得失电子能力等。 这种把大量表面繁杂的各种化学问题还原为电子和电磁作用的做法，不仅可以加深我们对具体化学知识的理解，而且还能有效促进学科知识的内在统一和系统化。 关于电子和电磁作用在化学学科中的地位和具体应用，已有文章详论[2]。

3. 把化学反应的方向、限度和过程还原为热力学和有效碰撞等物理问题

物理中的热力学定律基于大量实验事实，曾被爱因斯坦誉为“最不可能被推翻的科学定律之一”，其应用十分广泛，故化学家以这些定律为基础和工具来分析解决化学问题是很自然也很明智的。 比如，我们现在可以很方便地用“吉布斯自由能”这一热力学状态函数的变化（即 $\Delta G = \Delta H - T\Delta S$）来预测化学反应的方向和自发性，并计算反应的平衡常数等。 又如，化学家曾把化学反应发生的过程（动力学机制）还原为物理中的碰撞模型（即有效碰撞理论），并从碰撞的方位、能量等方面进一步分析，最终将这一系列问题简化还原为著名的阿伦尼乌斯公式（即 $k = A \cdot e^{-E_a/RT}$），并以此较好地解释了与反应速率有关的很多问题，这种简化与还原的方法在当时曾大大促进了人们对化学反应过程的理解。

4. 把化学物质的立体结构还原为几何模型和数学问题

化学家在表达和解决化学物质立体结构的过程中，使用了大量几何模型和数学语言，从而把微观复杂的结构问题还原简化为直观明了的数学几何问题。 如球棍模型、比例模型、键长、键角、空间点阵理论（包括 14

种具体空间点阵形式）、晶胞参数、原子坐标参数、对称性等，这些基于化学而简化、还原出来的数学模型和概念的使用极大地促进了结构化学的发展和教学。又如，关于分子和晶体结构的对称问题，著名化学家唐有祺教授曾如此解释："如果说大自然总是喜欢把分子或晶体造成对称结构的话，那么醉翁之意不在酒，对称有助于降低体系能量。"[3] 这其实还是一种还原论思想的表现，即把物质的结构对称问题还原为能量问题（能量最低原理）。

当然，上述例子主要是学科之间的"还原"。其实在化学学科内部，还原论思想同样应用广泛。比如，在有机化学中，我们可以把数目巨大的有机物的性质与反应"还原"成为数不多的官能团的性质及其转化，这一直是基础有机化学学习的主要思想方法之一；而在水溶液化学中，则可把不计其数的电解质及其反应"还原"成为数不多的简单离子和离子反应，这些"还原"的做法都极大地促进了人们对相关知识的深刻理解，促进了化学学科的发展，同时也饱含了前辈化学家的杰出智慧。

三、还原论思想的局限及其对化学教学的启示

1. 还原论思想在化学中应用的局限

还原论思想在化学中的应用如此广泛，以至于很多西方科学哲学家甚至想当然地认为化学就是物理学的延伸[4]，认为化学理论原则上都可以还原成物理学定律。当然多数化学家并不同意这一看法，因为这样一来，关于化学问题的特殊性和学科个性就被淹没了。比如，当我们把活生生的物质机械地还原为一堆抽象原子时，物质原本那些多姿多彩的个性就消失了。如果只有还原论，我们就很难理解由同种原子构成的石墨与金刚石性质为何大相径庭。只有当我们将大千世界还原为原子的同时，再辅以整体论的思想，即关注原子在构成物质时所具有的整体结构和相互作用，上述疑问才能得以解决。所以，在化学中我们看到了一种两难——不要还原论思想不行，但只有还原论思想又远远不够。

其实，一直以来都有很多化学家极力维护化学学科自身的个性和学科自主性，而对还原论思想在化学中的应用保持警惕。例如，关于化学中的

热力学问题，我国物理化学家彭笑刚就特别强调，化学中的热力学问题实质是巨分子体系的稳定性问题和概率统计行为，我们要尽可能从化学家的角度来研讨热力学，而放弃经典物理的“热机理论”特色，从而弥补热力学本身的“非化学”特性[5]。又如，化学诺贝尔奖得主洛德·霍夫曼也曾著专文驳斥极端还原主义：“对一首诗的理解最终是不能全部还原为神经元放电的生理行为的……甚至在两个相近的‘硬学科’之间（如关系密切到像物理和化学那样），其间也会有个飞跃，不能把化学概念都还原为物理概念。只有化学家才思索像芳香性、酸碱性、官能团、取代反应等知识，化学面对的某些问题比物理学问题更加复杂。”[6]

2. 还原论思想对化学教学的启示

化学教学有时容易走入一种误区：为了让学生更好地理解和记住某些规律和结论，结果教师采用一种过分还原、过于简化问题并急于总结规律的方式。比如，有些师生常把金属晶体和离子晶体熔点高低问题完全机械地简化还原为比较库仑力大小（即$F=k\cdot q_1\cdot q_2/r^2$），即认为金属键或离子键强度与离子所带电荷量正相关、与离子半径反相关，并由此比较晶体熔点高低。这种分析对初学者当然有一定价值，可使他们掌握比较晶体熔点的一般方法，使其觉得化学问题有规可循且物理知识也派上了用场（利于学科间的交叉融合），但当其机械地用此法去比较诸如 Mg 与 Ca 的熔点时显然会碰壁，这是因为在将化学键的强度和熔点比较问题还原为库仑力模型时，往往忽略了很多其他因素，如各种键型的比例和键型变异、晶体结构差异等，即实际化学键强度并不是仅受形式电荷量和半径影响那么简单。

所以，在化学教学中一味依赖还原论思想不仅远远不够而且有时会有害。在分析化学问题时，应当多因素系统考虑并综合运用各种手段，尤其是要善于将还原论与整体论思想有机结合。其实，化学中融合还原论与整体论以成功解决复杂问题是有范例的，如在阐明化学键和分子结构时，靠的正是价键理论和分子轨道理论两者的互补，它们各有千秋，其中，价键理论主要是基于电子配对和静电作用的还原论思想，而分子轨道理论则明显体现了整体论的思想。

四、结论

在化学教学和研究中，适度运用还原论是必要的，这正是现代科学发展的重要机制，也有利于促进学科间的交叉融合。但不应对学科一味进行“强还原”，如，企图把生物学都还原为化学、把化学都还原为物理学的做法显然是行不通的，否则只会作茧自缚，使学科丧失其生命力和自主发展能力，化学工作者需要采取一种“弱还原论”的态度，才能使化学学科在其发展过程中既博采众长（如广泛吸收物理、数学等学科精华），又卓尔不群，永葆自身魅力和光彩（如始终从“泛分子”的视角去洞察和改造世界，并一直以“创造新物质”为己任）。教师在平时的化学教学中，也应提倡和示范“弱还原论”的方法，即既要通过适度还原将复杂问题分解到更基本和简单的层次，以促进学生对知识的深度理解和掌握，又要让学生看到还原论思想的局限，学会将还原论思想与整体论思想有机结合取长补短，真正促进学生思维能力的深层发展。

参考文献

[1] 刘劲杨. 还原论的两种形相及其思维实质[J]. 自然辩证法通讯,2007(6):25 – 31.

[2] 唐隆健. 电子和电磁作用是化学学科之魂——兼论高三化学“话题式”复习[J]. 中学化学教学参考,2017(7):19 – 21.

[3] 唐有祺. 漫谈对称性[J]. 大学化学,1987(1):1 – 12.

[4] 邢如萍,桂起权. 化学哲学研究的新走向[J]. 哲学动态,2008(12):54 – 59.

[5] 彭笑刚. 物理化学讲义[M]. 北京:高等教育出版社,2012:103.

[6] 洛德 · 霍夫曼. 相同与不同[M]. 李荣生,王经琳,译. 长春:吉林人民出版社,1998:17 – 19.

从范式理论看化学规则性知识的教学

一、引言

美国著名科学哲学家托马斯·库恩(Thomas S. Kuhn)1962 年在其名著《科学革命的结构》中提出了著名的“范式”(Paradigm)理论。简言之，范式就是某一领域或学科在研究解决问题时所共有的一套典范模式，是该领域(或学科)的价值信念、合理问题、研究方法、理论基础、规则标准和成功范例等的总和，以共同范式为基础进行研究的人都承诺以同样的规则和标准从事科学实践[1]10-16。范式理论的提出，对科学、人文、工业和教育等领域均产生了广泛影响，带来的启发是多方面的。有学者指出[2]，范式缺失正是造成我国古代科技未能持续进步的重要原因之一，因为没有范式就意味着缺乏系统的科学概念、理论基础和规则标准。因此，我国古代很多科学思想和技术仅仅是灵光一现便淹没在了历史的荒漠中，无法被传承光大，由此可见范式对科学发展的重要性。又如，历史上最有资格被称为“化学之父”的三位化学家均是在不同时期开创了近代化学的范式：首先是波义耳从元素视角深入研究化学，主张化学是一门研究物质本性的独立科学，从而将古代化学从炼金术、炼丹术的歧途中引上科学正轨；然后是拉瓦锡开创了对化学物质进行科学分类、系统命名和定量实验的典范，并建立了科学的氧化学说；最后是道尔顿提出科学的原子学说，并以此奠定了整个近代化学的基石。他们都是化学学科范式的开创者(或提出了学科的合理使命与正确方向，或提供了科学的研究方法与规则，或创建了学科的理论基础与成功范例)，故其对化学学科的贡献远非一般化学家可比。

范式理论对化学教学的启示亦是丰富的，尤其对化学规则性知识的教学启示很大，因为规则源于范式[1]35。关注范式理论和学科规则性知识之间的联系和启示，对提升化学等自然科学的教学层次大有裨益。

二、化学规则性知识及其与学科范式的关系

1. 化学规则性知识的界定和特点

关于“化学规则性知识”，目前尚无明确定义，笔者尝试将其界定为化学工作者为方便研究和解决化学问题而就有关内容做出的一种人为约定和共同规范的知识，是化学学科范式的重要组成。由于化学学科的特殊性（如研究对象较复杂、系统完备理论尚不足等），化学中的规则性知识内涵很广、内容较多，具体可包括：

（1）化学用语［如元素符号、化学式、结构式、电子排布式、反应方程式、化学物质缩写法（如 EDTA）等］。

（2）化学命名（如元素命名、有机物系统命名、酸碱盐及配合物的命名等）。

（3）化学分类（如化合物分类、有机物分类、晶体分类、分散系的分类、化学反应的分类、周期表中族和区的分类等）。

（4）实验规范（如实验安全准则、仪器使用规则、有效数字等）。

（5）其他方面［如有关物理量（如物质的量、电极电势）名称、符号及单位的选用等］。

化学学科知识通常可分为事实性知识、理论性知识、技能性知识和情意类知识四类[3]，化学规则性知识主要属于“技能性知识”这一大类，但它有其自身特点——一定程度的人为约定性、较大范围的公认性以及规范性和简洁性等。比如，对某些化学物质的分类和命名，因角度、标准和历史时期等不同，其结果可能就很不一样，但在一定范围一定时期又都被人们公认。

2. 化学规则性知识与学科范式的关系

尽管化学学科范式比化学规则性知识的内涵要广得多，但两者确实有着深厚的渊源和相似之处。（1）从库恩范式理论内涵来看，学科规则性知识是学科范式的重要组成，学科范式本身便包含了相关规则的产生背景、价值及方法论意义。（2）学科范式和学科规则性知识共同为学科的

交流、表达和研究提供了便捷有效的程式和标准。事实上，化学中很多规则性知识恰好反映了该学科特有的个性和范式（如化学式等符号用语就带有强烈的学科个性标识）。正因为规则性知识和学科范式之间关系密切，所以范式理论对化学规则性知识教学的启示值得探讨。

三、范式理论对化学规则性知识教学的启示

1. 从范式理论看化学规则性知识的教学价值

范式是科学共同体的共同规范与标准，在科学共同体的各类实践和研究中，发挥着引导科学家在面临科研困境时做出适当判断和选择的指导作用，掌握学科范式是进入学科共同体的门槛[2]。同学科范式的重要性一样，不熟练学科规则性知识便入不了学科的门（虽然与对学科内容本质的理解相比，这个门槛相对较低）。比如，对一个不熟悉有机结构表达规则的学生，即便再聪明，当他看到用正方形或三角形等几何图形表示有机物的键线式时，定会不知所云；而一个不能区分“外围电子、最外层电子和价电子”等化学用语规则细微之别的学生，其在分析有关电子排布问题时，就可能屡屡犯错。所以，化学规则性知识在学科教学中处于基础地位，教学中要通过规范引导和举例示范使学生准确掌握，以免因对规则的理解或表达不当引起误解。化学中一个有负面影响（常导致误解）的例子是醋酸的简写，无机和分析化学中常简写成 HAc，而在有机化学中又简写为 HOAc（有机化学中乙酰基简写为 Ac—）。类似这种符号规则的混乱使用正是一些人抱怨化学不够严谨的原因之一（同时降低了部分人对化学的兴趣），这些都值得我们关注。翻开化学史也不难发现，在拉瓦锡对化学物质进行比较规范的分类、命名和符号标识（都属规则知识）之前，人们对化学知识的交流表达可谓混乱低效[4]，而这正是规则性知识和学科范式缺失带来的危害。系统完备的规则性知识是学科持续发展的基本保障之一，也是学科教学的首要任务之一。

2. 从范式理论看化学规则性知识的教学策略

每种学科范式的产生都有其独特的历史背景和价值，只有充分认识这一点，才能更好地理解各种范式出现的必然性、合理性甚至优越性。学科规

则性知识同样如此，其产生都有特定的背景和意义，教学中只有关注了这些来龙去脉，学生才能更好地理解和接受有关规则，切忌就规则教规则。

比如，对热化学方程式中焓变单位（$kJ \cdot mol^{-1}$）的理解，其中的“mol^{-1}”为何要约定为“每摩尔反应进度”而不是每摩尔具体物质？有机物结构的表达为何要学习结构式、结构简式、键线式等多种规则以及何种情况适合用何种表达方式？离子方程式为何约定这样写……这些背后都有道理，事实上这些也正是学生可能理解不到位的地方。教学中若能多点引导，比如预先设计系列启发性问题与交流，学生对这些规则性知识就会掌握得更好（这比“记住规则 + 反复练习”有效）。比如，在核外电子排布等规则性知识的教学中，可先设计下列问题让学生思考：（1）Na、K、Ar 三种原子中，Na 和 K 的电子数相差比 K 和 Ar 相差大，但为何 Na 和 K 的性质更相近？（2）在分子或大多数晶体中，为何原子间不能按随意比例结合？且每种元素都有其特征化合价？这些问题表面上不属于课标和考点要求，但却能引导学生感悟核外电子排布规则诞生的背景和证据，从而促进学生发自内心地认同和理解有关规则。

总之，在化学规则性知识教学中，只有多启发引导学生思考有关规则的来龙去脉和目的性与价值，学生才能积极高效地掌握有关规则，也才能越学越灵性。

3. 从范式理论看化学规则性知识的教学误区

库恩曾提出科学发展的一般图式：前科学—常规科学—反常和危机—科学革命—新常规科学……库恩认为反常和危机引起科学革命，而科学革命的实质是“范式转换”，并且一个学科新范式的出现，意味着支配原来常规科学的许多规则要发生改变[1]1-5。任何学科都没有一成不变的范式和规则。范式和规则像是科学穿的一件衣服，当其不合身时就要换。库恩的这些观点对化学教学，尤其对化学规则性知识的教学无疑有很大启发。当下，化学规则性知识教学的最大误区恰恰与此有关。

教学误区一：忽视规则性知识本身的人为性和可变性。比如，关于烯烃立体异构的命名，最早曾约定采用“顺、反”来表示碳碳双键构型（规定连在两个双键碳原子上的相同基团若处于双键同侧称为顺式，反之称为反式），但接着发现当两个双键碳原子上没有相同基团时（如 HClC═CBrI），便无法用“顺或反”命名，所以现在大都采用改进后的“Z－E 构型”标示的系统命名法（即按基团顺序规则，两个双键碳原子上的较优基团若在双键同侧称 Z 构型，反之为 E 构型），显然后一种系统命名规则更普适[5]。在化学中，像这种当原有规则遇到困难而被更好的新规则替代的现象不胜枚举。又如，关于元素周期表中“族、区”的划分规则，在不同版本的教材中也有不同，教学中教师要关注规则性知识的这种历史演变性、局限性甚至分歧性，否则在教学中教师易被僵化的规则性知识束缚，并阻碍其对学科的本质理解和科学创新。

教学误区二：重人为规则的掌握而轻自然本质的思考。比如，关于手性分子的学习，很多学生可以按既定规则准确找出手性碳原子并判定其 R 或 S 构型，却可能从未认真想过手性异构在药物合成、分子识别及酶催化等真实生命活动中的非凡意义，因而无法体会自然界中手性分子存在的微妙与魅力。又如，笔者曾听过很多关于“化学键”的公开课，常有师生本末倒置，把教学重心放在对“电子式、结构式”等规则性知识的掌握上，却对“化学键”这一作用力的客观普遍存在及其对物质性质和反应的影响等深层问题轻描淡写，最终学生可以按经验规则区分共价键和离子键并能写出常见的电子式和结构式，但却难以领会科学家在采用共价键和离子键这两种极端键型描述原子相互结合时背后所蕴含的简洁智慧和自然魅力[6]，也未能体会电子式和结构式不过是用人为符号规则对物质结构所做的一种“示意”而非“写真”，最终学生掌握了一堆僵化枯燥的人为规则，却与自然本质和思维乐趣渐行渐远。再如，在氧化还原反应教学中，氧化剂、还原剂、氧化反应、还原反应等概念判断固然重要，但这只是浅层的规则性知识，只有将其融入金属冶炼与腐蚀、食材变质、电化学及生命活动等实际场景，我们才能洞察到一个更广阔更真实的氧化还原世界。在规则性知识教学中，只有将人为规则与真实鲜活的化学世界（或自然界）融为一体，并在规则的基础上深入思考自然界的机制奥妙和科学本质，才能达到掌握规则又超越规则的境界，才能使规则“活”起来。

四、结语

化学规则性知识既是化学教学的基本组成，也是学科范式的重要构成。范式理论对化学规则性知识教学价值、教学策略和教学误区等方面的启示值得探讨。在化学教学中，不仅应熟练掌握具体规则性知识，更要深刻理解其产生背景、适用范围和动态演变，尤其要学会区分“人为规则”与“自然本质”之别，进而领会科学的真谛。在科学领域，范式、规则和符号术语等固然重要，但比之更重要的永远是人类对自然奥秘本身的鲜活体验与非凡感悟，以及由此而产生的卓越思想与激情探索。

参考文献

[1] 托马斯·库恩.科学革命的结构[M].4版.金吾伦,胡新和,译.北京:北京大学出版社,2012.

[2] 杨长福,幸小勤.库恩的范式理论与“李约瑟难题”[J].四川大学学报(哲学社会科学版),2008(2):68－73.

[3] 刘知新.化学教学论[M].4版.北京:高等教育出版社,2009:244－250.

[4] 拉瓦锡.化学基础论[M].任定成,译.北京:北京大学出版社,2008:23－26.

[5] 邢其毅,斐伟伟,徐瑞秋,等.基础有机化学[M].3版.北京:高等教育出版社,2005:48－49.

[6] 江敏.感受自然界的魅力——“共价键”的教学实践与思考[J].中学化学教学参考,2011(8):16－20.

公民教育视域下的化学教学思考

一、问题的提出

公民教育是学校教育的重要组成。其中“公民”一词着重强调“为公”的责任担当和家国情怀、团结合作意识、契约精神和法律意识，以及具有主人翁精神的独立思考、独立人格和权利意识等，从而与“私民、臣民”等概念对立区分[1]。其中，全球公民除应具备一般公民素养外，还要学会思考和处理人与世界、自然的关系，包括对全球性生态环境问题、资源开发和人类可持续发展、科技风险等人类重大问题的关心[2]。尽管“公民”的内涵和范畴随时代和国家而变（如可分为社区公民、国家公民、全球公民等不同范畴），但公民教育的基本目标却是清楚的，即培养独立、自由、平等的公民人格和具有责任担当、合作精神和家国情怀的优秀现代公民。

近年来，我国教育虽取得了长足发展，但公民教育仍较欠缺，且诚如钱理群教授所言“我们培养了太多‘精致的利己主义者’”，即有些人专业水平很高，但缺乏作为社会健全公民的基本素养。从全球范围看，欧美、日本等国对公民教育一直非常重视，其研究较早且成体系[3]，相比之下我国相关研究实践仍显不足，已有研究也多局限于对公民教育的架构性、笼统性思考，而缺乏结合具体学科的思考和实践（少数结合学科的思考又局限于历史、政治或语文等人文领域），在化学等理科教学中融入公民教育的研究少之又少。事实上，化学中很多内容均与公民教育息息相关，如衣食住行与健康生活、社会发展与环境保护、先进材料与国防安全、风险评估与社会责任等。因此，我们在核心素养大背景下，基于公民教育视域反思化学教学，重点结合学科具体内容探讨如何渗透公民教育。

二、化学教学中渗透公民教育的具体策略与实例

在公民教育视域下，化学教学可重点培养学生“独立思考、团结合作、家国情怀、责任担当”等素养，一是因为这几点都是现代公民素养的核心组成，二是因为化学教学在这些方面确实有大量的生动素材，从而保证化学教学中的公民素养教育能自然而然水到渠成。

1. 在化学教学中培养学生的独立思考能力

具有独立人格和独立思考能力既是“公民”的核心内涵之一，也是科学精神的重要维度。诚如胡适所言，民主富强的国家不是一群奴隶建造得起来的。当下，我国公民的独立思考和怀疑实证精神整体上仍较匮乏，不

少人易崇拜权威、轻信流言，加之现代社会虚假信息泛滥、洗脑手段花样百出，因此，在教学中培养独立思考能力和判断力尤为紧要。另一方面，这也是化学教学自身的需要，由于化学学科面广点多，在严谨系统理论之外常有不少未经严格证实的经验结论，这就导致化学教学中易流传一些似是而非、以偏概全的谬误，从而对师生的独立思考能力提出更大挑战。我们认为，化学教学可通过以下潜移默化的引导来培养学生独立思考的品质。

（1）引导学生不迷信书本资料。我们在教学中注意引导学生关注书本资料中某些似是而非的谬误，久而久之，学生便会以独立思考和怀疑批判的姿态读书。即便是国家正规教材，其中偶尔也不乏商榷之处（当然，完美无缺的教材是没有的，科学本身就是在自我纠错与超越中前进的）。如，人教版必修 1“离子反应”一节有道习题认为溶液中 Cu^{2+} 与 Cl^- 能大量共存[4]，事实上两者易发生配位反应；又如，人教版选修 4“电解原理的应用”一节说“对于冶炼像钠、钙、镁、铝这样活泼的金属，电解法几乎是唯一可行的工业方法”[5]，这一结论也有些绝对和过时，目前钙和镁的工业制法除电解法外，还分别有铝真空还原法、硅热法等非电解手段（成本更低）[6]。市面上参差不齐的教辅资料中谬误就更多了，比如实验室用 MnO_2 与浓盐酸加热制氯气的反应说明 MnO_2 氧化性一定比 Cl_2 强吗？溶液中 Ca^{2+} 与 HCO_3^- 能大量共存吗？ $MgCl_2$ 与 NaCl 谁的熔点高？教学中可先结合书本资料的相关问题抛出类似疑问，然后引导学生去查证探究，最后再给出证据、结论和启示，从而让学生深刻认识到书本资料的局限性，于潜移默化中培养其“独立思考与批判精神”这一公民核心素养。

（2）引导学生不迷信教师和专家权威。教师在学生心里树立专业形象可分为两个阶段，一是刚接班时面临着让学生对教师从不熟悉到信任，这一阶段教师要充分展示自己的专业素养，尽量不在学生面前犯错；二是立意和境界更高的阶段，即让学生从对教师的盲目完全信任转向基于怀疑批判的有保留的理性信任。这一阶段考验学生的能力，更考验教师的智慧和胸襟，比如，教师有时甚至可以故意“犯错”，让学生因盲从而碰壁，进而反思成长。当然，还可借助化学中的一些经典史料，如关于电离理论，连伟大的科学家法拉第对其认识都是错误的（认为通电才引发电离），而阿伦尼乌斯基于研究大量稀溶液依数性和电解质溶液导电性等问题后提出的科学“电离学说”，却在相当长的时间内被许多当时的权威（包括门捷列夫）认为是荒唐结论而不被认可[7]。化学史上此类案例比比皆是，是教学生勿迷信权威的好素材。

（3）启发学生不迷信已有科学结论。化学史上也有大量这方面的素材，如“有机物只能来自生命体”的迷信后来被维勒用无机物人工合成尿素的事实彻底击破；近年来氙与氟、氧形成的化合物被大量成功制备，完全粉碎了早期“零族元素不能成键反应”的固有偏见；导电塑料的发明、温室离子液体的发现等新鲜事无不使人重新反思已有科学定论。教学中要通过精心引入这些素材让学生体会：即便在相对客观的科学世界里，也没有绝对不变的最后真理，科学是在不断纠错中发展的。当然，化学中还有很多有利于培养独立思考能力的素材，关键是要有心挖掘。

2. 在化学教学中培养学生的团结合作意识

爱独立思考的人要防止走向另一极端，即凡事只信自己以致狂妄孤傲，因而忽视团结合作的力量。事实上，无人能孤立地在世上生活，团结合作能力是人类最关键的生存能力之一，也是现代公民必备的素养。尤其是在全球一体化的今天，知识信息海量增长，人们对资源的交换共享与依赖程度空前，没有团队意识，一个人单打独斗将寸步难行。

在化学教学中，很多素材都可用来生动诠释团结合作的力量。比如，百十种原子正是通过各种化学键彼此“团结合作”，才最终形成了近亿种化学物质并共同构成了这个丰富多彩的世界；又如，不同金属（或金属与非金属）正是通过团结合作、融为一体，才形成了性能远比单一金属优越（如硬度更大、抗腐蚀性更强）的各种合金；而王水（浓盐酸与浓硝酸约按体积比 3∶1 混合）溶解金铂的过程，更是浓盐酸与浓硝酸合作的典范（将浓硝酸的强氧化性与氯离子的强配位能力联合起来）；在化学反应中，有一类叫“偶联反应”，即通过给原先难以发生的反应偶联上一个易进行的反应“搭档”，从而使总反应在不那么苛刻的条件下也能发生并获得目标产物的过程[8]。如，反应 $SiO_2 + 2Cl_2 = SiCl_4 + O_2$ 发生困难（需很高的温度），若给它偶联上一个有氧气参与的反应搭档，如加碳使上述反应与 $2C + O_2 = 2CO$ “联合”起来，则偶联后总反应变为 $SiO_2 + 2Cl_2 + 2C = SiCl_4 + 2CO$，偶联后因熵增显著，总反应就更易发生了，这真是化学世界里团结合作的生动典范！对此，教师若稍加引导发挥，不可能不对学生产生化学之外的深刻启示。此外，化工行业中比比皆是的联合生产法（如我国著名的侯氏联合制碱法），因将不同化工产业联合协作而大大降低成本提高效益，也都是彰显团结合作魅力的生动素材。

用这些具体生动且带有浓厚学科味的实例，在潜移默化中提升学生“团结合作”等公民素养，比空洞说教更有效。

3. 在化学教学中培养学生的家国情怀

家国情怀亦是公民核心素养之一。培养家国情怀不光是人文学科的责任，理科教学亦责无旁贷。尤其是近年来，中美贸易战与芯片危机让无数人看清了国家之间的激烈竞争与残酷真相，也呼唤着我国教育要培养更多钱学森式的既有一流学问又有爱国情怀的杰出人才。其实，纵观古今中外杰出人物，无不是将自己的才智、特长与国家社会需求紧密结合，因而找到个人发展的广阔舞台与机遇。

比如，徐光宪先生，他正是在敏锐地预见到稀土资源是极其重要又易被忽视的国家战略资源后，及时调整科研方向，将后半生致力于我国稀土资源的开发与保护，最终既为国家发展作出了突出贡献又为个人发展赢得了机会和荣耀，还因此获得了“国家最高科学技术奖”“中国稀土工业之父”等崇高声誉[9]。很难想象，如果当初徐先生没有将科研方向与国家重大需求紧密结合，他还能否有那么大的影响力。又如，一代化学教育大师傅鹰先生，更是将自己的家国情怀潜移默化地渗透在日常教学中，并培养了大批既有精湛化学知识又有强烈爱国精神的化学家。细读傅先生自编的教科书，其拳拳爱国之心跃然纸上。如他在其经典的《大学普通化学》开篇展示了关于陆海空的三张表（即地壳主要元素含量表、海水和大气主要成分含量表）后，随即强调“以上所说的就是我们的‘家底’。我国的资源是丰富的，能否充分利用这些资源首先取决于我们化学家，特别是青年化学家努力的程度”[10]273－276。在介绍氮族元素中的锑时，傅先生更是语重心长地说：“地壳中的锑并不很多，而且有很大一部分集中在我国，所以外国的化学家对之未予以足够之注意，因而对它的了解也就没有像其他一些元素那样清楚。作为新中国的化学家，我们有责任将此种缺欠弥补起来。”[10]413在这些文字背后，我们既能感受到老先生的眼光与睿智，更能感受到其浓浓的家国情怀，让人肃然起敬。这些化学领域自身的鲜活案例是渗透公民教育的最佳素材。

4. 在化学教学中培养学生的责任担当

“责任担当意识”作为现代公民的基本素养之一，对个人、家庭和社会的重要性不言而喻。化学与我们的衣食健康、经济发展和国防安全等关系密切，因此，在化学教学中培养学生的责任担当既是可行的也是必需的。

其一，可充分以化学实验和化工生产为载体素材培养学生的责任担当意识。如，在化学实验教学中，可借助大量具体实验情景不断强化学生对自己的安全负责、对他人的安全负责、对环境的安全负责的意识。同时，还可举出若干反面教训，如近年来一些实验室和化工厂的惨痛安全事故，经调查发现大多都是因为当事人或有关领导缺乏责任担当和安全意识所致。

其二，引导学生用好化学（或科学）这把“双刃剑”。同样的化学知识，有人用其合成毒品，有人用其制备良药，有人用其保护环境，有人用其弄虚作假。这些人的责任感和价值观有着云泥之别，当然将化学用于邪道的人最终将难逃法律严惩（引导学生敬畏法律）。在科学史上，有关素材亦不胜枚举，如合成氨工业的奠基人哈伯因一战时为德军制造氯气等化学武器（此时他显然丧失了对整体人类生命的责任感与仁爱之心），使其人生染上了永远无法抹去的污点，并因此晚年一直活在自责与忏悔中。而我国科学家屠呦呦，则终生怀有一颗对人类疾苦的同情与慈悲之心，充分运用自己化学和药学的知识，和其团队毕生潜心钻研青蒿素及其衍生物的提取、测定、制备和疗效机理，最终挽救了全世界数百万疟疾患者的生命，充分展示了一位有责任担当和良知的科学家的伟大情怀与风采，她不仅因此获得了诺贝尔医学奖，而且入选了 BBC“20 世纪最伟大科学家”。

总之，教学中要通过精心设计与引导使学生认识到：如果缺乏责任担当，学问越高其实对社会和自己都将越危险。在将学生培养成有一技之长的专业人才之前，应首先将其培养成合格健全的公民，使其学问能真正发挥成就自我和造福社会的双重价值。

三、公民教育视域下化学教学需注意的问题

1. 教学中要关注公民教育的特点和策略

公民教育应具有内隐性（这有别于传统旗帜鲜明的口号式的思想政治教育）、实践性（强调知行合一和榜样示范）、差异性（不同国家民族和不同年龄，公民教育的目标有差别）等特点。要把公民教育自然而然、润物无声地融入化学课程，在公民教育的理念和视域下自觉反思日常教学，并使化学教学设计中关于公民教育维度的思考常态化、系统化。另外，需要特别警惕的是，既要保证公民教育素材形式尽可能多样化、内涵化和具体化（比如可专门开发有关校本课程），但又要避免因此而冲淡化学课堂的学科特色与教学主题，即公民教育视域下的化学教学一定要保持浓厚的化学味[11]。

2. 厘清公民教育与核心素养教育的关系

总的来说，核心素养教育比公民教育内涵更广，公民教育可看作是核心素养教育的一个重要维度。两者在理念和本质上也是一致的，都强调教学要在落实核心知识的基础上更加关注学生的关键能力和必备品格，都非常重视培养学生的责任担当、社会参与和家国情怀，都在引导学生将个人的发展创新与国家的发展创新融为一体，最终在实现个人幸福的同时造福社会。可以说，思考和践行公民教育正是落实核心素养教育的一个重要而具体的维度。

四、结语

我国当前正处于教育改良与民族复兴的关键时期，无论是国家的强大还是个人的发展都面临着前所未有的挑战和机遇，且终归都要依靠教育的力量。因此，如何更好地在学科教学中融入公民教育，培养学生“独立思

考、团结合作、家国情怀、责任担当”等关键性公民素养，使学生成为既有能力创造个人幸福生活又能心系民族和国家振兴的优秀公民，仍是当下每一位有良知的教育者应当不断深思和实践的重大课题。

参考文献

[1] 李萍,钟明华.公民教育——传统德育的历史性转型[J].教育研究,2002(10):66-69.

[2] 冯建军.全球公民社会与全球公民教育[J].高等教育研究,2014(3):6-14.

[3] 朱凌云.美国公民教育的实践模式及其对我国公民教育的启示——以美国公民教育中心“公民养成”项目为例[J].教育科学研究,2011(11):71-75.

[4] 宋心琦.普通高中课程标准实验教科书·化学必修1[M].北京:人民教育出版社,2007:34.

[5] 宋心琦.普通高中课程标准实验教科书·化学反应原理[M].北京:人民教育出版社,2007:81.

[6] 赵世帮,刘伟朝.一步法制取高纯镁工艺研究[J].轻金属,2017(4):39-43.

[7] 袁翰青,应礼文.化学重要史实[M].北京:人民教育出版社,1989:335-341.

[8] 严宣申.化学原理选讲[M].北京:北京大学出版社,2012:49-51.

[9] 刘思德.徐光宪:中国稀土永远的地平线[J].稀土信息,2015(5):10-12.

[10] 傅鹰.大学普通化学(下册)[M].北京:人民教育出版社,1981.

[11] 保志明.让化学课堂更有“化学味”[J].中学化学教学参考,2013(3):1-3.

深度思考

如果说上部分反映的是对化学教学中“广度、视野”的关注，那么本部分则彰显了对化学教学中具体问题深度思考的重视。自然科学的教学也好，研究也罢，若没有追根溯源的深度思考，都注定难以长久进步，而当前一些教师恰恰存在过分重视教学技巧和形式，反而忽视了对学科知识本身的深度思考。本部分内容既有对化学学科整体上的深度思考，也有对若干化学具体问题的深度思考。当然，所谓“深度”只是个人的一种追求，未必真的达到。

例谈化学教学中的深度思考

教学中经常会遇到这种现象：下课后学生追到教师办公室问问题，教师开始时耐心解释，但当学生继续刨根问底且教师明显没有能力再往下解释时，便开始用一些搪塞的话打发学生，如“这个问题再往下说也没什么意义了，高考也不作要求”或“这是实验结论，你记住会用就行了”，就是不愿承认其实这些问题自己也不知道如何进一步深入解释。如此做法，对学生的求知欲是一种极大的伤害，也反映出一些教师平时对很多学科问题缺乏深度思考。

一、教学中进行深度思考的意义

对事物的原理进行“剥洋葱式”的刨根问底是学生求知欲旺盛的表现，而对物质世界的各种运行机制进行尽可能透彻的解释则是化学等自然科学的核心任务之一。然而，诚如华东师范大学周彬教授曾指出的，当今中学教学存在一个很大的误区，即教师过分重视教学设计的技巧和课堂形式（某些课已然成了作秀），反而忽视了对学科本体性知识的深入解读，这严重阻碍了教学的有效性和学生的积极性。陕西师范大学房喻教授也说过：“一个老师要做好教学，首要是对所授课程的深刻理解和全面把握，而教法只是辅助，是技巧问题，重视过了头就是本末倒置。”笔者对以上两位教授的观点体会颇深，教师只有平时坚持对学科本体性知识进行深度思考与深度学习，才能在课堂上有效地突破教学重难点，并应对学生随时可能提出的各种挑战性问题，从而满足并进一步激发学生的好奇心和求知欲，这也是提升教师学科胜任力的关键。

二、关于化学本体性知识深度思考的若干实例

1. 关于《物质结构与性质》模块若干具体问题的深度思考

（1）Sc、Fe 等过渡金属原子 3d 能级的电子能量比 4s 能级高，但为何它们在变成阳离子时却先失去能量较低的 4s 能级的电子？

分析：原子在变成阳离子时，其失电子顺序是根据失电子后离子的电子排布结构何种更稳定，而非比较失电子前原子中各能级的能量高低[1]83-88。以 Fe 为例，原子的能量为 $[Ar]3d^6 4s^2$ 排布低于 $[Ar]3d^8$ 排布，故其原子的电子排布式为前者，而 Fe^{2+} 的能量却是 $[Ar]3d^4 4s^2$ 排布大于 $[Ar]3d^6$ 排布，故 Fe^{2+} 的电子排布式为后者。

（2）为何晶体有固定熔点及各向异性，而非晶体没有？

分析：因晶体中粒子排列周期性有序，粒子间的作用力（如化学键）强度处处相等，故破坏这些作用力所需温度相同，即有固定熔点，而非晶体中粒子堆积无序，导致各处粒子间距和作用力强度不等，故无固定熔点[1]589-590。同时，从宏观长程范围看，晶体中不同方向上原子的排列情况不同，故有各向异性，而非晶体正因为粒子堆积在微观上相对无序和随机，故在宏观上沿不同方向其质点构成和原子分布的平均效果反而几乎相同，故是各向同性。这是微观解释宏观的典范。

（3）为何离子晶体、原子晶体坚硬但无延展性（或韧性）？

分析：离子晶体中阴阳离子本来是均匀、交错、对称排列，相邻带异号电荷的离子间通过较强的静电作用结合，若受外力则可能导致局部离子滑移错位而使同号离子排在一起，结果因电斥力过大晶体碎裂[2]。原子晶

体的内部作用力为共价键（有方向性），受外力可使局部原子位置改变，从而使原子轨道的重叠程度减小，导致共价键被削弱或断开。

（4）为何晶体有些是密堆积有些不是？ 其配位数受哪些因素影响？

分析：很多晶体的堆积遵循“密堆积原理”（配位数为 12），以提高空间利用率降低势能[3]，如多数分子晶体和金属晶体。 但原子晶体和冰等氢键型分子晶体由于共价键或氢键的饱和性与方向性，均不能采用密堆积，而离子晶体的堆积方式和配位数则受阴阳离子的电荷比和半径比等因素影响。 值得注意的是，尽管金属键没有方向性和饱和性，但也只有多一半金属采用最密堆积方式（少数金属为非密堆积），对此的解释之一是密堆积和非密堆积都是把原子、离子想象成硬球模型，而实际情况并非完全如此，这再次表现出物质结构问题的复杂性和科学模型的局限性。

（5）非极性分子间范德华力的根源或本质是什么？

分析：其本质还是静电作用，源于分子中正电荷中心（核电荷中心）和负电荷中心（电子云中心，时时刻刻在动）的瞬时不重合，从而使非极性分子（如氩）具有瞬时偶极，该偶极会引起非极性分子间的电性作用，且由于该瞬时偶极相互作用力的计算公式与光散射计算公式相似，故又称色散力[4]。

（6）为何第三周期的硅、磷、硫单质中原子一般都通过 σ 键形成环状结构（如 Si 晶体中的六元环、P_4 的正四面体、S_8 的环型），而不能像第二周期的碳、氮、氧那样原子间形成 π 键（如 N_2、O_2）？

分析：因第三周期的 Si、P、S 原子半径较大，导致成键时原子的 3p 轨道相隔较远，彼此难以通过“肩并肩”的重叠方式形成 π 键（不像原子半径较小的 N、O），故其单质中的原子都倾向于通过 σ 键结合在一起[1]405。

（7）为何 $MgCl_2$ 熔点比 NaCl 低？

分析：均为离子晶体，虽然与 Na^+ 相比，Mg^{2+} 电荷更多、半径更小，但一方面因 Mg 的金属性弱于 Na 导致 $MgCl_2$ 中离子键纯粹性低于 NaCl；另一方面两者晶体结构不同，NaCl 中阴阳离子数相同、排列更对称紧密，故 NaCl 熔点更高。

（8）为何碱金属从锂到铯密度总体增大，但钾密度比钠小？金属密度受哪些因素影响？

分析：金属的密度受原子量大小、原子半径及晶体堆积方式等多种因素影响，钠、钾晶体结构相似，虽然钾原子量更大，但同时钾的半径也明显比钠大，且后者占了主要因素，故钾密度反而低于钠。

（9）为何 F_2 分子的键能比 Cl_2 分子的键能小？

分析：影响共价键稳定性的因素是多方面的，如原子轨道重叠方式、键长、分子立体结构、非成键电子间斥力等。虽然 F—F 键长比 Cl—Cl 键长短，但正因 F 半径小离得近，故其原子核外非成键电子间斥力特别大，所以其键能反而较小[5]141。

（10）有手性碳的分子都是手性分子吗？

分析：手性异构和手性合成十分重要。只含一个手性碳的分子一定是手性分子，但含多个手性碳的分子不一定有手性（如内消旋体），此时需从分子的整体对称性考虑[6]111-115。另外值得注意的是，手性异构十分普遍，有些分子无手性碳但仍有手性，如当硅原子连四个互不相同的基团时，又如磷原子连三个互不相同的一价基团再加上一对孤对电子时分子也有手性。

2. 关于《化学反应原理》模块若干具体问题的深度思考

（1）焓（H）究竟是什么？其意义何在？焓变与反应热是何关系？

分析：焓属于热力学导出函数（$H=U+PV$），从定义式看是一个与内能有关的物理量，但其本身并无明确的物理意义，引入它的重要原因之一是“$U+PV$”项在热力学计算中经常出现，用 H 表示该项可便于有关计算与表达[7]81-82。在特定条件下，焓变有明确的物理意义，如等温等压且体系不做非体积功时，它与反应热同义，但焓为状态函数，故焓变在热力学中用起来比反应热更方便。

（2）为什么系统的内能、焓的绝对值皆不可知？

分析：系统内能是指物质内部各层次微粒（分子、原子、电子、核等）的动能、势能及核能的总和[7]80，因人们对物质的微观构成和结构认识永无止境（如某些基本粒子是否可继续往更小的层次分割），所以这些微粒能量总和的绝对值便不可知。 而 $H = U + PV$，故其绝对值自然也不可知。这正反映了科学家在考虑问题时的严谨和深谋远虑。

（3）化学能究竟是什么？

分析：化学能是一种非常重要的能量形式，但它又不像热能、光能、电能那样让人易直观感受和理解，它是一种与分子结构（尤其是电子运动状态）紧密相关的内能，是物质在特定化学反应中因微观结构改变（即化学键重组）而释放或储存的一种内能。 而且，离开了特定反应，化学能便无从讨论[5]4-5，如我们无法确定 1 mol H_2O（g）含多少化学能，而只能分析 1 mol H_2O（g）在一定条件下参与某个具体反应时（如分解）相关化学能的变化。

（4）除了从吉布斯自由能角度分析外，能否从微观结构角度理解放热反应通常有利于自发？

分析：可以这样理解，放热反应从微观化学键角度看，相当于成键放出的总能量大于断键吸收的总能量，这意味着产物的总键能更大，即放热反应在总体上相当于断开弱键生成强键，产物总体上更稳定，故往往利于自发。

（5）为何对可逆反应而言，升温时吸热方向速率增加更快（平衡向吸热方向移动）、降温时又是吸热方向速率减小更快（平衡向放热方向移动）？

分析：由于可逆反应中两个相反方向的反应具有不同的活化能（向吸热方向进行的反应活化能更大），而温度对活化能大的反应的速率影响更显著[8]，故无论升温还是降温，都是吸热方向的速率改变更大。

（6）化学反应限度与化学平衡状态是一个概念吗？

分析：化学反应限度与化学平衡状态不完全相同，两者其实是“一对多”的关系，反应限度用平衡常数衡量，只受反应物性质和温度影响，而化学平衡状态还受浓度、压力等影响，且一个平衡常数（反应限度）显然可对应多种平衡浓度组合（平衡状态）[7]109-111。

（7）为何 NO 与 O_2 的反应升温时速率反而下降？

分析：该反常现象目前认为与反应分两步完成有关，即 $2NO \rightleftharpoons (NO)_2$、$(NO)_2 + O_2 = 2NO_2$，由于第一步瞬间达到平衡且放热，升温对其很不利，从而导致升温时总反应速率反而减小（相当于总反应活化能为负值）[9]。

（8）为何 NH_3 催化氧化的产物是 NO 不是 NO_2？

分析：因 NH_3 催化氧化需高温，而无论从热力学还是动力学分析，高温都不利于 NO 氧化为 NO_2（NO 氧化为 NO_2 的反应放热且速率随温度升高而下降），故由 NH_3 制 NO_2 一般分两步完成，第一步先高温催化氧化得到 NO，然后 NO 在低温下再氧化为 NO_2。

（9）为何碳在高温时还原 SiO_2 的产物是 CO 不是CO_2？

分析：从宏观性质及热力学角度看，是因为碳在高温下的氧化物以 CO 稳定（高温时 CO_2 会与 C 反应生成 CO，熵增是其驱动力）；从微观结构看，SiO_2 为硅氧四面体原子晶体，可想象为反应时 C 原子是与其中的 O 原子一个一个结合的，而高温下 C 结合一个 O 后就成了 CO 气体分子立即飞走了[10]，故不会成为 CO_2。

（10）同样与卤素单质发生取代反应，为何烷烃易得到多卤代物（如 CH_4 与 Cl_2 反应），而苯一般只生成一卤代物（如苯与 Br_2 反应）？

分析：反应机理不同，CH_4 与 Cl_2 是自由基取代反应，而苯与 Br_2 的反应为亲电取代反应（Br_2 经催化后异裂产生溴正离子进攻苯环），且苯环上的卤原子为致钝基团（吸电子能力强）[6]470-471，导致苯与 Br_2 发生一溴取代后，苯环上电子密度降低，故溴苯一般难以继续与 Br_2 发生亲电取代生成多溴苯。

（11）元素的金属性与金属活动性顺序有何区别？ 为何有时两者不一致（如 Li 与 Na）？

分析：金属性是元素的一种性质，通常可用电负性或第一电离能衡量其强弱；而金属活动性是金属单质在水溶液中的热力学性质，即表示标准状态时变成较稳定的低价水合离子的倾向，可用标准电极电势量化。 如 Li 虽金属性弱于 Na，但因其离子半径小，离子水合能比 Na^+ 水合能大，故 Li 变成水合离子的倾向更强，即 Li 金属活动性比 Na 靠前[11]。 离子半径小、水合能大还是 HF 电离过程放热的根源，因为电解质在水中电离包含化学键断裂、离子水合、扩散等多个过程，故电离过程的热效应由这几个过程共同决定。 HF 电离时，因 F^- 半径小，其水合过程放热多，故电离过程是放热的。

当然，关于化学学科本体性知识的深度思考远不止这些，上述例子算是抛砖引玉吧。

三、化学教学中进行深度思考的途径

在教学中进行深度思考的途径因人而异。笔者对此的体会有以下几点：

1. 要养成“基于问题解决的专业阅读”习惯，如对大学化学经典教材的专题研读（最好能对不同作者、不同版本的教材进行对比阅读以博采众长），有针对性的期刊文献阅读，长期大视野、高层次的专业阅读都是教师对学科进行深度思考的根本途径。

2. 要培养善于研究、实证的精神，即遇到问题、难题时不回避也不迷信权威，肯花精力通过实验探究或广泛的资料查证去分析解决，这样才能保证学科的深度思考有理有据。

3. 要善于与优秀同行切磋交流，尤其是向优秀的前辈学习请教。这一点笔者体会颇深，近年曾多次就某些专业问题向王云生、郑胤飞等前辈请教，受益匪浅。

4. 留心学生的提问。有时学生不经意的一个提问可能会触及大量更高层面的学科问题，而这恰恰是促进教师深度思考与学习的契机。在笔者以上列举的大量学科深度思考实例中，大多源自教学中学生的提问，这也正是对“教学相长”的一种诠释吧。

四、化学教学中进行深度思考应注意的问题

首先，要“深入浅出”，把握好“度”。中学教师平时在思考和备课时应尽可能站在大学教材的高度甚至学科前沿的高度，将学科知识融会贯通、刨根问底，但在具体课堂教学中则须结合学生实际，不可随意拔高教学难度，相关问题的深入思考与拓展要自然而然、深入浅出、适可而止，不能牵强附会，只有这样才能既提升学生的认知水平与学习兴趣，又不增加学生负担。

另外，基于化学学科当前“事实性结论和半经验性规律仍多于系统严谨的理论”的特点，师生在对化学知识进行深度思考和刨根问底的同时，

还须铭记著名无机化学家格林伍德和厄肖恩的这句名言：“在化学里，客观事实永远是头等重要的东西，而对它们的解释则容易过时。”这句忠告不仅可以防止我们过于迷信理论，而且可以避免我们对事实和规律过度解释而走向另一极端。

参考文献

[1] 徐光宪，王祥云. 物质结构[M]. 2版. 北京：科学出版社，2010.

[2] 赵凯华. 定性与半定量物理学[M]. 2版. 北京：高等教育出版社，2008：128.

[3] 周公度，段连运. 结构化学基础[M]. 4版. 北京：北京大学出版社，2008：274－277.

[4] 北京师范大学无机化学教研室，华中师范大学无机化学教研室，南京师范大学无机化学教研室. 无机化学（上册）[M]. 4版. 北京：高等教育出版社，2002：102.

[5] 吴星，吕琳，张天若. 中学化学疑难辨析[M]. 南京：江苏教育出版社，2012.

[6] 胡宏纹. 有机化学（上册）[M]. 2版. 北京：高等教育出版社，2005.

[7] 华彤文，王颖霞，卞江，等. 普通化学原理[M]. 4版. 北京：北京大学出版社，2013.

[8] 傅献彩，沈文霞，姚天扬，等. 物理化学（下册）[M]. 5版. 北京：高等教育出版社，2006：196.

[9] 严宣申. 化学原理选讲[M]. 北京：北京大学出版社，2012：45.

[10] 江敏. 有意思的化学　有意义的教学[M]. 西安：陕西师范大学出版总社，2016：159.

[11] 乔国才. 金属活动性顺序的变迁研究[J]. 中学化学教学参考，2013（4）：48－51.

再谈若干化学具体问题的深度思考与启示

“有一天我知道了振荡电路的频率公式，其中有个 π，于是我就想：圆在哪儿呢（π 是圆周率啊）？ 是与圆形线圈有关吗？ 不对，也有方形线圈啊……学习科学以后，我们眼中的世界就变得很不一样了。”这是著名物理学家理查德·费曼在书中回忆自己年轻时对科学问题刨根问底的一段细节，颇耐人寻味。 费曼一生沉醉于科学思索并从中获得了极大乐趣。

可惜，当下我国多数教育并未让孩子们体会到太多这种思维的乐趣，很多学生早已在高考应试的裹挟中迷失了方向，丧失了热情，何谈对知识追根溯源的深度思考及其乐趣？ 而且，部分教师在教学中也容易存在一种错误倾向，即过分重视教学技巧、课堂形式和高考要求，反而易忽视对学科本体性知识的深度思考[1]。 化学作为中心科学，知识面广点多、与生活生产联系紧密，且当前仍是严谨理论不足而经验结论有余。 因此，化学教学中各种疑问层出不穷，这就更需要师生能在教学中沉下心来深入思考研究。 基于此，笔者结合教学实践，从两方面继续对中学化学中学生常问、甚至部分教师可能从未思考过的若干具体问题进行深度思考与分析，并探讨有关启示。

一、对化学在生活生产中的应用若干具体问题的深度思考与分析

1. 为何 CO_2 等气体有温室效应而另一些气体(如 N_2、O_2)却没有?

分析：一些师生对 CO_2 有温室效应只知其然而不知其所以然，对 CO_2 以外的气体是否还有温室效应更难以分析。 原来，CO_2 通过其不对称的伸缩振动，可产生瞬时偶极矩并因此吸收红外辐射，从而阻挡地球以红外光的形式向外散热使大气层保温。 极性越强的键或分子，其振动时红外吸收的强度越大（如 C═O 键、H_2O 等），而碳碳键等非极性键的振动吸收强度很弱。 所以，N_2、O_2 等无极性键的非极性分子几乎没有红外吸收（因其原子振动时无偶极矩变化），故无温室效应[2]。

极性键和非极性键是高中化学必修“化学键”一节的基本内容，可惜部分师生在本节教学中只注重了有关概念和电子式书写等表层知识，未能充分将化学键知识与物质性质及生活应用融会贯通。 教学中若能灵活地将键的极性与气体温室效应机理等联系起来，不但能拓宽学生的知识面，还能让学生体会学以致用的乐趣。

2. 为何硅胶、豆腐等凝胶含水量很高(如豆腐中含水量高达 90%)却无流动性?

分析：因为这些凝胶（如豆腐等）是由一些高分子链构成，并且这些

高分子链彼此交联形成了三维网格结构，迫使水分子以“小团簇”的形式被束缚于网格中，所以液态水在凝胶中失去了部分流动自由[3]432。

凝胶含水量极高却缺乏流动性，这是少数学生才能发现的好问题，而对该问题的解释则是基于“宏观辨识与微观探析”的典范。

3. 为何普通塑料袋不同方向的机械强度往往不同？

分析：生活经验告诉我们，从不同方向撕裂普通塑料袋时所需力的大小往往不同，即在不同方向上其机械强度不同。这是因为：从微观结构看，塑料由若干高分子长链构成，且一般有线型结构和网状体型结构（链间进一步交联）之分，普通塑料膜往往为长链线状结构，这导致其在不同方向上的机械强度不同，其中沿长链方向为较强的共价键作用，而垂直长链的方向则主要为链间较弱的分子间相互作用（容易撕裂）。另外，塑料的热塑性（熔化与凝固可反复进行）与热固性（加工成型后受热不再熔化）之分的主要原因也在于此。其中，热塑性塑料一般为长链线型结构，加热时链间分子作用易破坏，使分子链可相对滑动进而熔化；而热固性塑料为体型网状结构，因链间有交联共价键，受热后分子链相对滑动困难，故受热难以熔化变形。这又是一则源自生活且基于“微观探析”的经典实例。

4. 为何硝化甘油、三硝基甲苯等多硝基化合物经常可用作炸药？

分析：这主要与硝基的氧化性有关，且分子中硝基越多氧化性越强，而炸药中的烃基部分易被氧化，故在碰撞摩擦或受热时这类炸药（即多硝基有机物）易发生分子内的剧烈氧化还原反应，从而迅速放热并释放出大量 N_2、CO_2 等气体引发爆炸。又如，七硝基立方烷、八硝基立方烷等多硝基立方烷也都是极强的高能烈性炸药，多硝基化合物是炸药家族的重要成员。

5. 为何医用消毒酒精浓度（体积分数）通常为 75%？

分析：学生易理解酒精浓度偏低消毒效果差（浓度过低难使细菌蛋白变性），但有些学生不理解酒精浓度为何并非越高越好。原来，过高浓度的酒精会使细菌表面的蛋白迅速凝固形成一层硬膜，从而会阻止酒精进一步渗入细菌内部，这样反而保护了细菌。人们经过反复试验，发现 75% 的酒精杀菌效果最好。

6. 工业上用氯化铵固体（又称“焊药”）加热除去金属表面氧化物的机理是什么？

分析：注意，这里讨论的并非氯化铵水溶液清洗金属表面氧化层的机理（水解导致的酸性作用）。实验表明[4]，氯化铵晶体在除去金属表面的氧化物时，通常是靠其热分解产生的 NH_3 和 HCl 的联合作用，其中 NH_3 能在高温时还原某些金属（如除去 CuO 等金属活动性较小的金属氧化层），而 HCl 又能将金属表面的氧化物转化为易溶易挥发的氯化物而除去（如除去 Al_2O_3 等金属活动性较大的金属氧化层）。当然，除去活动性不同的金属氧化层时 NH_3 和 HCl 的贡献大小不同。

7. 为何实验室或生产中常用某些钾盐（如高锰酸钾、氯酸钾）而非相应钠盐？

分析：实际生活生产中选用钾盐还是钠盐，与其在自然界的储量、成本、性能等因素都有关。比如，化学实验或化工生产中常用高锰酸钾、氯酸钾、重铬酸钾而非高锰酸钠、氯酸钠等相应钠盐，其主要原因之一是钠盐往往比钾盐易潮解（这与钠离子半径较小、水合能更大有关），故钠盐的保存显然不如钾盐方便[5]17。顺便提及，钠盐、钾盐并非都易溶于水，如强氧化剂铋酸钠难溶于水，而高氯酸钾则微溶于水，只能说大多数钠盐、钾盐因其晶格能小等原因易溶于水。

8. 工业上非常活泼的金属都是电解法生产的吗？

分析：大部分很活泼的金属（如锂、钠、钙等）都是电解其熔融盐制备的，但钾等少数活泼金属却不是。由于钾在熔融氯化钾中的溶解度较大，且在熔融盐温度下钾易挥发，故电解法制钾不便于产物收集[5]13，工业中主要用钠与熔融 KCl 发生置换反应生产钾，利用钾沸点比钠低，反应得到的钾蒸汽可不断脱离平衡体系逸出，即利用“熵增”驱动反应。

工业上，某物质如何制备，要兼顾科学性、可行性、安全性、经济性等要素，这也是科学理论与工业技术的一个重要差别。又如，工业上镁的制备，近年来其主要方法也非电解，而是用成本更低的碳（或硅）在较高温度下还原 MgO。教师在分析此类问题或有关命题时，切不可凭经验草率下定论。

二、对化学理论、原理方面若干具体问题的深度思考与分析

1. 为何孤立体系的熵增是自发行为？

分析：熵具有联系宏观与微观的丰富内涵，可表示宏观体系的微观状态数与混乱度（或丰富性）。熵增定律是基于大量分子随机热运动的概率统计，即一个孤立多分子系统一定倾向于权重最大的宏观状态（最可几状态）[3]162－163。如 N_2 和 O_2 混合时，因随机热运动其均匀扩散混为一体便是大概率事件，而孤立巨分子体系的熵减行为则是极小概率事件，是“逆道而行”，因而不自发（如空气中的氮氧不会自动分离）。再如，物质在溶剂中都有自发溶解趋势（尽管溶解度各不相同），其自发的动机之一也是溶解扩散会使系统的熵增加。

2. 加入不参与反应的固体物质影响溶液中的平衡移动吗？

分析：中学阶段在分析该问题时易忽视“盐效应”（即向溶液中加入某些盐后由于静电作用降低了原有离子的有效浓度或活度，进而影响有关平衡）。比如，加 KNO_3 固体会因盐效应而促进醋酸电离。又如，向 $BaSO_4$ 或 $PbSO_4$ 浊液中加入 Na_2SO_4 固体后，会有两种相反趋势的影响[6]95：一是“同离子效应”抑制 $BaSO_4$ 或 $PbSO_4$ 溶解，二是“盐效应”促进其溶解，但通常盐效应的影响不及同离子效应，故最终 $BaSO_4$ 的溶解度降低，而$PbSO_4$的溶解度变化则较复杂（与加入 Na_2SO_4 的浓度有关）。若向 $BaSO_4$ 或 $PbSO_4$ 浊液中加入 KNO_3 固体，则只有“盐效应”促进溶解。

当然，课堂上不一定要给学生讲“盐效应”，但教师自己在有关问题上一定要心里有数，以免出现科学性错误，同时防止学生到大学后发现大学化学与部分中学化学相互矛盾进而产生抵触心理。

3. 配合物的配位数受哪些因素影响？

分析：配位数大小受多种因素影响，如中心离（原）子和配体双方的体积、所带电荷、电子构型以及配位反应的条件（如浓度、温度）等[6]266。通常中心离子电荷越高、体积越大，越有空间（空轨道）和能力结合配体，其配位数也越大，如络离子 AlF_6^{3-} 和 BF_4^-，同样和 F^- 配位，因 Al 半径比 B 大，故前者配位数更大；又如同样和 NH_3 配位，Cu^{2+} 的最

稳定配位数为4（在该配位数时其配位平衡常数最大），而 Ag^{+} 稳定配位数却为2，这显然是中心离子电荷影响的结果。而且，在铜氨溶液中，氨的平衡浓度也对 Cu^{2+} 的配位数有重要影响：随着氨的平衡浓度逐渐增大，其主要配合物依次是 $Cu(NH_3)^{2+}$、$Cu(NH_3)_2^{2+}$、$Cu(NH_3)_3^{2+}$、$Cu(NH_3)_4^{2+}$，甚至形成极少量的 $Cu(NH_3)_5^{2+}$，只有在氨平衡浓度较大时，才以 $Cu(NH_3)_4^{2+}$ 为主[7]。

4. 较活泼金属与 H^{+} 浓度相同的盐酸和稀硫酸反应速率相同吗？

分析：中学不少资料习题一般认为活泼金属与pH相同的稀盐酸和稀硫酸反应速率相同（表面看两者离子方程式相同且 H^{+} 浓度也相同），却忽略了 Cl^{-} 对金属的特殊作用。事实上，活泼金属与盐酸反应时通常比与同酸度的其他酸反应更快。

为证实 Cl^{-} 的特殊作用，笔者做过实验：铝与稀硫酸反应时，加入少量 NaCl 固体后反应速率明显加快，而且镁和水反应时加入 NaCl 固体后反应速率也明显加快。通常认为：Cl^{-} 对金属的特殊作用与其易与金属离子配位、能破坏金属表面氧化膜以及氯化物通常溶解较快等因素有关[5]33。但遗憾的是，连一些标准教科书有时也未能注意到 Cl^{-} 对金属的这些特殊作用（如配位作用），比如，在人教版化学必修1"离子反应"一节课后题中，就有一道题认为 Cu^{2+} 与 Cl^{-} 在溶液中能大量共存[8]，而事实上 Cu^{2+} 与 Cl^{-} 在溶液中能形成 $CuCl^{+}$、$CuCl_2$、$CuCl_3^{-}$、$CuCl_4^{2-}$ 等一系列配合物，对此笔者也曾做过实验：向天蓝色 $CuSO_4$ 溶液中加入适量 NaCl 固体，充分振荡后溶液变为黄绿色，即 Cl^{-} 替代了原来的配体 H_2O 形成了新的铜氯络合物。

5. 电池工作时，电子都"亲自"从负极沿导线"跑"到正极吗？实际电池中有盐桥吗？

分析：电路装置连通后，导线中的电子是在外电场（电势差）的推动下以"长江后浪推前浪"的方式整体传递移动的，其"集体运动"的速度实际上是电场的传播速度（因此家里开关打开后，各屋的灯能几乎瞬间同时亮起），而真正单个电子在导线中的移动速率是很小的，即电池工作时电子并非一个个"亲自"从负极"跑"到正极[9]。可见，科学学习的过程中，在头脑中建立起尽可能符合客观真实的图像模型是极为重要的。

至于原电池中的盐桥，其主要功能在于连通正负极形成闭合电路，及时平衡两极附近电荷并降低液接电势，从而使电池稳定工作，而实际电池中盐桥的功能一般由各种方便实用的离子交换膜或隔膜等实现。

从上述各例剖析中，不论是用极性键解释温室气体，还是用基于分子热运动的概率统计解释孤立系统自发的熵增行为，我们都可以深刻体会到在教学中进行深度思考的魅力，以及那些居于学科中心、少而精的根本知识（如化学键、氧化还原、分子热运动、结构性质关系等）的价值，这些“根本知识”正如英国著名哲学家和数学家怀特海所言，具有自我繁殖能力和持久而广泛的迁移价值，因而是教学中最需要深度思考和学以致用的。只有经过深度思考并融合了个人经验体悟的知识才能真正被理解和消化。在具体教学中，教师要善于设计恰当的教学环节和有趣的真实情景，并适时向学生抛出值得思考的问题，以引发学生对相关知识的深度思考与应用。要通过培养学生对学科根本知识深度思考并联系实际的意识和习惯，唤醒其对知识的敬重及对大千世界的好奇与探索，从而减轻在学习过程中的各种低效无趣行为，最终一步步将学生引向充满乐趣和挑战的科学求索之路。

参考文献

[1] 唐隆健.例谈化学教学中的深度思考[J].中学化学教学参考,2017(17):1－3.

[2] 华中师范大学,陕西师范大学,东北师范大学,等.分析化学(下册)[M].3版.北京:高等教育出版社,2004:38.

[3] 彭笑刚.物理化学讲义[M].北京:高等教育出版社,2012.

[4] 王景华,张庆云.评“关于氯化铵与金属氧化物的反应”一文[J].武警医学院学报,1997(1):53－54.

[5] 严宣申,王长富.普通无机化学[M].2版.北京:北京大学出版社,1999.

[6] 张祖德.无机化学[M].合肥:中国科学技术大学出版社,2008.

[7] 武汉大学.分析化学(上册)[M].5版.北京:高等教育出版社,2006:174－175.

[8] 宋心琦.普通高中课程标准实验教科书·化学必修1[M].北京:人民教育出版社,2007:34.

[9] 赵凯华,陈熙谋.电磁学[M].3版.北京:高等教育出版社,2011:169－170.

“电子和电磁作用”是化学学科之魂

——兼论高三化学“话题式”复习

一、问题的提出

长期以来，人们关于如何提高高三化学复习课的效率已经积累了不少真知灼见，然而不少师生依然是按照所谓“一轮（基础梳理）、二轮（专题提升）、三轮（综合模拟）”的三段式滚动复习。这种模式固然有很多优点，如注重基础、循序渐进，但也有明显的弊端，如一轮复习与新课、二轮与一轮之间有很多内容重复、问题陈旧，导致学生兴趣不高；又如这种模式往往重知识的掌握而忽视对学科主旋律和学科思想、文化的领悟提炼，最终达不到复习课应有的“画龙点睛、超越升华”的目的。化学是一门内涵丰富、生机勃勃的学科，科学的学习应该是一个不断领悟和不断深入认识的过程，而非简单的知识积累和重复，更不是一堆习题的操练。

所以，我们在化学教学（尤其是学生已具备相当基础的高三教学）中需要不断地提炼学科的核心素养和主旋律（学科灵魂），并以此统摄教学和复习，使其更加系统深入、内涵丰富。为此，笔者在高三教学实践中倡导基于学科若干重大话题和核心观念的“话题式”复习模式，该模式既突出了学科的整体认知和各模块知识的融会贯通，又避免了一般按章节顺序复习带来的“内容重复、问题陈旧”之弊端，而这种复习模式的关键首先是选好学科话题，即所选话题应尽可能多地牵涉学科主干知识与核心观念。

二、“电子和电磁作用”是化学学科之魂

每个学科都有自己的“灵魂”，即本学科最基本、最通用、最核心的东西，它是学科核心素养的重要组成部分，是学科的“点睛之笔”和“主旋律”。在化学中，无论是分析物质的组成、结构、性质还是反应，“电

子和电磁作用”都是其中最基本、最核心的问题，可谓化学学科的“大统一理论”，也是最能统摄整个高中化学尤其是高三复习的重大话题之一，所以笔者称“电子和电磁作用”是化学学科的灵魂。

事实上，电磁学几乎牵涉化学等所有自然科学领域：电结构是物质组成结构的最基本形式之一，电磁场是客观世界的重要存在方式之一，电磁作用是自然界的四大基本相互作用之一（如化学键、摩擦力的本质），电能是最常见最重要的能量形式之一，电过程是自然界的基本变化过程之一[1]。下面展开分析化学中物质的组成结构、性质和反应变化与“电子和电磁作用”这一学科之魂的密切关系。

1. 物质的组成结构

Na 与 Na^+ 虽然原子核完全相同，但只因一个电子的差异使其成为性质大为不同的两个化学物种；CO_2 和 SO_2 两者分子式非常相似，但只因中心原子价电子数目的不同，二者结构大相径庭。原子、分子和晶体结构的最核心部分都是电结构。原子均为含电子、质子和中子的三元组成（普通氢原子不含中子），整体保持电性平衡，而化学对原子结构最关注的正是其核外的电子结构，并用原子结构示意图、电子排布式、电子云和原子轨道等简洁的化学语言和模型来描述电子的分布和状态；关于分子结构的理论主要有价键理论和分子轨道理论（后者是原子轨道理论的自然延伸）两种，两者互相补充各有千秋，但均以核外电子为依托，而价键理论中广泛用于预测分子立体结构的“价层电子对互斥理论”和“等电子体原理”更是突出了核外电子对分子结构的决定性作用；晶体结构同样与电子和电磁作用密切相关，诚如结构化学家周公度教授指出的“电子因素和几何因素是阐明化学物质结构、性能的两个关键因素”[2]。

2. 物质的性质

元素周期律和元素周期表是迄今为止对化学元素性质最系统的总结和描述，而其实质是原子核外电子排布的周期性变化；元素性质主要由原子的价电子状态决定，“电负性、电离能”等描述元素性质的重要概念都是在衡量原子得失电子的能力；分子的性质主要是由分子轨道中能量较高的电子状态决定；至于具体物质的具体化学性质，无论是氧化还原性、酸碱性、配位能力还是溶解性，也均与其电子状态和电磁作用密切相关。

氧化还原性的本质是对物质得失电子能力的描述；物质的酸碱性也与分子中的电子状态和电磁作用相关，其中无机含氧酸的酸性与其羟基氢附近的电子密度有关，如 $HClO$、$HClO_2$、$HClO_3$ 和 $HClO_4$，由于非羟基氧数目递增引起羟基氢附近电子密度递减，故它们释放 H^+ 的能力（酸性）依次递增；又如卤化氢（从 HF 到 HI）的酸性递变以及从 NH_3 到 H_2O、H_2S、HCl 的碱性酸性递变，无不显示着其中心原子的电荷及半径差异引起其电离出 H^+ 能力的差异；而在配位反应中，配体的配位能力与配位原子提供孤对电子的能力相关，如与 Cu^{2+} 络合时，NH_3 的配位能力就比 H_2O 强；物质的溶解性也在很大程度上与“电子和电磁作用”相关，如“极性相似相溶”原理（分子极性的判断方法正是基于分子的正负电荷中心是否重合），又如在“钾盐、钠盐、铵盐、硝酸盐等绝大多数易溶于水，而碳酸盐磷酸盐等高价离子构成的盐大多难溶于水”。在这一经验规律背后，我们明显能观察到“晶格能”的大小（主要由离子电荷和半径等决定）对离子晶体溶解性的影响；而在有机化学中，“电子效应”（如定域的“诱导效应”、离域的“共轭效应”）更是普遍用于解释分子的性质和反应。甚至在物理性质方面，如金属的导电、导热、延展性、金属光泽和焰色反应，以及晶体的熔沸点和硬度规律等，也均与电子和静电作用相关，不再详述。

3. 物质的反应变化

所有化学反应的微观本质都是基于化学键的重新组合（原子重组），而化学键（无论是离子键、共价键、金属键，还是广义的化学键所包括的分子间作用力）的本质是静电作用，各种化学键的形成其实是不同原子在追求类似稀有气体的稳定结构时所表现出的得失电子倾向的自然组合，所以化学反应的过程都伴随着原子核外电子的状态变化，都与电磁作用密切相关。氧化还原反应（包括电化学反应）的本质是电子的转移，其中电池装置的基本作用是使得失电子的氧化还原反应分开发生，进而使电子定向移动形成电流，而电解池的外电源就是一个强制性的电子“搬运工”；配位反应的本质是反应物中的配位体与中心原子间的电子对的给予和接受；广义的“路易斯酸碱反应”还是基于电子配对[3]，认为酸是电子的接受体，碱是电子的给予体，酸碱反应是酸从碱接受一对电子，这样它把那些

不交换 H^+ 而又具有酸性的物质（如 $FeCl_3$ 和 BF_3）也包括在内，从而超越了经典酸碱电离理论和酸碱质子理论的局限；盐溶液中离子的水解能力与其电荷的高低相关，如 NH_4^+、Cu^{2+}、Fe^{3+}、Sn^{4+} 四种离子水解能力呈递增趋势[4]；而在有机反应中，自由基反应和离子反应（又包括亲核反应、亲电反应）是基于化学键的断裂方式和静电作用的类型而进行分类的。同时，在所有化学反应中，“电子守恒和电荷平衡”都是普遍遵循的基本规律。

此外，分析化学中的仪器分析原理大多也是基于电子变化和电磁作用，如红外光谱、紫外—可见光谱、核磁共振等，都不过是基于物质吸收或放出电磁辐射的实验记录，原子分子光谱不过是基于“电子跃迁”。事实上，正因化学在分子层面的相互作用实质是电磁作用，而光的本质又是电磁波，故光与分子便存在天然的因缘关系。科学家正是认识到了这种内在联系并快速发展成一门与分子打交道的智慧手段——光谱学，从而弥补了人类感知能力的不足[5]。

由此可见，对于化学学科的大部分内容而言（无论是物质的组成结构还是性质反应），“电子和电磁作用”都是其中最核心的问题，是化学的“大统一理论”，因此说它是“化学学科之魂”并不为过。若以此指导教学，就可以达到以一统多的效果，因此说“电子和电磁作用”是最能统摄高三化学总复习的重大话题之一。同时，我们还可以在教学中专门设计一份以“电子和电磁作用”为主线，通篇弥漫着“电子精灵”的别样的高三练习题（此处不再详细展示），在这样的一份习题里，希望学生感受到的不是琐碎而是系统，不是彼此隔离而是联系统一，不是解题训练而是学科精华。

三、其他“话题式”复习举例

“话题式”复习的关键之一是话题本身的选取，这直接决定着教学的格调、层次和效果。而像以“电子和电磁作用”这种学科重大话题来整合驱动化学总复习的例子还有很多，如还可以进行一期以“水”为话题的别样的高三化学复习，因为“水”这个话题对化学学科同样意义重大：水是孕育生命的重要条件，是最常见的分散剂，水溶液是最常见最重要的化学反应体系。诚如浙江大学著名化学家彭笑刚教授的高度评价“如果没有溶液，化学将无法在科学世界里拥有一级学科的地位”。

因此，水与化学有着深厚的渊源，而一期以“水”为话题的高三复习更是可以整合以下诸多重要知识：水的价键方式、水分子的立体结构与极性、水中的氢键及其影响、水参与的重要反应（无机反应和有机反应）、水溶液的配制及其浓度、水溶液浓度对性质和反应的影响、水溶液中的电离平衡与水解平衡、水溶液中的离子反应、水的离子积常数与 pH 计算、物质的溶解度与溶解平衡、实验中的干燥及禁水反应、海水资源的开发利用、水与氢能源、污水净化、硬水软化等，由此可以构建起一个“水”味十足、洋溢着丰富学科内涵的化学世界。同时，选择“水”这个话题，不仅能巧妙地整合复习很多具体的化学知识，还能让学生对“水是生命之源”有着基于化学视角的更丰富体会，这也是教师特别期待的。

四、结语

如果把孤立的每一节课比作一粒粒散落的珠子的话，则学科灵魂和学科重大话题就是一条能将其串成美丽项链的线。如果我们的化学教学能始终在这条“线”的牵引下进行，如果高三复习能经常沉浸在教师精心提炼的学科重大话题和学科主旋律中，那么我们的教学与复习就可以达到“形散神聚”的效果，就可以走出某著名化学教师批判当下化学教学的三个“一堆”（一堆罗列、一堆习题和一堆口号）[6]，学生也会因此有机会领略到化学学科的统一性之美和系统逻辑的魅力，这将有利于学生对化学学科形成一种有机整体的印象（而非琐碎的感觉），并对化学多一份真正的理解和热情，而由此带来教学效率的提升自然是水到渠成的。

参考文献

[1] 赵凯华，陈熙谋. 电磁学[M]. 4 版. 北京：高等教育出版社，2011：1－8.

[2] 周公度，段连运. 结构化学基础[M]. 4 版. 北京：北京大学出版社，2008：4.

[3] 邢其毅，裴伟伟，徐瑞秋，等. 基础有机化学（上册）[M]. 3 版. 北京：高等教育出版社，2005：22－23.

[4] 江敏. 有意思的化学　有意义的教学[M]. 西安：陕西师范大学出版总社，2016：59－70.

[5] 彭笑刚. 物理化学讲义[M]. 北京：高等教育出版社，2012：19.

[6] 郑胤飞. 化学是一种文化[J]. 中学化学教学参考，2014(6)：5.

基于“微观探析”的几组特殊熔沸点分析与启示

一、问题的提出

熔沸点是物质最基本、最重要的物理性质之一，对化学物质的反应、制备、提纯和应用等均有重要影响。然而，我们往往因习以为常（初中就很熟）而误以为熔沸点是一个简单的问题。其实不然，一些教辅书上连 NaCl 和 $MgCl_2$ 的熔点比较都经常出错，更不用说其他特殊物质的熔沸点分析了。诚如著名化学教育家傅鹰先生所言：我们对一个东西熟悉并不说明它真的简单，更不说明我们就真正理解，就像我们大都熟悉万有引力，但这并不代表大部分人真正理解它。关于物质熔点、沸点的比较，虽然在中学化学中也介绍了一套一般的思路方法，如先分析晶体类型，再进一步比较各具体微粒间的相互作用强度等。但用上述一般方法难以比较的“特殊情况”却屡见不鲜，客观事实与一般规律预测结果相悖的情况俯拾皆是，这其实仍然是当前化学学科特点和中学化学教学现状的一个缩影。在化学教学中，为了教学方便和功利应试，一些教师常常为学生总结很多简化、普适的规律结论（这本是好事），但其中一些过度简化、以偏概全的规律在遇到所谓的“特殊情况”时往往难以自圆其说，这是导致部分学生觉得化学繁难的原因之一，值得关注。其实，化学中有很多知识、规律表面上看相互“矛盾”，其根源往往是认识得不全面、不深入，很多“矛盾”在更高层面可被统一。比如关于物质熔沸点的诸多特殊情况，在“宏观辨识与微观探析”这一学科核心素养的统领下分析，一切将依然是那么有理、有序、有趣。

基于以上思考，本文着重以“微观探析”为切入点，分析几组特殊的熔沸点机理及其对化学教学的若干启示。

二、几组特殊的熔点和沸点分析

1. 碱土金属中，为何镁熔点最低？

分析：无论是类比相邻的碱金属熔点变化规律，还是用简化还原出的库仑力模型从电荷和半径两方面对金属键强度作预测，镁的熔点似乎都不应最低。但事实上，镁的熔点约为 649 ℃，明显低于同族相邻的铍和钙（后两者熔点依次约 1 278 ℃和 842 ℃）。

解释这一疑惑的关键是：在影响金属熔点的诸因素中，除了价电子和半径外，金属性强弱（可用电负性度量）和晶体的微观堆积方式也均有重要影响。在碱土金属中，从铍到钡电负性递减，从而导致金属键的纯粹性递增（即镁的金属键纯粹性不高），这应是镁的熔点在同族中最低的主要原因（铍虽然金属性最弱，但半径最小为其熔点高做出了贡献）；另外，从晶体的微观堆积方式看[1]，铍和镁均采用六方最密堆积，而钙和锶采用面心立体最密堆积（钡为体心立方），虽然六方堆积和面心立方堆积配位数相同（均为 12），但这两种微观结构的细微差别可引起晶体对称性的不同，而对称性对熔点亦有影响[2]683-684，具体原因将在下一问题中一并详论（因为下一问题中有机物的对称性问题将更为明显）。

2. 为何乙炔的沸点比乙烯和乙烷高？为何苯的熔点沸点均明显高于正己烷？

分析：乙炔、乙烯、乙烷及苯、正己烷均为非极性分子，这类分子晶体熔沸点的一般规律与分子量正相关，但此处则不然：乙炔、乙烯、乙烷沸点依次为 −84.7 ℃、−103.9 ℃、−88.6 ℃，即分子量最小的乙炔沸点却最高；同样“反常”的是，苯的沸点为 80.1 ℃，而分子量更大的正己烷沸点却只有 68.7 ℃。

先解释上述沸点的特殊性。分子晶体的沸点由分子间作用强度决定，因此沸点也通常被看作是分子间相互作用强度的标度。首先，晶体中分子间作用强度随分子间距离（超过平衡距离时）大致呈三次方衰减，而液体中相互作用强度更是随间距增大而呈六次方衰减[3]253。其次，分子的电子云变形性是理解分子间作用力的关键之一，“分子间作用力大小通常与相对分子质量正相关”这一结论的微观本质即可解释为[3]250：在结构相似的分子中，若相对分子质量越大，则分子体积往往也越大（相应原子的电子层数往往越多），这会导致分子中电子云的变形能力增加（价电子离核较远受约束更小），分子正负电荷中心瞬时不重合的概率增加，从而使分子间的瞬间偶极相互作用（色散力）增大，分子间作用力增强。另外，化学键的类型（σ 键、π 键）对电子云变形能力也有影响（虽不如电子层数影响显著），因为原子核对 σ 键电子的约束力通常强于对 π 键电子的约束力，这导致 π 键（尤其是共轭 π 键）电子云的变形能力大于 σ 键电子云的变形能力，从而增强了富含 π 键的分子间的瞬时偶极相互作用，进而影响沸点。综上可见，乙炔沸点高于乙烯和乙烷，一是因为乙炔的直线型结构使其在凝聚态时分子间距更小（接触更充分），二是因为乙炔分子中两个 π 键电子云较强的变形性，这两者都增强了分子间的瞬时偶极相互作用（色散力），从而提升了其沸点。同理，苯的平面型结构加上其特有的共轭大 π 键，也使其沸点明显高于分子量更大的正己烷。

至于苯的熔点更是远高于正己烷（依次为 5.5 ℃、-95.3 ℃），显然除了上述分析外，背后还另有故事，可在“微观探析”基础上结合有关热力学知识分析。因为从严格理论上讲，晶体熔点高低可用熔化自由能 $\Delta G = \Delta H - T\Delta S$ 进行定量系统分析[2]683，其中 ΔH 和 ΔS 分别为熔化焓和熔化熵，前者与微粒间作用强度正相关，后者则与分子对称性反相关（对称性较高的分子通常熔化熵 ΔS 更小），因熔化时须满足熔化自由能 $\Delta G \leqslant 0$，故对晶体熔点而言，可以预见：若构成晶体的粒子间相互作用强度越高、晶体中粒子及其堆积方式越对称，则熔点往往越高。和正己烷相比，苯一方面因分子间作用力更强（表现为其更高的沸点），导致其熔化焓 ΔH 更大，另一方面又因苯对称性更好，使其熔化熵 ΔS 更小，两个因素合起来使苯熔点远高于正己烷。而分子对称性对液体气化熵影响很小，即熵效应对沸点并无多大影响，因而苯的沸点并未比正己烷高出太多。同理，苯的熔点还显著高于其同系物甲苯（熔点分别为5.5 ℃和 -94.9 ℃，但沸点却低于甲苯），对二甲苯熔点也显著高于其异构体邻二甲苯和间二甲苯，显然都与分子对称性不同带来的熵效应有关。因此，分析晶体熔点时，除了比较微粒间作用强度外，还应关注微粒取向和对称性问题（其实从直观经验也不难领会：分子越对称，在晶体中往往堆积得越稳固，晶格将越难被破坏）。

上述解释晶体熔点的思路历程耐人寻味：先从宏观热力学的状态函数熔化自由能 ΔG 入手，而在具体分析 ΔH 和 ΔS 时，又深入微观结构（微粒间相互作用、对称性等）解释，这是基于"宏观辨识与微观探析"这一学科核心素养解决化学实际问题的典范。

3. 戊烷3种同分异构体的熔点、沸点变化趋势为何不一致？烷烃中，为何丙烷熔点最低？

分析：正戊烷、异戊烷、新戊烷沸点依次为36.1 ℃、27.8 ℃、9.4 ℃，而熔点却分别为 -129.3 ℃、-159.9 ℃、-16.6 ℃。其沸点递减一般解释为支链增多削减了分子间的接触程度，从而削弱了分子间作用强度。但其熔点变化趋势又完全不同，这显然不能再仅从晶体中分子的接触程度及由此造成的分子间作用力大小不同解释了（因为这样将与沸点解释相矛盾）。如前所述，此时仍应从热力学系统分析入手，尤其是关注分子对称性不同引起的熵效应对熔点的影响，即仍用 $\Delta G = \Delta H - T\Delta S$ 分析，新戊烷对称性最好（晶体中分子堆得最稳），其熔化熵 ΔS 最小（虽三者熔化时新戊烷的 ΔH 也最小，但此时熵效应对熔点的影响应超过了焓效应），故新戊烷熔点最高。值得注意的是，在同组晶体中，熔点与沸点变化趋势不一致的现象并非个别，再如苯和甲苯的熔点、沸点高低比较结果也不一致。

至于丙烷的熔点（-187.1 ℃）在所有烷烃中最低（比甲烷的 -182.6 ℃和乙烷的 -172.1 ℃都低），显然也与分子对称性及其熵效应有关（甲烷、乙烷分子的对称性都比丙烷高）。有意思的是，在整个正烷烃中都存在一个规律[4]131-132：随碳数增加，含奇数碳的烷烃比含偶数碳的烷烃熔点升高得少一些。由分子中碳原子数的奇偶，影响到分子对称性，进而影响到晶体熔点，我们不得不再次由衷赞叹在“宏观辨识与微观探析”视角下自然造化的无尽奇妙。

三、结论与启示

1. 教师在教学中不宜过于笼统地对物质的“熔沸点”一起下结论，必要时最好将熔点与沸点分开表述，以免对学生产生误导。因为同组物质的熔点与沸点排序可能并不一致，影响因素也不尽相同：其一，物质熔化时只需要克服晶体粒子间的部分作用力，而沸腾气化时则需克服粒子间的几乎全部相互作用；其二，从热力学的角度看，分析物质熔点时需兼顾熔化过程的焓变和熵变（后者与结构对称性密切相关）两大要素，而分析沸点时通常主要比较沸腾气化焓就可以了（主要由微粒间相互作用强度决定）。其实，物质的熔点和沸点都是实验测定结果，本没有什么反常之说，要说反常，仅是与教学中过于笼统简化而总结出的所谓“规律”发生了矛盾，这反过来恰好说明我们对有关规律的认识有待提升。

2. 教学中应通过典型实例真正将“宏观辨识与微观探析”落在实处、用到极致，以真正发挥其作为学科核心素养的引领价值。微观结构、微粒运动及其相互作用是解释大部分化学疑难问题的关键，基于微观探析的视角，不但可以很好地分析上述熔点、沸点的各种特殊现象，还可解释大量其他所谓的“特例”。这里再举一个关于物质溶解性的“特例”，即乙炔微溶于水[5]。乙炔本是非极性且通常难与水反应的小分子，按一般的中学化学知识预测应很难溶于水，但事实上乙炔却微溶于水（乙烯、乙烷均难溶于水），原因仍在于其特殊的微观结构：该分子中含有两个偏离碳原子核且电子云变形性较大的 π 键（π 键电子云为镜面对称），这一方面使分子具有较强的瞬时偶极，另一方面增强了乙炔中 C—H 键的极性（该碳电负性大于烯烃烷烃中的碳，即所谓 sp 杂化的电子效应[4]371），这些微观因素助长了乙炔与水的“亲和关系”，故微溶于水。

3. 教师在教学中要对“还原论思想”的局限足够重视[6]。比如，在分析物质熔点和沸点时，光有对晶体分类的思想和将微粒相互作用还原成库仑力模型是远远不够的，上述例子显然都难以仅从这两方面解释。只有宏观、微观多因素系统分析，如熔点分析时须综合考虑晶体类型与键型过渡、微观结构与相互作用、对称性及热力学因素等，才可能得出较科学的结论。教师在设计相关习题时也应选择典型例子，把握好难度分寸，且事先应经过证实，不可凭经验主观臆断，以免犯与事实相悖的科学性错误。

4. 教师要虚怀若谷、终生学习，不断提升学科专业素养。文中所举关于物质熔沸点的各种特殊情况，只是化学学科中知识规律具有复杂性、局限性、阶段性的一个缩影，这也正好反映了人的认知在自然面前的有限和渺小（事实上，人类在自然真相面前常常处于“盲人摸象”的境地）。很多表面简单的科学问题（如熔沸点），其实是值得认真思考和深入研究的，对待科学需要这种处处留心和较真的态度，这样才能扎扎实实地把基本东西弄明白，也只有自己真正想明白的知识才能转化为能力和素养。同时，面对真实而广阔的自然，人类应当永远怀有一颗谦卑敬畏之心，并养成终生学习和研究的习惯，唯此才能跟上科学前进的步伐并更好地和大自然对话。教师也只有通过自身不断的专业成长和对学科不懈的深刻领悟，才能真正在教学中为学生带来精彩与成长。

参考文献

[1] 周公度,段连运.结构化学基础[M].4版.北京:北京大学出版社,2008:279.

[2] 徐光宪,王祥云.结构化学[M].2版.北京:科学出版社,2010.

[3] 彭笑刚.物理化学讲义[M].北京:高等教育出版社,2012.

[4] 邢其毅,裴伟伟,徐瑞秋,等.基础有机化学(上册)[M].3版.北京:高等教育出版社,2005.

[5] 宋心琦.普通高中课程标准实验教科书:有机化学基础(选修5)[M].北京:人民教育出版社,2007:32.

[6] 唐隆健.还原论思想在化学中的应用及其局限[J].中学化学教学参考,2018(11):10-12.

对高中化学增加"反应历程"内容特殊意义的思考

一、问题的提出

《普通高中化学课程标准（2017 年版 2020 年修订）》[1] 最大的特点除明确提出学科核心素养、增加选择性必修模块外，还以学科大概念为统领对学科内容进行了优化重组、删减增补。在学科内容增补方面，具有代表性且值得关注的是在选择性必修 1《化学反应原理》的内容要求中明确提出："知道化学反应是有历程的，认识基元反应活化能对化学反应速率的影响，知道催化剂可以改变反应历程。"即"化学反应历程"的部分内容首次由大学下移至高中阶段，目的是更好地丰富学生认识化学反应的动力学视角。这一内容的增加，充分体现了化学新课标设计者与时俱进的眼光，也体现了一种更加科学的课程观——在化学基础教育阶段，增加看待化学问题的视角和维度远比抠细节挖深度要紧。目前，关于这一新增内容的教学研究很少，笔者仅在吴星教授主编的书中见到一篇相关文章，谈到在高中化学引入"反应历程"的意义主要是：建构化学学科结构化知识的内在需要、帮助学生建立"化学反应是有历程的"认识角度、帮助学生更加准确地认识"基元反应活化能"概念[2]185-189。笔者在此基础上，进一步细化和挖掘这一新增内容的特殊意义，以期对相关教、学、评有所助益。

二、化学反应历程教学内容的特殊意义

1. 拓展认识化学反应的视角和维度

从学生长远发展看，培养其独特的学科视角比掌握具体知识更具迁移价值。看待化学反应常有热力学和动力学两大视角，热力学视角主要包括反应的能量变化、方向和限度，动力学视角主要包括反应速率和反应历

程。化学反应在微观上往往是按一定路径分多步完成，其中的每一步反应称基元反应，由基元反应构成的反应序列（路径）称反应历程或反应机理（注：后面统一用“反应历程”一词）。由多个基元反应构成的总反应称复杂反应或总包反应，典型的复杂反应有链反应（如燃烧）、可逆反应（对峙反应）、平行反应（竞争反应）、连续反应（连串反应）等[3]182。实际反应多为复杂反应，基元反应很少。

遗憾的是，新课标之前高中阶段在化学动力学方面只强调反应快慢而缺失了“反应历程”这一重要视角，导致学生往往只能从静态的总反应方程式看到反应的始末态，而无法深刻理解反应的全貌和细节，甚至带来诸多误解，因为化学方程式只告诉我们反应物和产物及其计量关系，并不能告诉我们从反应物到产物的微观路径（如 CH_4 与 Cl_2 的取代反应，若不知其自由基取代反应机理，便难以理解会有乙烷生成）。中学阶段，因缺失反应历程视角而常犯的错误有：

（1）误以为催化剂不参加反应。尽管催化现象发现很早，但其机理本质在历史上相当长时间一直认识模糊。中学阶段，有些师生也因催化剂不改变反应的热力学状态且最终不被消耗而误以为它不参加反应。虽然现在人们对很多反应的催化机理仍不很清楚，但有一点早已成共识，即催化剂参与反应并改变了反应历程，它可与反应物形成某些不稳定的中间化合物而降低反应活化能。催化剂参与反应有很多直接证据，如固体催化剂在反应前后尽管化学性质和质量都不变，但其形貌往往有明显改变（催化 NH_3 氧化的铂丝网用几个星期表面会变粗糙）[3]286，而在溶液或气相等均相催化反应中，往往可通过超短脉冲激光等飞秒级手段使人们像观看“慢动作”那样捕捉到催化剂参与形成的瞬息万变的反应中间体。又如，在 Fe^{3+} 催化 H_2O_2 分解时，细心的实验者可觉察到因含铁过渡态物质形成而使溶液颜色发生的细微异常变化（反应初始颜色比氯化铁溶液本身还深，反应快结束时颜色又逐渐变浅，反应终止时变为与加等体积水稀释等量 Fe^{3+} 一样浅）。事实上，以“过渡态理论”为基础的现代催化理论正是在人们认识到反应历程后才建立的。

（2）误以为反应物中的某微粒或基团不参与反应。如活泼金属与盐酸反应，单从反应方程式（尤其是离子方程式，比如 $Mg + 2H^+ = Mg^{2+} + H_2\uparrow$）通常看不见 Cl^- 的作用，然而实验事实表明 Cl^- 也参与并加快了反应，关于 Cl^- 的作用机理已有“活化金属、破坏氧化膜、配位作用”等说法[2]183－184。又如酯化反应，若无反应历程视角而仅从总反应方程式看，会误以为羧酸中的羰基不参与反应，而事实是：一般酯化反应历程的第一步就是羧酸中的羰基氧质子化并形成碳正离子，继而醇亲核进攻正碳再依次脱去 H_2O 和 H^+ 形成酯，因此很多酸都能作为该反应的催化剂（为第一步反应提供 H^+）[4]。值得注意的一个现象是，常有老师为帮助学生直观理解反应过程而想当然地根据总反应方程式制作出微观动画模型或演示球棍模型，并未查阅其实际反应历程，这将会给学生一个误导：以为仅通过总反应式就能看出反应的微观历程，这一点当引起警惕。

（3）误以为反应物浓度增大一定加快反应。如 $CO + NO_2 = CO_2 + NO$，若认为增大 CO 浓度一定加快反应完全是异想天开，因为它并非基元反应，在温度不太高时是一级反应，速率与 NO_2 浓度呈正比但与 CO 浓度无关。又如，NH_3 在钨催化剂表面的分解（$2NH_3 \xrightleftharpoons{催化剂} N_2 + 3H_2$）也非基元反应，当催化剂表面被 NH_3 饱和以后，该分解为零级反应，继续增大 NH_3 浓度对速率亦无影响[3]173。因此，通常教材在表述浓度对反应速率的影响规律时，都严谨地加有“对多数反应”“一般情况”等限定语。

（4）误解“反应进程－能量”示意图和活化能。一些教师常随意画出任意反应的“反应进程－能量”示意图（往往只画一个能量峰），并在此基础上解说活化能与焓变。殊不知，反应过程的能量变化图仅对基元反应才有明确意义，只有基元反应的反应物和产物间才只有一个能量峰，也只有基元反应的活化能才有明确物理意义——反应物分子的平均能量与处于过渡态的活化络合物分子平均能量的差值，总反应的活化能是各基元反应活化能经数学处理得到的（也称表观活化能），其物理意义目前科学家还在探索中[5]。比如，高中常见的非基元反应 $2NO + O_2 = 2NO_2$，就因其表观活化能为负值，故升温反应速率反而下降[6]。

综上可见，在高中适当增加“反应历程”内容非常必要，可极大地拓展认识反应的视角和维度，纠正对化学反应诸多想当然的误解，还为学有余力的学生进一步理解某些化学反应疑难问题开了一个窗口。

2. 蕴涵丰富生动的学科核心素养

“化学反应历程”内容除了具有拓展认识反应视角和完善化学动力学知识结构外，还蕴含丰富的学科核心素养。

（1）彰显宏观辨识与微观探析。总反应方程式仅能表示一个反应宏观的热力学结果和物质间的计量关系，而“反应历程”则进一步从微观上揭示了反应是如何分步进行的，以基元反应为对象的碰撞理论、过渡态理论都是从微观上认识反应过程的。而且，反应历程往往还能反映出物质微观结构和反应性能间的关系，从而强化结构决定性能和反应的学科素养。从学科发展角度看，“反应历程”的研究和相关实验技术的飞速发展已使化学动力学从过去只关注反应速率的宏观层面转向了越来越重视反应微观细节的微观反应动力学（又称分子反应动力学），即真正从单个分子的微观结构和特定量子态出发，在分子水平上深刻认识反应的过程机理[3]252。这些内容的了解，能使学习者更好地从宏微结合的完整视角认识反应。

（2）突出证据推理与模型认知。“化学反应历程”内容蕴含丰富的证据推理与模型认知素养，比如，碰撞理论和过渡态理论等经典速率理论都是针对基元反应而建立起的描述反应历程的理论模型，其中过渡态理论针对基元反应建立了如下具体认知模型：$A + B—C \rightleftharpoons A\cdots B\cdots C \rightleftharpoons A—B + C$，其中 $A\cdots B\cdots C$ 表示旧键欲断未断、新键欲成未成且能量较高的活化络合物（即反应的过渡状态）。又如，在猜测和提出一个反应可能的机理时，不但要发挥想象力，更要充分结合事实证据，且最终机理是否正确还要继续接受实验审判（一个反应机理是否正确的必要条件就是由这个反应机理推导出的速率方程要符合实验事实）。

（3）强调科学探究与创新意识。如上述，反应历程的确定往往需要利用各种仪器设备进行大量实验（如测定活化能和速率常数等关键动力学参数、捕捉反应的瞬时中间物种等），同时要结合实验证据进行大胆推理假设，且最终不一定正确，可谓“科学知识只是暂时性真理”的典型代表。所以，至今已完全弄清的反应历程并不多，而且有些过去认为是对的反应历程，随着更多事实的获取又被推翻。如 H_2 与 I_2 的反应，曾在长达半个多世纪由于其表观速率方程的迷惑而误以为是基元反应，后来结合量子力学和新的实验事实使人们认识到这可能是一个由单分子反应、双分子反应和三分子反应连串的复杂反应，但近年又有化学家根据新的事实提出了新的反应历程[7]。可见，真正揭秘一个反应的微观历程往往需要不懈的努力探究，要在尊重事实的前提下敢于不断破旧立新，这其中所蕴含的科学精神令人起敬。

总之，“化学反应历程”内容蕴含大量学科核心素养方面的题材，对这一教学维度和教学价值的关注与挖掘，有利于更好地实现学科育人。

3. 紧扣现代化学研究前沿

化学动力学发展整体晚于热力学，目前仍方兴未艾。有关反应历程研究的艰难缓慢境况，直到近代将闪光光解法（测定自由基等瞬时存在物种）、交叉分子束（侦测反应中的分子碰撞现象）、激光技术（如用飞秒超快“摄像机”对反应动态过程拍照）、量子化学（如计算反应物过渡态和中间物结构能谱）及先进谱学技术等应用于化学动力学研究后，才得到好转[3]156。可见，反应历程研究往往涉及大量跨学科前沿技术。事实上，反应历程研究一直是化学发展的前沿，徐光宪等化学家曾提出现代物理化学的三大前沿领域是：分子反应动力学、分子工程学、表界面物理化学[8]。到目前为止，在反应历程领域诞生的诺贝尔化学奖得主已达 10 余人（见表 1）[9]，其中特别值得一提的是 1956 年获奖的谢苗诺夫和欣谢尔伍德，他们首次系统地研究了链式反应并指出化学反应历程具有普遍重要意义，从而促进了人们对复杂化学过程的认识。展望未来，无论是实验技术的革新还是应用领域的拓展，化学反应历程研究都显示了蓬勃的生命力，比如国家自然科学基金委在“十三五”期间遴选出的化学科学部优先发展的 13 个领域中，至少有“化学精准合成、高效催化过程及其动态表征、化学反应与功能的表界面基础研究、分子选态与动力学控制”等四个领域与化学反应历程密切相关。当然，这也为未来化学家提出了更多挑战（毕竟当前化学动力学的成熟度仍远不及化学热力学），这些都可作为激发有志学生将来投身相关领域研究的育人素材。

表1　与研究化学反应机理相关的部分诺贝尔奖情况

年份	获奖者	获奖成就
1956	欣谢尔伍德、谢苗诺夫	化学反应机理和链式反应研究
1967	艾根、诺里什、波特	用闪光光解法、驰豫法研究快速化学反应
1986	李远哲、赫希巴赫、波拉尼	运用交叉分子束技术等推动了微观反应动学发展
1995	莫利纳、罗兰、克鲁	揭示了大气中臭氧的形成和分解机理
1999	泽韦尔	用飞秒技术研究超快反应和过渡态
2005	肖万、施罗克、格拉布	提出了烯烃的复分解反应机理

4. 在化工生产等领域实用价值巨大

一些新的化学反应历程的揭示往往会极大地促进化学化工、生命医药、材料能源和环境保护等重大领域的发展。比如表1中，科学家通过对平流层 O_3 分解机理的揭示（氯氟烃光解产生的氯自由基通过改变 O_3 分解反应历程而加快其分解），有效阻止了臭氧层的继续破坏（如对氟利昂的限用及其替代品的开发等），而烯烃复分解反应机理的提出则催生了更高效、绿色的有机合成新路径，促进了新药物和先进聚合物材料的研发。又如，在实际化工生产中，由于热力学不考虑时间因素，达到平衡可能需很长时间，因此，很多化工反应并未达到平衡（往往通过反应物循环利用提高转化率），通常更关注速率、成本和安全等，而弄清其反应历程和速率方程就可找到调控反应速率的关键，从而在生产中实现“多快好省”。如，工业制 H_2SO_4 的关键反应 $SO_2 + \frac{1}{2}O_2 \rightleftharpoons SO_3$ 并非基元反应，其实际速率方程为 $v = kp(O_2)p^{-1}(SO_2)$，因此增大 SO_2 分压反而会降低正反应速率[10]129，这对实际化工生产显然具有重要指导意义。再如，反应历程研究对链式反应机理的揭示，能使人们更好地认识燃烧、爆炸的机制，从而在工业实际中更科学更安全地控制燃烧和爆炸过程。此外，科学家通过研发新型催化剂而改变反应历程、提高反应选择性、降低能耗的例子更是不胜枚举。

可见，化学反应历程与化工、材料、医药、环境等重大领域密切相关，实用性极强，对这些内容的了解能更好地让学生感受化学“学以致用”的魅力，进一步激发学科兴趣。

三、关于本内容的教学建议

1. 遵循新课标要求，把握好深广度

虽然"化学反应历程"内容具有上述多重教学价值，但绝非将大学相关内容完全下移到高中。新课程标准中相关的内容要求属于简单的"输入性学习要求"（即属于"知道"层次，不做更高学业要求），其教学目的主要是帮助学生建立"化学反应是有历程的"认识视角，从而对化学反应及催化剂、活化能等理解更准确，并不要求掌握某个反应的具体历程和速率方程等深层细节[10]130，本文的有关拓展介绍也主要是为教师教学提供参考。目前，不同高中教材对该内容介绍的程度差异也较大，人教版相对简单，而鲁科版则较为详细[5, 11]。两种教材虽都明确指出了反应历程和基元反应的概念，以及催化剂通过改变反应历程和降低活化能而加快反应，但鲁科版还进一步明确指出活化能概念只对基元反应才有明确意义，并在介绍浓度对反应速率的影响时介绍了速率常数且指出：反应速率与反应物浓度间的定量关系（即速率方程）是实验测定的结果，不能随意根据反应方程式直接写出（除非基元反应）。教材介绍尚有如此大差异，教师在相关教学和命题中就更要把握好分寸，尤其在等级选拔性考试中要发挥好教学导向作用，不能随意拔高难度，从而真正在发挥好本内容特殊教学价值的同时不过多增加教学负担。比如，检测命题时建议可用如下较简单的命题判断形式考查学生是否具备"化学反应有历程"的相关常识。

例题. 下列关于化学反应的认识正确的是（　　）。

A. 通过化学反应方程式可以看出其反应历程

B. 速率快的反应一步完成，慢的反应分多步完成

C. 催化剂因其反应前后质量和化学性质均不变，故不参与反应

D. 反应机理研究有利于对化学反应的精准调控并提高物质合成效率

2. 因材施教，使教学价值再升级

本内容为教师的因材施教留足了空间，一般学生达到课标基本要求即可，但对学有余力的学生，本内容无疑为其进一步系统认识化学动力学开好了头，学生可在课外进一步阅读相关大学教材，有条件的教师则可为学

生开设相关选修课或指导学生到实验室进行一些与反应历程相关的综合探究性实验（如酸与金属反应时 Cl^- 的影响等）。此外，在作业和选拔性考试中，除了可像上述例题那样直接考查相关常识外，还可运用大量真实反应历程问题作为情境载体，进一步培养和考查学生的各种高阶思维能力，比如灵活的信息整合能力（如 2020 年高考全国Ⅰ卷 10 题、Ⅱ卷 11 题及 2021 年全国乙卷 28 题最后一问）、数据分析与证据推理能力（如 2020 年全国Ⅰ卷 28 题最后一问，用已知速率方程作载体考查学生必备知识和辩证思维）、实验探究与创新能力（如 2016 年高考北京卷 27 题第 2 问，以离子方程式书写和实验方案补充等问题巧妙考查了学生对催化剂的认识、实验设计和分析）等。

参考文献

[1] 中华人民共和国教育部. 普通高中化学课程标准(2017 年版 2020 年修订)[M]. 北京:人民教育出版社,2020:31 – 33.

[2] 吴星. 中学化学学科理解——疑难问题解析[M]. 上海:上海教育出版社,2020.

[3] 傅献彩,沈文霞,姚天扬,等. 物理化学(下册)[M]. 5 版. 北京:高等教育出版社,2006.

[4] 邢其毅,裴伟伟,徐瑞秋,等. 基础有机化学(上册)[M]. 3 版. 北京:高等教育出版社,2005:576 – 577.

[5] 王磊. 普通高中教科书・化学选择性必修 1[M]. 济南:山东科学技术出版社,2020:65 – 71.

[6] 严宣申. 化学原理选讲[M]. 北京:北京大学出版社,2012:45.

[7] 北京师范大学无机化学教研室,华中师范大学无机化学教研室,南京师范大学无机化学教研室. 无机化学(上册)[M]. 4 版. 北京:高等教育出版社,2002:284 – 285.

[8] 张礼和. 化学学科进展[M]. 北京:化学工业出版社,2005:212.

[9] 王存宽. 大学科学素养读本——引领现代化学进展的诺贝尔奖[M]. 杭州:浙江大学出版社,2006:291 – 298.

[10] 普通高中化学课程标准修订组. 普通高中化学课程标准(2017 年版 2020 年修订)解读[M]. 北京:高等教育出版社,2020.

[11] 王晶. 普通高中教科书・化学选择性必修 1[M]. 北京:人民教育出版社,2020:25 – 27.

学科魅力

很多有远见卓识的化学家都曾反复强调过学科形象魅力问题之重要。在新课改背景下，化学教师在教学中自觉引导广大学生欣赏化学独特的风格魅力，更是当前化学教学的必然要求。本部分文章全部围绕这一主题展开，有些侧重于刻画学科整体的个性风采，有些则从某些具体化学知识入手彰显学科魅力。

论化学学科的四大魅力

在新高考实行学生自主选课的大背景下，高中教师如何通过彰显学科魅力从而吸引较多优秀学生选择本学科作为其高考科目乃至终生志业，是每位教师需要迫切思考的大问题。然而通过中国知网等检索发现，目前在与化学教育教学有关的重要期刊上专门探讨化学魅力的文章很少，已有的某些文章虽然也在呼吁化学魅力，但往往止于空喊口号或囿于个别教学片段，缺乏对化学魅力全面系统的发掘提炼，这在一定程度上反映出当前部分化学教师对学科魅力的自觉关注和深入思考不足，在一定程度上影响了学生化学学习的积极性。这一严峻现状在已经实行新高考的省份比较突出，尤其是部分省份将在新高考中实行“3+1+2”模式（即除语、数、英必考外，还将物理定为理科生必选科目，然后再任选其余两门），如此一来，化学在高考中的地位就更尴尬了。而事实上，化学是一门极富个性魅力和具有深远影响的基础学科，其未来的长远发展也离不开众多优秀学生的加入。基于此，笔者将从以下四个方面探讨化学学科的多维魅力，与广大同仁交流。

一、化学具有绚丽多姿、变幻无穷的表象魅力

化学物质和性质的缤纷多彩及化学反应的千变万化本身就极富魅力，

尤其是对初学者。比如，红矾、胆矾等晶体的晶莹亮丽，金刚石的超级坚硬及其“同胞兄弟”石墨的柔软润滑，焰色实验的五彩缤纷，铝热反应的激烈壮观，氨气喷泉实验的小巧美丽，向含酚酞的硅酸钠溶液中滴入适量酸刹那间生成粉红凝胶时的奇妙（试管倒置而不流出），等等。光是这些中学课本中常见的物质和演示实验就足以让学生对化学的表象魅力略窥一二，更不用说像“滴水生火、魔棒点灯、空杯生烟、喷雾作画”等带有魔术性质的趣味实验，以及石墨烯、C_{60}等明星物质那精巧、对称、美丽的微观结构对学生的吸引力了。化学五光十色、变幻无穷的表象之美，让学科充满了直接的视觉魅力。值得一提的是，近年来中国科技大学梁琰老师团队充分利用现代可视化技术精心制作的数字科普项目《美丽化学》，更是将化学的这种表象魅力推向了极致，对部分学生和公众欣赏、热爱化学也起到了一定的积极作用。

表象魅力是化学魅力最简单、最直接的一个层次（因而也最为人熟知），对激发化学初学者的兴趣至关重要，因而教师在教学（尤其是实验教学）中一定要精心设计将其充分展现出来。

二、化学在人类发展进步中具有无可替代的实用魅力

在众多学科中，化学的实用性一直十分突出。我国著名化学家徐光宪院士曾言，若没有现代化学化工技术，世界粮食产量可能减半，而人类的平均寿命也将缩短20多年[1]。这绝非危言耸听。

1. 化学已在材料、医药、资源、环境等领域发挥无可替代的作用

化学家用一张简洁小巧的元素周期表涵盖了整个物质世界的基元组成（这是化学家对人类文明最伟大的贡献之一），由表中的一百多种元素所组成的近亿种化学物质及其转化，奠定了人类生存发展的坚实基础。若无高纯硅的冶炼与提纯技术，再厉害的科学家也难以发展出现有的信息技术和人工智能；若无各种轻质、耐磨、耐高温、抗腐蚀材料及高效燃料的开发，再高明的科学家也无法将飞船和卫星送上太空；若无各种高效、低副作用、低成本的化学合成药物，我们也许永远难以摆脱疾病和伤痛的威胁；若无煤、石油、燃气等能源的大型化工炼制和净化技术，我们今天就

不可能如此便捷地获取温暖、光明和动力；若无发达的有机合成染料，现在就不会有这么多五颜六色的漂亮衣物和装饰，整个世界或许都会因颜料匮乏而黯然失色……从燃烧反应到氨的合成，从不锈钢到高分子，每个化学反应和化学物质都在直接或间接地影响我们的生活，这就是化学学科最实在的魅力。相比于近现代物理越来越远离人们的经验生活和“有理无物”的现象[2]，化学则永远言之有物，永远“食人间烟火”，始终与人们的衣食住行和健康紧密相伴。

2. 化学学科的巨大创造力将为人类未来生活的进一步改善提供无限可能

1900 年在 Chemical Abstracts（CA）上登录的从天然产物中分离出来的和人工合成的已知化合物只有 55 万种，到 1999 年已达 2 000 多万种[1]，而现在已近亿种（大部分为人工合成）。这使人们逐渐认识到：自然界能够直接提供的物质和反应相比于实验室里那始终处于不断创造中的、难以穷尽的化学世界而言只不过是沧海一粟。据估计，化学世界里目前已知的所有天然及合成的分子总数还不到它所有可能数目的 1%，化学物种可能拥有的结构和性能几乎是难以穷尽的[3]，化学几乎能永无止境地创造新物质，这在很大程度上使我们对化学的未来和世界的未来抱有巨大的好奇心。因为历史上，从青铜时代到铁器时代，再到高分子和硅器时代，每一次新物质、新材料的发明或发现（如 O_2 的发现）都曾极大地改变着人类生活。也正是从这个角度讲，化学始终蕴含着无限创造的机会，有时化学家不经意造出的一个物质可能就会改变世界。化学在未来将继续为人类创造无限可能。

三、化学在探索宏观世界与微观世界内在联系和统一性方面具有非凡魅力

近代以来，化学一直以“原子分子论”为基石，致力于探索宏观世界与微观世界的内在联系和统一性，并由此产生了大量交叉学科，也正是在这个角度上看，化学属于中心科学[1]。虽然物理、生物等学科也涉及原子分子，但诚如著名物理学家理查德 · 费曼所言，原子学说在很大程度上是由化学家提出并实验证实的[4]21。而且，没有任何其他学科能像化学

那样系统而详尽地描述那么多分子、原子、离子的结构、性质、变化、制备与应用。

1.“原子分子论”解释了宏观世界与微观世界的内在联系和统一性

细细想来，生活中几乎所有的宏观现象和变化都与“原子分子论”密切相关。如，为何常温常压下物质会呈现固、液、气等不同状态？因为一定条件下物质的聚集状态主要由其构成微粒及其相互作用决定，比如常温常压下呈气态或液态的物质往往是由小分子构成（其分子间作用力较弱导致熔沸点较低）。又以“能量”这一科学大主题为例，科学家已从原子分子等层面深刻揭示了众多能量变化的微观本质，比如从化学键断裂与生成角度解释化学反应中的能量变化，从电极上电子的得失转移解释化学能与电能的相互转化，从分子原子中电子的能级跃迁解释光的释放和吸收，从大量分子原子的无规则热运动解释热能及其传递的本质。再如，对于最让人不可思议的生命，现代科学也早已认为所有复杂生物体都是由简单的原子分子构成并逐步演化，生命体内不计其数的生化反应（包括酶催化和分子识别等）机制无不基于原子分子的特定结构与性能（如手性、氢键或疏水作用等）。

总之，从物质状态到质量守恒，从导热导电到燃烧溶解，从温度压强到硬度熔点，从头疼脑热到心理情绪，从生物的新陈代谢与繁衍到宇宙深处星球的发光（通常是原子在进行核反应），似乎没有哪个领域不和“原子分子论”密切相联。地球、星星、生物与非生物皆由同样的原子构成，这是一个多么奇妙而深刻的事实！难怪科学家理查德·费曼曾言：“假如由于某种大灾难，所有的科学知识都丢失了，只有一句话传给下一代，我相信这句话是原子的假设（或者说原子的事实）。”[4]2

2.“原子分子论”是化学家洞察物质世界的“法眼”

正如新一轮高中课程标准已把“宏观辨识与微观探析”作为化学学科的第一条核心素养而明确提出，“宏观现象—微观本质—符号表征”的确早已成了化学工作者分析问题特有的思路和范式，没有哪个领域的人能像化学工作者那样，几乎把“原子分子”作为口头禅。对熟谙化学的人而言，基于原子分子论的微观视角是其洞察物质世界的真正“法眼”，其心智可自由地驰骋于宏观与微观之间，并通过对宏观世界与微观世界内在联系与统一性的洞察、想象和推理，真正把物质世界的万千变幻看得更深刻、更有趣。化学家用原子分子进行科学精密地组装、搭建、修饰、复制、创造和解释的过程，其工作的挑战性、艺术性和乐趣丝毫不逊于高明的画家用普通的颜料水墨描绘出传世佳作或杰出的音乐家用简单的几个节拍音符谱写出千古绝唱。这或许是化学更深层次的魅力和乐趣所在吧！

四、化学在哲学文化层面展示独特魅力

化学学科蕴含丰富的哲学思想与文化。如，关于唯物论（客观世界基于元素、原子、分子等实在之物）、量变与质变（如化学反应本身）、对立与统一（如酸碱、氧化还原、可逆反应、沉淀与溶解等）、现象与本质等哲学论题，化学都提供了大量极富启示性的素材，这些具体生动的素材能潜移默化地提升我们的物质观和变化观，甚至改善我们的世界观和人生观。其实，在化学蕴含的众多哲学思想与启示中，笔者最欣赏的正是“化学”这一“化”字所蕴含的深刻而简洁的启示。

1. 化学学科对事物“变化、转化、造化”规律的启示

化学，顾名思义，探寻物质（也包括能量）变化、转化、造化规律的学问（如催化、氧化、活化、钝化、酯化、裂化、老化等千变万化的具体机制）。化学是一门最懂得世间万物变化循环之道的学科，它不仅在促进人类生存发展方面尽显其“变化、转化、造化”之能事，还深刻地启示我们:

（1）千变万化的现象背后往往隐藏着某些关键的不变量（或守恒量），如化学反应中的原子守恒和能量守恒、氧化还原反应中的电子守恒等，这使我们对事物变化维度的认识更为深刻和全面，习得“持经达变”的智慧。

（2）事物的变化转化都是有条件的，控制条件可以控制趋势和结果，正如化学反应中的条件控制对反应的方向、速率、限度和选择性等起着关键作用。其中，“催化”这一表示化学反应条件的专业术语，如今早已广泛用于日常生活并给人以智慧启发。

（3）化学为“化繁为简、化害为利、化腐朽为神奇”等众多代表智慧

的词句做出了深刻而生动的注释（其精妙都在一个“化”字）。如，化学家把大千物质世界的基元构成化解还原为元素周期表中的百十种元素，并认为宏观物质（包括高级生命）的众多行为现象都可从这些元素形成的不同微粒的行为进行解释，从元素到分子再到生命万象，化学家最终解释了连哲学家都难以回答的一个谜——宇宙的本源与演化，这是何等境界地化繁为简。又如，化学工作者将 Cl_2、SO_2 等有毒之物限量用于消毒、漂白或防腐，将回收的垃圾和废料通过反应处理再次转化为资源与产品，这是何等巧妙地化害为利。再如，化学家用空气造氮肥，把煤和石油转化为塑料和衣物，将矿石转化为玻璃和金属等，这又是何等智慧地化腐朽为神奇！

2. 化学之“化”对人生亦有丰富启示

化学的学习思考，往往使人更易体察万物“变化不息、循环往复”的本质，也更易使人觉悟和理解人生“福祸相依、跌宕起伏”的真相和常态，因而促使我们在生活中学会居安思危、谦卑谨慎并善于“化危机为转机”，从而在处变不惊和自我超越中使人生渐至“化境”（自我实现），这或许是化学之“化”更高层次的哲学启示吧。若教师在平常教学中能利用恰当的素材情境，让学生渐渐领悟一点化学知识背后的哲学思想与生命启悟，从而达到“超越化学教化学”的境界[5]，难道不比让其多记几个反应或多刷几道习题更有意义吗？任何学科的教育教学，其出发点一旦远离了对每个鲜活生命的关照与启悟，必将丧失活力甚至误入歧途。

综上，笔者认为化学学科具有四大突出魅力，即五彩缤纷、变幻无穷的表象魅力，无可替代、无处不在的实用魅力，以“原子分子论”为基石探索宏观世界与微观世界内在联系与统一性的学科思维魅力，以及学科所蕴含的独特哲学与文化魅力。最后还值得一提的是，不少人喜欢拿化学和物理比较并常有一种普遍误解：以为化学学科由于主要集中在原子分子层面研究，所以其领地狭小，不如物理学世界那样广阔（大到宇宙星系小到基本粒子），这实在是一种表面肤浅的认识！其实，化学世界的广博足以令人神往，这一点连一些卓越的物理学家都会赞叹[6]，单说对元素周期表中近千种原子（包括同位素）各种可能性的结合组装及构性研究，可能都够几代化学家穷其毕生之力了吧？甚至仅仅是其中关于碳元素的化学（主要是有机化学，其次是石墨烯、足球烯、碳纳米管等前沿的碳同素异形体大家族），其领地也广阔无比、别有洞天，而且正是它们（各类泛分子）构成了生命和我们能真切感知的、日常生活的大千世界，也正是从这个角度看，化学仍是一门朝阳科学而且永远不会过时。

当然，化学的魅力还远不止这些。对学科魅力的充分发掘、展示是激发学生化学兴趣的关键途径，尤其是在新高考背景下，教师应努力使学生在刚入学时从对众多科目的比较学习中，多角度、多层次地深刻领略化学魅力，进而热爱化学、选择化学，甚至将来推动学科的进步。当然，如何在具体的每一节课中潜移默化地渗透和展示化学魅力，仍需每个人结合本校实际和个人特点深入探索实践。希望化学的明天更美好！

参考文献

[1] 徐光宪. 今日化学何去何从[J]. 大学化学,2003(1):1－6.

[2] 周公度. 结构和物性——化学原理的应用[M]. 3 版. 北京:高等教育出版社,2009:1－2.

[3] 宋心琦. 化学家想知道什么——什么是化学学科的大问题[J]. 化学教学,2009(3):1－4.

[4] 理查德·费曼. 费曼物理学讲义(第 1 卷)[M]. 本书翻译组,译. 上海:上海科学技术出版社,1983.

[5] 唐隆健. 超越化学教化学——兼论化学教师的阅读视野[J]. 中学化学教学参考,2017(7):1－3.

[6] 弗兰克·维尔切克. 美丽之问——宇宙万物的大设计[M]. 兰梅,译. 长沙:湖南科学技术出版社,2018:219.

让化学教学散发别样的智慧与魅力

化学本是一门妙趣横生、充满智慧、魅力十足的学问，但我们的化学课堂教学因为种种原因常常缺少一种特别的情怀与味道，使化学在不少学生心中多半是一副冷冰冰且古板的模样，这严重制约了学生学习化学的热情和效果。本文尝试对化学的魅力做一个多角度的发掘，希望能引起更多同行的关注与思考。

一、化学学科本身的魅力

化学是一门关于泛分子（包括一般分子、离子、自由基、高分子、超分子、晶体、纳米材料等）的科学[1]，研究泛分子的组成、结构、性质、用途及制法。也正是从这个角度讲，化学既是中心科学也是通用科学。

从元素到物质再到生命万象，化学解释了连哲学家都一直无法说清楚的一个问题，即宇宙的本源。化学用一张比手掌大不了多少的元素周期表囊括了整个物质世界的组成，由表中的百来种元素组成的数千万化学物种是我们发展所依赖的物质宝库；通过化学反应，不但可以实现世间已有物质间的转化与循环，而且可以像“上帝”那样创造出世间从未有过的新物质；这些充满个性的物质和多姿多彩的反应，为人类的发展提供了坚实的物质基础。

当我们知道自然界能够直接提供的物质和反应相比于实验室里奇妙而难以穷尽的化学世界而言只不过是沧海一粟时，化学的魅力就再明显不过了。据估计，目前已知化学世界的分子总数还不到它所有可能数目的1%，即分子所能具有的结构和性能几乎是难以穷尽的，这足以让我们对未来的世界充满巨大好奇。

因此，化学中蕴含着无限创造的机会，如同莎士比亚、贝多芬和牛顿等人至高无上的创造力一样，化学家冷不丁造出一个东西可能就改变了世界，如曾经的合成氨、高分子、硅晶体等。下一个改变世界面貌的分子会是什么，我们拭目以待。

二、化学核心观念的智慧与魅力

化学中蕴含着许多独特而智慧的思想观念，它们成为化学学科前进的基石和人类文化精华的一部分。化学通过丰富的内容塑造我们的物质观、变化观进而改造我们的世界观。化学中的物质观包括：元素观、微粒观、构性观、转化观、守恒观等；化学中的变化观主要有：化学反应是质变的典范，是微观变化的典范，是物质与能量变化合一的典范，同时化学还详尽地揭示了一种特殊而普遍的变化状态——动态平衡。下面详细介绍这几种核心观念蕴含的智慧与魅力。

1. 元素观与微粒观

所谓元素，即基元、要素、根本者也，这一概念本身即散发着一种化繁为简、追根究底、把握根本的大智慧，因而这一概念的使用范围也早已超出化学学科本身。化学家将浩瀚无垠的物质世界的本源浓缩于周期表中的百十种元素中，而由这些有限元素组成的不计其数的微粒（原子、分子、离子等）则构成了化学学科的主要研究对象，这又使得学习和研究化学的人往往具备一种特别的微粒观（或称微观视角）和想象力，他们善于将事物外显的宏观性质现象与其隐蔽的微观变化机理相联系，而达常人所不及。还值得一提的是，我们在分析微观世界变化时所形成的“量子思维”（离域、或然、概率的、变幻的、主客一体的）有利于我们超越自牛顿以来形成的绝对化、机械化的思维模式[2]117-123，而孕育出更健全的思维与智慧。

2. 结构决定性能(构性观)

这是化学最核心的观念之一。木炭、钻石因碳原子连接差异彼此贵贱分明；氯气和食盐都含氯，而一个电子之差使前者有剧毒而后者每天被人食用；曾经一种名为“反应停”的药物，因其存在常人难以觉察的手性异构而使其中一种能预防妊娠反应而另一种则致胎儿畸形。结构决定性能，从分子、细胞、生命体到企业单位都是如此，正如化学家钱旭红教授所言：“一些单位庞大的组织内耗的存在，正是由于基本逻辑与顶层设计的缺乏而带来的结构混乱与功能随意。”[2]84-85

3. 动态平衡与限度观

“动态平衡原理”包容博大，与之相关的学科领域众多，如物理中的受力平衡、经济中的供需平衡、生物上的生态平衡、政治中的权利平衡等均有丰富内涵，但真正把动态平衡这一观念所蕴含的智慧诠释得最细腻的是化学。化学中动态平衡原理不仅在定性层面广泛用于分析一般化学平衡、电离平衡、水解平衡、沉淀溶解平衡等诸多化学过程，还借助平衡常数将平衡问题的分析上升到精确定量的层面。动态平衡之所以伟大普遍，也许是因为事物在该状态时既能保持一定稳定性又不失活力，当然有时也需采取措施打破原平衡，这样才能建立新平衡从而实现进步和超越。另外，正因为很多物理化学过程最终会达到动态平衡，所以要受制于该条件下其无法超越的“限度”，自然界如此，生活中亦然，正所谓“人有寿、物有边、事有度”，万物皆有局限。

4. 转化观与守恒观

砂石变芯片、石油变塑料、空气变面包，这是化学学科“变废为宝、点石成金、无中生有”的物质转化与创造魅力。化学之“化”，即取变化、转化、造化之意，化学变化是物质世界最基本的变化形式之一，也是哲学中“质变”的典范。另一方面，化学反应千变万化的现象背后又隐藏着不变的东西（如原子守恒、电荷守恒、能量守恒等），这种对世界“变中有定”的感悟和守恒观的建立也是我们观察事物的一种重要角度和智慧。

三、化学教学语言的智慧与魅力

生动智慧的教学语言对教学效果的影响显而易见。化学家钱旭红教授曾在书中用“就像炒大锅菜时受传热传质限制而没有炒小锅菜的美味一样”来解释化学制备在工业上的“放大”不能只按比例简单放大的语句至今令人难忘。

在化学教学的语言魅力方面，笔者很佩服上海浦东教育发展研究院的郑胤飞老师。为了强调醋酸等弱酸弱碱能通过电离平衡移动不断释放氢离子（或氢氧根），他说“醋酸有张银行卡，而盐酸只有包里那些现金”，并进一步解释说“醋酸银行卡的密码是‘平衡移动’”；而在介绍物质溶解性时，他则调侃道：“硫难溶于水而易溶于二硫化碳，为什么？对硫来讲，水和二硫化碳谁是亲戚？”“羟基亲水，苯酚为何只微溶于水，因为身上挂了个大大的救生圈，所以常温只能微溶于水了。”[3]学生听到这样的语言自然会心一笑。下面再列举一些笔者曾在教学中用过并且达到良好教学效果的语言。

例如，学习元素化合物时，为了让学生学会欣赏化学物质及其性质的丰富多彩，我给学生说：“各式各样的分子、离子就像形形色色的人，都有自己的个性和命运，如氢氧化铝是个见机行事的两面派，氢氟酸则是二氧化硅的克星。而物尽其用，也正是基于物质丰富多彩的个性。”

在讲完熵增原理后，我补充说：“看来让我们的生活有序需要付出努力，任其自由只会陷入混乱。”

介绍化学反应的活化能时则说：“活化能很妙，它是自然界为化学反应设的一道开关（能量门槛），正是‘活化能’这个开关让我们有了控制和利用化学反应的可能，如燃料的燃烧利用。”“活化能就像学校的录取分数线，而催化剂相当于降低录取分数线。”

在介绍合成氨时，我说：“合成氨的原料基本来自空气、煤和水，成本很低，但它给世界农业发展带来了福音，因而赞扬哈伯的人说‘他是用空气制造面包的圣人’。”“当时氨的发明既填满了德国的粮仓又填满了他们的弹药库，既解决了人们的饥饿问题又催生了德国发动世界大战。科技是把双刃剑，同时增强了人们为善和为恶的能力。”学生听完，陷入沉思。

又如，“烃的燃烧反应在我们看来平淡无奇，但这也许是对人类最重要的一类放热反应，该反应自人类钻木取火以来就一直为我们提供着温暖、光明与动力。”“一个普通塑料盒，生产它可能只需几分钟，而大自然要完全降解它却大约要几千年，在这里我们既看到了‘白色污染’的可怕，也看到了‘化学合成’的强大威力。”“原子最外层电子越多往往更易得电子，正如富人更容易挣钱，这在圣经中叫‘马太效应’。”

在这些教学语言的背后，都传达着一份化学教师特有的情怀与思索。

四、化学与人生体验、哲理相融合的智慧与魅力

细细想来，生活也好，教育也罢，都与化学反应有颇多相似之处。比如，我们做教育其实就像进行化学反应，教师用心创造和控制条件，生成的则是学生的知识、智慧和人品。如果教学中能适度巧妙地把化学的一些独特知识、观念与人生体验两个领域打通，这对学生将是一种特别的体验与收获，下面再就这方面举些例子。

1. 人生就像化学反应，时光是它最珍贵的反应物，在梦想、兴趣、努力和意志的催化下，它最重要的产物是幸福与自我实现；人生就像化学反应，虽有多种可能性和路线设计，但我们一定要尊重客观规律并去生成那些最有价值的东西，而且前进的每一步都要预先估算一下可行性（自发

性），做到心里有数，还要速率和平衡两者兼顾；有时难以前行并非此路不通，可能是需要加热、加压或催化剂，即改变一下条件和方式；有时多走几步绕个弯或许比一步完成更好；无论表面上怎样千变万化或大起大落，背后总是有因有果、有规可循，而且有些东西我们始终无法改变（守恒、限度）……

2. 化学中的“顺反异构、手性异构”现象易使人想到“很多表面相似的事物往往具有不为常人觉察的重要差别”，并彰显 “细节决定成败”的道理；“官能团”的学习则强化“做事要抓主要矛盾，找准突破口”的人生智慧；氟与氖、氧气与臭氧等物质的组成性质对比使我们更深刻地体会“量变引起质变”的哲学思想；氢氧化铝、甲酸等物质的性质则使我们想到“横看成岭侧成峰”的古诗警句；而氧气、多巴胺、碳酸锂（能治抑郁症）等物质的性质与应用又使我们感悟到“原来神奇的思想和飘渺的心情都受着实实在在的物质的控制（更确信唯物主义世界观）”……

当然这种化学与人生哲思的融合不可牵强附会，而要自然而然，否则只会适得其反。

五、结语

从光合作用到燃烧，从合成氨到塑料，每一种化学物质、每一个化学反应都在直接或间接地影响着我们的生活，这就是化学实实在在的魅力。每一门学科，除了它的具体知识外，都蕴含着其独特的智慧与魅力，而发现和感悟这些学科文化与智慧魅力不仅能增进教学兴趣，更有利于培养学生独特的学科视角、深刻的思维方式和旺盛的创造热情，这将是学生在若干年后忘记具体知识后头脑中会“剩下的东西”，也是我们教学的真正价值所在。

参考文献

[1] 张礼和. 化学学科进展[M]. 北京:化学工业出版社,2005:12 – 14.

[2] 钱旭红. 改变思维[M]. 上海:上海文艺出版社,2012.

[3] 郑胤飞. 文化有根　课堂有魂:郑胤飞化学教学设计集[M]. 上海:上海教育出版社,2013:1 – 3.

关于化学学科形象魅力的再思考

探大化之境，悟变化之学。 化学，本是一门“顶天立地”的经典基础科学，“顶天”指其具有以物理化学和结构化学为代表的高深理论，“立地”指其研究内容非常实用接地气，与衣食住行和社会发展紧密关联。 然而，早在十几年前，一些具有远见卓识的化学家就开始忧虑化学的学科形象与未来的发展前景问题[1]。 如今新高考实施后一些省份出现学生弃学化学的情况，更有越来越多有识之士开始关注化学学科的独特地位和发展前景。 在这一特殊背景下，化学教师自然应当揭示关注学科魅力、树立学科形象、反思改进教学，更好地向学生与公众传递化学正能量，为我国化学化工的可持续健康发展留住人才、培养人才。 为彰显化学学科和化学教学的独特魅力，增进化学学科理解，笔者曾先后发表过《让化学教学散发别样的智慧与魅力》[2]《论化学学科的四大魅力》[3]等文章，并获得一些同行欣赏。 本文是上述文章的姊妹篇，以期在新高考背景下让师生及公众更好地理解和欣赏化学。

一、欣赏化学学科的独特地位与个性魅力

化学是一门极具个性魅力的基础科学，在众多自然科学中可谓承上启下，即上承物理下联生物、医药、材料等，故早有“中心科学”之美誉；它以研究大千物质的构性关系及其精准合成与分析为己任（尤其是创造新物质），为整个科技发展和社会进步奠定了坚实广阔的物质基础，并将这个时代最重要的“创新创造”精神展示到了极致（化学反应一上来就是质变、“无中生有”和生成新物质）；它专注于研究原子、分子“合与分”的精湛艺术，以元素周期表为根据地在泛分子领域精耕细作、成效卓著，将“专精”之品质体现得淋漓尽致，并支撑着现代科技的众多前沿（如基

因编辑、分子机器、纳米技术等）；它始终以其无可替代的本领致力于改善人们的生活环境，比如生活污水和汽车尾气的净化（这些问题本来不是化学造成的，却都要靠化学来解决）；它属于高起点、高门槛的学问，入门学习就要求理解“原子、元素、质变、守恒”等极富哲学色彩的抽象概念，因而对学生思维水平的要求和训练度很高，这也是化学在中小学所有科目中几乎是学得最晚（通常初三才正式学）的重要原因。

因此，无论从国家社会的进步层面看，还是从学生思维心智的发展角度说，化学学科都具有无可替代的地位和价值。

二、正确认识化学化工行业的安全风险问题

虽然很多人也觉得化学有意思很实用，但在考虑将其作为未来职业时，却对其安全风险问题存在过度夸大和过分担心的倾向。因为长期以来，媒体对化学化工中的安全事故及时而频繁地报道（如2015年清华大学化学实验室爆炸事故，2019年江苏盐城特大化工爆炸等），有时甚至不当解读，教师在教学中很多时候无暇或无意对此进行及时正面引导，最终导致有些人一提起化学就联想到有毒、爆炸、污染等负面场景，这种由对化学风险过度反应而带来的偏见是一些人不喜欢化学的根源。

1. 并非只有化学化工涉及安全风险问题

事实上，任何科学技术背后都可能潜藏风险，风险本是科学技术的内在属性之一[4]。如，物理学中核与电的研究风险（电学研究初期曾有人为捕捉天空中的雷电而丧命）、生物学中克隆技术的伦理风险、医学中的传染病研究及自体实验风险（如对新冠肺炎的临床研究）等。因此，并非只有化学化工涉及安全风险问题，其实，生活中处处都潜藏着各种风险危机。每年因交通事故、自然灾难、溺水火灾、传染病等伤亡的人不计其数，以至于有社会学家称现代社会为“风险社会”，但只要我们正确对待、科学应对，许多风险是可以规避的。风险（包括科技风险）的普遍存在恰恰反映了人类认知的局限、人的渺小脆弱和科技文明发展的不足。

2. 辩证理性地认识化学化工中的安全风险问题

化学物质及其变化是自然界客观真实的一部分，即使没有化学学科和

化工企业，煤气中毒、瓦斯爆炸、火灾以及因食物制作或保存不当产生的苯并芘和黄曲霉素等风险仍会发生甚至更严重，反而是化学给了我们一双敏锐的慧眼，让我们能从微观层面理解和洞察这些隐蔽的危险，并给出解决方案。

尽管科技为人类带来了困惑与弊端，但总的来说利大于弊，毕竟谁愿意放弃现有的科技文明而重回若干年前那种吃不饱、穿不暖、行不远的生活呢？ 因此，在自然科学教学中应当多引导学生辩证理性地认识科学的价值，防止走极端（迷信或敌视）。 如，前几年关于我国 PX（对二甲苯）项目的选址问题曾引起多地居民反对，因为之前该项目曾多次出现事故。但事实上，PX 作为一种易燃低毒物质，在规范生产条件下对环境影响本身很小，很多发达国家的 PX 项目也从未发生过重大事故。 此时就需要通过正确的宣传教育，不仅让公众理解 PX 项目的重大意义——生产聚对苯二甲酸乙二醇酯（PET）的重要原料（衣服、饮料瓶等日用品都离不开），更要使公众理解其安全生产的可控可行（这是国外敢在距居民区几百米建该厂的原因）。 如要求生产商定期对生产设备和消防设施严格检查、员工定期安全培训、环境监测部门严格监督等，最终使公众明白：化工事故的发生往往在于安全措施不到位、相关人员麻痹大意和管理督查不力，而非化学本身的错。

三、正确认识化学在生态环境问题中扮演的角色

一直以来，化学化工与环境问题的关系是一个敏感话题，其中的误会也非常多，这些误会若不澄清，公众对化学的欣赏和认可就会大打折扣。

1. 化学化工并非环境污染的元凶

环境污染，按污染物来源可分为人为污染与天然污染，前者如燃料燃烧、工农业生产和交通运输中尾气的排放等，天然污染指自然界中某些自然现象产生有害物质而造成的污染（如火山喷发带来 SO_2、森林火灾产生 CO、氡的天然放射性污染、沙尘暴等）[5]。 因此，那种认为“化学化工是环境污染元凶”的看法显然不恰当。 其一，即使没有化学化工，人类照样会使用大量煤炭（这是整个工业发展的必然结果）且不会脱硫脱硝，照

样会产生生活污水和工业三废（如火力发电），照样会有火山喷发、酸雨、雾霾和温室效应等现象；其二，如果所有化工生产都严格按绿色化学标准执行（有害物零排放、原子利用率百分百），是不会增加环境负担的，这也是未来化工发展的必然追求（国家近年已开始大力整顿不合绿色化学标准的企业）；其三，人类当前环境问题的解决离不开化学的智慧。

2. 化学在环境问题中的积极作为与特殊贡献

酸雨（主要由 SO_2 和氮氧化物生成 H_2SO_4、HNO_3 引起）对建筑、农田、植被、水域的危害已广为人知，但由于其形成机制涉及众多化学物质和反应，一些有偏见者想当然地将酸雨归罪于化学（依这种逻辑，人生病当归罪于生命科学，被电击当归罪于物理学）。事实上，酸雨的产生是人类工业文明快速发展的必然代价之一（使用更多的化石能源、产生更多的汽车尾气等造成），而且某种程度上恰恰反映出人们对化学的重视不足，因为对酸雨问题的防治正是依靠化学智慧——化石燃料的脱硫脱硝、煤的气化液化、烟道气净化、汽车尾气的催化转化、开发燃料电池等清洁能源等。

温室效应是地面放出的红外辐射被大气中的 CO_2 等物质吸收而使大气变暖的效应。CO_2、H_2O、CH_4、O_3 等均有温室效应（基于极性键振动时吸收能量能级跃迁），其中 CO_2 的影响约占 80% 以上。其实，正常适度的温室效应对人类是有利的（否则地表温度会大幅下降，人类难以生存），通常所谓的温室效应是指“增强的温室效应”（会导致海平面上升、气候反常等）[6]181－182。其实，负面的温室效应并不是化学带来的，主要是源于化石燃料的过度使用、火山爆发等导致 CO_2 排放增多，以及植被和地表水的减少使 CO_2 吸收量减少。然而，化学却在缓解温室效应方面默默地发挥着自己的独特智慧，比如近年来快速发展的 CO_2 捕集（从工厂废气和大气中获取 CO_2）及其资源化技术。目前 CO_2 的资源化研究主要集中在将其转化为 CH_4、CH_3OH 等低碳燃料，以及合成汽油和可降解塑料等，不过在这些转化中 CO_2 的活化问题（该分子很稳定）仍是留给化学的一大挑战，往往需要研发高效廉价的催化剂，比如在特殊纳米镍催化下加热时 H_2 可将 CO_2 还原为 CH_4 [7]21－25。

再说白色污染，其产生虽与化学的高分子合成有关，但却仍须辩证长远地认识这一问题。其一，聚乙烯等塑料（尽管难降解）的合成利大于弊（使生活更方便、材料更多元），很难想象现代社会能离开这些高分子；其二，随着人们垃圾分类回收意识的增强和可降解塑料合成技术的不断成熟，白色污染问题将得到控制甚至消除，当然这仍离不开化学的智慧。首先，要加强低成本、高性能、可降解塑料的研发，如合成时通过添加光敏剂、生物降解剂或淀粉等使塑料稳定性适度下降，从而能在自然界自行降解（如聚乳酸塑料）；二是加强废弃塑料的资源化研究，如通过化学分解将废弃塑料转化为单体或小分子化工原料，某些塑料（如聚乙烯）还可以催化裂解转化为汽油等燃料[6]173。

所以，在教学中要引导学生追根溯源地看待化学与环境的关系，培养其独立思考能力，不人云亦云，这对当前塑造化学的良好形象极为必要。

四、关注化学对人类精神文明的独特贡献

目前，人们在讨论化学学科贡献时往往易看到其显性的、对物质文明（如衣食住行、医药健康、国防安全等）的贡献，却易低估甚至无视其隐性的、对人类精神文明（人类在实践中所创造的思想、道德、教育、科学、文化等的总括）的特殊贡献。事实上，化学对精神文明有着独特的意义。

1. 自然科学本身就是人类精神文明的重要组成

化学等科学有力地凝练了人类对自然客观世界的认识和经验（如，“鬼火是磷火”的化学认知能驱除人对黑夜的恐惧），并有力地影响着人们的世界观（如对时空和物质的深刻认识）、人生观（如对生命来龙去脉的深入了解）和价值观（如追求崇真尚美、怀疑批判、开拓创新的科学精神），因而是人类精神文明的精华之一。然而，很多时候人们却把对科学的理解过于器物化和工具化了，甚至将其与技术混为一谈。

2. 化学对人类精神文明有着无可替代的独特贡献

长期以来人类的思想文化交流主要靠纸质书籍，而纸的制作涉及大量化学知识——酸碱蒸煮降解木质素和树脂、进一步氧化除去木质素、漂

白、加入色素和填料等，化学还为提高现代纸张的寿命提供了很多保障，如采用脱酸技术处理纸张、利用高聚物薄膜形成保护层等（否则纸在使用中常因纤维素降解而变质易碎），这对重要图书文献的保存极为重要[7]176-180。如今，虽然计算机传递、保存信息更为便捷，但很多严肃思想和经典文化仍然靠纸质媒介传播（如教材和学术著作等）。再如文物的修复与保护（它为人类精神文明的源远流传提供了更多可能），其中也需大量化学知识。比如，对于年代久远而变黑的名贵油画，常用双氧水修复，因古油画的白色颜料常用 $PbCO_3$，它会与空气中少量的 H_2S 慢慢反应变为黑色 PbS，双氧水可将 PbS 氧化为白色且较稳定的 $PbSO_4$，从而使油画恢复昔日美颜。据笔者所知，学分析化学出身的陕西师范大学李玉虎教授在这方面就做得很好，他正是用自己的专业知识为人类精神文明传承做着独特贡献。

此外，化学还直接通过其特有的观念视角和研究范式来提升人类的智慧和文化。比如，化学新课标提出的“宏观辨识与微观探析、变化观念与平衡思想、证据推理与模型认知”等核心素养强调的其实就是一种独特而重要的化学学科文化积淀，这些素养积淀不仅对化学学习和研究非常重要，而且对人们洞察世界和分析世事都极有助益。又如，氧化还原的内容生动诠释了“对立统一”的思想，从稀硫酸到浓硫酸性质的飞跃则深刻展示了“量变与质变”的哲学思想，而催化剂“四两拨千斤”和“照亮别人但并不燃烧自己”的巧妙、化学反应自发性的复合判据（复合动机）等也都能给人类带来丰富的智慧启示。

五、结语

优秀的学科教师，一定对他所教授的科目充满内在的热爱。化学是一门极具个性魅力的自然科学，无论从国家社会的进步层面看，还是从学生思维心智的发展角度说，其在中学阶段的地位都不应被削弱。当然，这仍需每一位化学同仁的共同努力。在日常教学中，要自觉彰显学科的魅力和智慧；对于涉及化学化工中的安全风险及其与环境关系等问题时，要多从正面引导学生辩证全面、客观中肯地看待化学；在展示和欣赏化学的贡献时，除关注其在材料、能源、环境、生命健康和信息技术等物质层面的重要作用外，还应彰显其对人类精神文明发展和思维观念提升所具有的独特价值。

参考文献

[1] 徐光宪.今日化学何去何从[J].大学化学,2003(1):1-6.

[2] 唐隆健.让化学教学散发别样的智慧与魅力[J].中学化学教学参考,2017(5):9-11.

[3] 唐隆健.论化学学科的四大魅力[J].中学化学教学参考,2019(7):6-8.

[4] 赵万里.科学技术与社会风险[J].科学技术与辩证法,1998(3):50-55.

[5] 刘培桐.环境学概论[M].2版.北京:高等教育出版社,1995:17-18.

[6] 王云生.化学世界漫步[M].北京:化学工业出版社,2016.

[7] 王云生.化学热点漫话[M].北京:化学工业出版社,2018.

多维度深层理解并欣赏科学中的公式方程

——以化学竞赛中几个经典公式方程为例

一、问题的提出

若没有对经典公式和方程的深层理解与欣赏，甚至对其一味敬而远之，科学之路是走不远的。公式方程是理科的特征标识之一，很多重要科学结论和规律最终便浓缩在一个个简洁美妙的公式方程中（如牛顿运动定律、麦克斯韦方程组、吉布斯-亥姆霍兹方程等）。科学公式是在理论模型基础上把有关要素及其影响权重等系统量化，并恰当借用“数学”这一巧妙伟大的语言表达出来，因而往往形式简洁优美而内涵丰富深刻。科学是一个不断深入学习的过程，过来人常有体会：随着不断学习思索以及经验视野的扩增，我们对一些科学公式才往往逐渐领悟或顿悟其精要（以前可能令人望而生畏），就像我们成年后才逐渐真正理解儿时背过的某些古诗一样。这种深层领悟或顿悟的感觉非常美妙。事实上，那些重要的科学概念、模型和公式的形成，往往本身就经历了一个早期孕育、初步确立和修正优化的过程，而且对同一个科学概念和公式方程，不同科学家可采用不同的思维视角进行研究[1]157，并最终表现出不同的风格特点。广义地说，科学公式是科学模型的一部分，都是对现实世界的一种简化和抽象，而模型认知能力属于化学学科的核心素养。因此，对经典公式方程的深层理解，在一定程度上考验着一个人的科学综合修养，是理科教学中值得关注的一个特殊领域。然而，目前专门讨论科学公式（或方程）教学的文献却极为罕见。

二、多维度深层理解公式方程的几个基本视角

只有多维度多层次理解乃至欣赏公式方程，才可能真正领会其内涵价值并灵活应用，从而克服理科教学中对公式方程“死记硬背乱套”和“敬而远之”这两大常见弊端。下面结合个人学习经验，介绍深层理解公式方程的几个基本视角。

1. 学科意义视角

这是理解科学公式和方程最基本的一个视角，即首先要关注其学科意义和价值（如什么背景下提出的、反映了什么规律、能解决什么问题等），包括理解公式或方程中各要素（如各字母符号）的物理意义及其数学关系。如对范特霍夫等温式 $\Delta G(T) = \Delta G^{\theta}(T) + RT\ln Q$，从学科意义角度起码要有两层理解：一是此式基于浓度、压强和温度等对反应自发性的影响，建立起一定温度下任意状态 ΔG 与标准状态 ΔG^{θ} 的关系，从而便于判断非标准状态下反应的自发倾向；二是由此式能联系到一定温度下浓度商 Q 越小（反应物浓度越大、生成物浓度相对越小），正反应趋势将越大，故对应 ΔG 将越负。又如，对能斯特方程，从学科意义角度首先要认识到：它反映了浓度（严格说是活度）、温度等因素对电极电势的影响，如氧化态浓度越高则氧化性将越强，对应电极电势将越高。

2. 模型认知视角

科学中的公式方程本质上都是一种数学模型。在《普通高中化学课程标准（2017 年版）》中，化学核心素养对模型认知水平提出了较高要求，

如“能将化学事实和理论模型之间进行关联和合理匹配；能运用于理论模型解释或推测物质的组成、结构、性质与变化；能认识物质及其变化的理论模型和研究对象之间的异同，能对模型和原型的关系进行评价以改进模型；能说明模型使用的条件和适用范围：能对复杂的化学问题情境中的关键要素进行分析以建构相应的模型，能选择不同模型综合解释或解决复杂的化学问题”等[2]。

尤其值得注意的是，模型（包括公式方程）的建构具有一定的主观性和发展演变性，因而要能分清理论模型与研究对象本身的区别。而且，正如物理化学家黄建滨教授所说，科学中常有两种模型：一种是模型简洁、对应物理图像清晰，但在具体应用时可能需复杂运算且精度可能不高；另一种是模型本身需要花大力气理解（对应物理图像可能不甚清晰），但解决实际问题时却方便准确[3]。如，关于气体的 p、V、T 状态变化规律，人们根据实际经验先后曾归纳出上百个状态方程[4]26-27：低压高温时（此时可忽略分子间作用力和分子自身体积），用最简单的理想气体状态方程 $pV=nRT$ 即可；对一般实际气体则用稍复杂的范德华方程更准确，即 $\left(p+\frac{an^2}{V^2}\right)(V-nb)=nRT$，该方程引入了压力修正项和体积修正项（实际气体因分子间作用力使实际压力减小，因分子自身体积使实际气体体积增大）；但当压力更高或温度太低时，范德华方程的误差也相当大，此时还有形式更复杂、适用范围更小但却实用的状态方程。这些状态方程的模型和复杂度各不同，但都有自己的用武之地。因此，模型认知视角对深入理解公式方程至关重要。

3. 系统思维视角

系统思维是一种将整体思维与分析思维融会贯通的高阶思维能力，在学习和科学研究中十分重要[5]。科学中的公式方程可看作系统思维应用的典范，如理想气体状态方程 $pV=nRT$，如此简洁的一个方程式便把有关理想气体状态的四个要素（分子数、体积、温度、压强）全部整合在一起，并把彼此的定量关系都说清了，这真是系统思维的极致。在运用系统思维看公式和方程时，需要关注该公式或方程共涉及哪些有关要素，这些要素彼此有何关联，各自影响权重如何，以及有哪些次要因素可忽略或近似，有无要素遗漏（如早期一些不完善的经验公式可能存在此问题，这是一种批判的眼光）等。

4. 数学语言视角

科学公式和方程最终都是用数学语言呈现，而数学语言本身奥妙无穷，因此，善于从数学角度看公式方程有助于对其内涵的深入理解。下面仅举一例，即科学中为何众多公式方程常包含一个对数项？如玻耳兹曼公式 $S = k\ln\Omega$、范特霍夫等温式 $\Delta G(T) = \Delta G^{\theta}(T) + RT\ln Q$、能斯特方程 $E = E^{\theta} - \frac{RT}{nF}\ln\frac{(\text{red})^{q}}{(\text{ox})^{m}}$ 等，这其中就利用了对数的一个基本性质，即真数为1则对数值为0（意味着此时该对数项不产生影响）。如在玻耳兹曼公式中，显然多分子体系的最少微观状态数的极限值为1（热力学零度时的完美晶体），而此时恰好代表混乱度最小，即熵为0，多么巧妙的数学语言。当然这个对数式还包括其他丰富的数学信息，如微观状态数越多熵值越大等。

5. 审美欣赏视角

公式方程中值得欣赏的维度太多了，如上述提及在公式方程中蕴含的系统思维以及数学语言的巧妙等均值得品味。此外，公式本身的形式简洁、内涵丰富也常常给人带来震撼美，如 $F = ma$、$S = k\ln\Omega$、$\Delta G^{\theta} = \Delta H^{\theta} - T\Delta S^{\theta}$ 等。仍以玻耳兹曼公式 $S = k\ln\Omega$ 为例，其形式简洁至极但内涵十分深刻：该式为物质宏观的混乱度（S）与分子的微观状态数（Ω）架起了一座桥梁，奠定了统计热力学的基础。科学家对科学及其公式方程之美都是极为敏感的，如物理学家杨振宁先生在赞叹牛顿、麦克斯韦、爱因斯坦等人用几个基本的数学方程描绘物理世界的基本结构时说“它们达到了科学研究的最高境界，可以说是造物者的诗篇”，甚至用古诗“性灵出万象，风骨超常伦”来描述狄拉克方程的美妙，并在指导年轻人如何选择专业时进一步强调说“这要看你对哪一个领域的美和妙有更高的判断力和更大的喜好”[6]。

三、对化学中几个经典公式方程的深层理解与赏析

下面具体以高中化学竞赛中常用且彼此关联的三组公式为例，对其进行深层解读与应用示例。 这些公式方程高考虽不做要求，但作为高中化学教师是应当熟悉的，其中蕴含的思想方法也值得关注。

1. 对吉布斯－亥姆霍兹(Gibbs－Helmholtz)方程的深层理解

为更好地分析有关问题，吉布斯提出一个把焓和熵归并在一起但物理意义不很明确的新状态函数，称为吉布斯自由能（也称 Gibbs 函数，用 G 表示），定义式为 $G=H-TS$（注意其中 T、S 是基本函数而 H、G 均为衍生状态函数），在等温等压的特定条件下其物理意义可理解为：吉布斯自由能的减少值（$-\Delta G$）等于封闭系统能对外做的最大非体积功[1]160－161。据此，等温过程的吉布斯自由能变化为 $\Delta G^\theta=\Delta H^\theta-T\Delta S^\theta$（其中 ΔH^θ 和 ΔS^θ 随温度变化通常很小，可忽略），因该式由吉布斯和亥姆霍兹各自独立证明，故叫“吉布斯－亥姆霍兹方程”，主要用于判断标准状态（即浓度均为 1 $mol\cdot L^{-1}$，气体分压为 100 kPa）下反应的自发性并可计算 ΔG^θ 随温度的变化。 该方程表明：一定温度和压强下，标准状态下反应的方向判据 ΔG^θ 由三项因素决定，即焓变 ΔH^θ、熵变 ΔS^θ 和温度 T，若这三个量使 $\Delta G^\theta<0$，则正向自发，反之非自发。 从更深层次理解：焓变与化学键的断裂和生成有关，焓变为负值表示断开了弱键生成了强键，故有利于自发[4]101，而熵变与多分子体系的混乱度有关，从统计热力学角度（基于概率）看，多分子体系自发倾向于微观状态数的最大化，即熵增也有利于自发，ΔG^θ 系统地综合了焓变与熵变的总效应。

具体计算 ΔG^θ 判断标准状态下反应的自发性比较简单，不再举例。不过有两处还需想明白：一是应当注意 ΔG^θ 只适用于判断各物质都处于标准状态时的反应方向，这种标准状态不一定实际存在，但却是热力学考察实际问题的思维起点，因而其重要性毋庸置疑。 况且，既然实际 ΔG 与温度、浓度、分压等众因素有关，那么当研究温度对其影响时，自然要排除浓度或分压的影响（取热力学标准状态）[7]；二是由 ΔG 只能从热力学

上判断反应在该条件下的自发倾向，至于实际是否发生以及速率如何，还需考察其动力学过程。

2. 对范特霍夫(van't Hoff)等温式的深层理解

上述吉布斯－亥姆霍兹方程虽经典（是热力学考察实际问题的思维起点），但其局限性显而易见：只能判断反应在标准状态时自发进行的方向，但实际体系中各物质不可能恰好处于标准状态，且标准状态下不自发的反应不代表在非标准状态下也不自发。后来范特霍夫解决了这个问题，他通过研究浓度（或分压）对 ΔG 的影响规律，寻找到一定温度 T 时任意状态 ΔG 与标准状态 ΔG^{θ} 间的定量关系，从而能方便判断任意非标准状态下反应的自发性，定量关系：$\Delta G(T) = \Delta G^{\theta}(T) + RT\ln Q$，此式即著名的范特霍夫等温式，又叫化学反应等温式（Q 统称为反应商，其表达式与平衡常数相同，气体用相对分压商表示，溶液用浓度商表示），该式既适于气相反应也适于水溶液等体系[4]113－116。

首先注意范特霍夫等温式中对数项的巧妙：若各组分浓度均为 1 $mol \cdot L^{-1}$（或气体分压为 100 kPa），则反应商 Q 一定为 1，此时 $\Delta G(T) = \Delta G^{\theta}(T)$，即此时求的正好是标准吉布斯自由能的变化。且由范特霍夫等温式不难看出：对于 $\Delta G^{\theta}(T)$ 为正的反应，若非标准状态下起始反应商 Q 很小致使 $\Delta G(T)$ 为负，则反应仍可自发。如，反应 $CaCO_3(s) = CaO(s) + CO_2(g)$ 在 873 K、100 kPa 时（标准状态），查表求得 $\Delta G^{\theta} = +40\ kJ \cdot mol^{-1}$，不自发；当压力减小至 1×10^{-4} kPa 时，由范特霍夫等温式得：$\Delta G = (40 + 8.314 \times 10^{-3} \times 873 \times \ln \frac{1 \times 10^{-4}}{100})\ kJ \cdot mol^{-1} = -60\ kJ \cdot mol^{-1}$，即此低压下该反应又可自发。千变万化的反应，其自发性借此简洁的等温方程便可判定，我们不得不由衷赞叹隐藏在方程式中的先辈们的杰出智慧。

范特霍夫等温式还有第二个重要应用，即求标准平衡常数（无量纲）：当 $\Delta G(T) = 0$ 时，反应达到平衡，此时 Q 即平衡常数 K^{θ}，得 $\ln K^{\theta} = \frac{-\Delta G^{\theta}}{RT}$，这使得不同温度下的标准平衡常数无需用烦琐实验一一测定，而可用 ΔG^{θ} 方便推算。

3. 对能斯特(Nernst)方程的深层理解

在氧化还原和电化学中，电极电势是极重要的参数。但因实际氧化还原反应多在非标准状态发生，这就要求研究离子浓度、温度等因素对电极电势的影响，这个重要问题是由能斯特解决的。

由吉布斯自由能定义知，等温等压可逆电池反应至平衡时，吉布斯自由能减少值（$-\Delta G$）等于电池对外做的最大电功，即 $\Delta G = -nFE$（此处 E 为可逆电池电动势，n 是电池反应式中转移电子的物质的量，F 是法拉第常数，约 96 500 $C \cdot mol^{-1}$），结合范特霍夫等温式 $\Delta G(T) = \Delta G^{\theta}(T) + RT\ln Q$，得 $E_{池} = E^{\theta} - \frac{RT}{nF}\ln Q$（该式指出了实际电动势与标准电动势 E^{θ}、物质浓度和温度间的关系），由该式结合电动势与电极电势关系不难推出：对任意电极反应 $m\text{ox} + ne^{-} = q\text{red}$，其实际电极电势与标准电极电势、浓度、温度的关系为 $E = E^{\theta} - \frac{RT}{nF}\ln\frac{(\text{red})^{q}}{(\text{ox})^{m}}$，此即著名的能斯特方程。该方程应用极广，可求非标准状态（任意浓度）和任意温度下反应的电极电势与电动势[4]209-211。

能斯特方程清晰而简洁地告诉我们：氧化态浓度升高会使电极电势升高，还原态浓度升高会使电极电势降低，对有 H^{+} 参加的反应，酸度将影响电极电势，故标准电极电势表常分酸性表（H^{+} 浓度为 1 $mol \cdot L^{-1}$）和碱性表（OH^{-} 浓度为 1 $mol \cdot L^{-1}$）。如电极反应 $Cr_2O_7^{2-} + 14H^{+} + 6e^{-} = 2Cr^{3+} + 7H_2O$　$E^{\theta} = +1.36$ V，而当常温下 H^{+} 浓度增大为 10 $mol \cdot L^{-1}$时（其他离子浓度仍为 1 $mol \cdot L^{-1}$），按能斯特方程代入数据得：$E = E^{\theta} - \frac{RT}{nF}\ln 10^{-14} = +1.5$ V，这也为中学常说的“酸性增强氧化性”提供了证明。又如，实验室制氯气的方法之一是 MnO_2 与浓盐酸加热反应，若用标准电极电势判断其反应方向：$Cl_2 + 2e^{-} = 2Cl^{-}$　$E^{\theta} = +1.358$ V，$MnO_2 + 4H^{+} + 2e^{-} = Mn^{2+} + 2H_2O$　$E^{\theta} = +1.224$ V，其电动势 $E^{\theta}_{池} = 1.224\ V - 1.358\ V = -0.134\ V < 0$，即标准状态下该反应根本不自发。而实际反应起始时，盐酸浓度远大于1 $mol \cdot L^{-1}$，Cl_2 分压远小于 100 kPa，温度也高

于常温，从而使其实际电动势大于0，反应自发。

以上三组方程（公式）紧密联系且层层递进，其中吉布斯－亥姆霍兹方程 $\Delta G^{\theta} = \Delta H^{\theta} - T\Delta S^{\theta}$ 是基础，是讨论一切反应自发性的原点（标准状态）；而范特霍夫等温式 $\Delta G(T) = \Delta G^{\theta}(T) + RT\ln Q$ 是对吉布斯－亥姆霍兹方程的补充修正，用以方便判断任意非标准状态下的反应自发性和标准平衡常数；最后一个能斯特方程 $E = E^{\theta} - \frac{RT}{nF}\ln\frac{(\mathrm{red})^{q}}{(\mathrm{ox})^{m}}$ 可看作范特霍夫等温式应用于氧化还原和电化学的特例。这三个方程式联合起来就定量而全面地解决了化学学科的一个根本大问题——反应的方向和限度，且均形式简洁、内涵丰富，用杨振宁先生的话说，这三个方程式可谓化学世界里“造物者的诗篇”。

四、关于公式方程及定量教学的几点看法和建议

第一，从学科自身角度看，化学更好的发展一定离不开对公式方程和定量分析的重视，从而提高学科的系统性、简洁性和精准度。

第二，从学科育人及核心素养角度看，科学公式和方程教学过程蕴含大量思维方法和素养熏陶，能有效培养学生抽象概括、系统思维、模型认知、定量分析及审美评价等素养。对中学化学教学而言，关注学科的一些经典公式方程（主要针对教师），有助于解决学科的疑难易错点，如有的教师可能会因缺乏对能斯特方程的认识，导致其对氧化还原及电化学某些问题在理解上出现谬误。

第三，要能客观认识和评价公式方程（也包括其他理论模型）在学科中的地位，它们只是解决科学问题的工具之一，且必要时是可以被替换的，因此，在重视公式方程的同时要同样重视科学中其他维度的内容（如实验、概念等），尤其要能把公式模型与真实问题和原型联系起来。

最后需说明的是，本文对中学化学教学及高考不一定有直接作用（所讨论的公式方程属于化学竞赛及大学内容），但如果有师生能在阅读本文过程中对科学中的公式方程乃至科学本身产生新的认识和兴趣，便达到了写作的初衷。

参考文献

[1] 傅献彩,沈文霞,姚天扬,等.物理化学(上册)[M].5版.北京:高等教育出版社,2005.
[2] 中华人民共和国教育部.普通高中化学课程标准(2017年版)[S].北京:人民教育出版社,2018:90-91.
[3] 寇元.魅力化学[M].北京:北京大学出版社,2010:99.
[4] 华彤文,王颖霞,卞江,等.普通化学原理[M].4版.北京:北京大学出版社,2013.
[5] 唐隆健.例谈系统思维在化学教学中的应用与培养[J].中学化学教学参考,2019(1):14-16.
[6] 杨振宁.美与物理学[J].武汉理工大学学报(信息与管理工程版),2003(1):1-5.
[7] 北京师范大学无机化学教研室,南京师范大学无机化学教研室,华中师范大学无机化学教研室.无机化学(上册)[M].4版.北京:高等教育出版社,2002:232.

中学化学教学中值得重视的三大问题

当前，我国化学教学的总体现状并不十分令人满意：一些学生往往学了很多琐碎的知识，但缺少对学科的整体理解和核心素养的习得；做题很多（其中不少题目是经不起科学推敲的），但可能并不明白科学精神为何物，更为严重的是学到最后心中留下的可能是一幅因偏见而被扭曲变形的化学学科形象。这些问题既阻碍了学生的成长进步，也不利于化学魅力的展示和学科本身的长足发展。下面将其概括成三个方面进一步深入分析。

一、化学常因知识琐碎等被贴上“理科中的文科”这一错误标签

通常认为“系统严谨、精确定量、有理有据、建模探究”等是理科的突出特征，而相比之下，文科的逻辑性、系统性、实证性和精确性不那么强（常充斥着很多见仁见智、人为规定、因果欠缺的知识条目）。这本无高下之别，领域性质使然，但教学中绝不能理科当文科来（文科当理科进行教学恐怕也有不妥）。然而在当前我国中学化学教学中，师生将其当文

科教学的绝非个别。最典型的例子是在初中常见化学反应方程式和高中“元素化合物”内容的教学中，不少学生对性质反应的掌握（这是很多学生学习化学的一大拦路虎）只停留在冷冰冰的机械记忆层面，还有学校专门安排早读让学生像背诵古诗文那样记化学知识，甚至为了记忆方便，某些知识被编成各种口诀。本来记忆也是学习的重要方式，但久而久之学生把死记硬背和机械默写当作学习元素化学的主要方式，而对个性丰富的物质、变幻无穷的反应和化学物质的物尽其用缺少理解、感悟与热情，显然违背了化学教学的初衷。如此一来，化学被贴上“知识琐碎、理科中的文科”的标签就不奇怪了。

引起上述问题的根源主要是以下两股力量的合谋：一是部分教师自身学习不够，在教学中往往心有余力不足，课堂缺乏学科核心思想和主旋律的统领，没有学科“精气神”和系统逻辑的支撑，学生自然觉得琐碎和没意思，甚至老师自己都觉得没意思；二是我们的大环境所致，即教育功利心太重，老师们疲于应付考评而习惯于围绕考点教学，于是有意无意地放弃了更高层次的教学追求，没有在化学教学中让学生既见树木又见森林，学生也自然难以“在整体中学局部”，最后脑子里只有琐碎的考点而没有立体鲜活有趣的化学科学。

解决上述问题的关键首先在于教师教学理念和方式方法的改进。以“元素化合物”教学为例，学生难以掌握的原因很可能是我们的引导和示范不到位，比如：有没有先引导学生去欣赏化学反应方程式这一重要化学用语的美妙？包括它的跨国跨学科通用和形式简洁内涵丰富（一个化学方程式所包含的定性定量、宏观微观和静态动态信息量，若用汉语文字表达或许写半页纸都说不完）；有没有帮助学生建立“组成结构决定性质、性质决定反应和用途”的科学物质观和基于“理论预测——实验观察——解释归纳”的元素化合物学习策略方法？有没有和学生一起由衷地赞叹某些物质或反应（如合成氨、硅晶体）在人类发展史上的重大贡献及化学“点石成金、变废为宝”的独特魅力……如果在教学中真的做好了上述引导，那么化学教学自当别有一番境界，化学也绝不至于被误以为理科中的文科。

二、化学教学没能在学生和公众心中树立起客观、公正、美好的学科形象

现在不少学生和公众对化学学科存在误解，甚至把“环境污染、食品中毒”等牵涉面很广的复杂社会问题都简单归责于化学，更有极少数学生和公众极端而肤浅地认为化学就是“有毒、有害、污染、爆炸”的代名词，这完全扭曲抹黑了化学的形象，从而使一些学生对与化学化工有关的专业和职业不感兴趣甚至产生畏惧心理，导致热爱化学和报考高校化学专业的人数不多，最终将使化学学科吸引不到更多优秀人才，从长远看这门学科的发展和人类进步也将因此受阻，这绝非危言耸听[1]。

学生和公众对化学的误解主要是因为对学科缺乏深入了解，也包括一些媒体对与化学化工相关新闻的不恰当报道宣传，同时还反映出我们的某些教学可能做得不到位或欠妥当。比如，我们在化学教学中有没有注意引导学生对“化学品和化学反应具有两面性”进行深刻认识？如“氯气”的教学，知其毒性固然必要，但更重要的是让学生知道其作为基本化工原料在生活生产中的广泛应用（如制备含氯消毒剂等）。又如，一些教师用化工原料泄漏中毒事件来引入氯气或苯等物质的教学是否欠妥？再如，当课堂上介绍与化学有关的环境问题时（如酸雨、光化学烟雾等），有没有首先告诉学生污染源分为天然和人为两大类（即使人为污染其罪责显然也不能简单归到化学学科头上）以及化学在环境保护方面所承担的积极角色……

首先，教师自己要意识到这些问题的严重性，进而认识到在化学教学中“宣扬绿色化学、展示安全化学、塑造魅力化学”的重要性；其次，教学中要时常有意识地去解除部分学生对化学的负面误解，比如可以用一氧化碳（煤气中毒）、丙硫醇（一般人通过洋葱接触）、黄曲霉素（存在于霉变食物）等物质为例让学生明白：很多有毒有害的物质并非化学化工带来的（上述物质显然都是先于化学学科而存在的），反而是化学告诉了我们生活中这些潜在的危险及其应对办法。又如，为消除部分学生对化学实验的恐惧心理，可以让学生先在网上观看和感受国内外一些一流化学实验室安全、舒适、温馨的一面，再让学生熟悉实验中的各种安全保障措施和

实验风险评估意识；第三，可以在教学中不失时机地以一定篇幅介绍与化学相关的各种有意思且充满挑战的工作以吸引学生，并进一步展示学科应用魅力（如新药物新材料的合成等）。

三、过于绝对化甚至有明显科学性错误的结论在化学教学过程中时有出现

比如，关于电解时电极上物质的放电顺序。这在不少师生心中是固定绝对的，很多资料对此也都给出固定的顺序，并且仅限于阴阳离子（如阴极 $Ag^{+} > Fe^{3+} > Cu^{2+} > H^{+}_{酸} > Fe^{2+} > Zn^{2+} > H^{+}_{水} > Al^{3+} > Mg^{2+}$ 等），而不指明这个顺序只是经验的、相对的、粗糙的，实际放电顺序与电极材料（包括阳极是否惰性、超电势等）、离子浓度、电流大小等因素有关[2]。如工业上曾用汞作阴极电解氯化钠溶液获得钠汞齐（因 H^{+} 在汞电极上放电时超电势很大）进而与水反应制烧碱；又如电解亚铁溶液时，亚铁离子可以同时在两极放电……所以，如果我们平时把放电顺序过于绝对化，是不利于学生灵活解决实际问题和后续发展的。

比如，SO_3是平面正三角形结构吗？事实上 SO_3的立体结构与其状态有关，气态时为单分子平面正三角形结构，中心硫原子轨道采用 sp^2杂化，而液态时为单体与其环状三聚体（硫原子杂化轨道为 sp^3）的平衡混合物，固态时则可能为三聚环状晶体或螺旋链状聚合结构。而我们很多资料试题在考查 SO_3分子结构时并未指明物质状态和具体形态，这是不严谨的。

又如，升高温度电离常数一定增大吗？很多老师和资料都给出了绝对答案，认为升高温度一定促进电离（还从化学键断裂吸收能量的角度进行解释）。其实，温度对电离平衡的影响是比较复杂的，因为电解质在水中的电离过程既包含化学键的断裂还包含离子的水合过程（释放能量）和扩散过程。像 HF 电离过程就是放热的，所以升高温度反而抑制了电离，而文献表明 CH_3COOH 的电离常数也不是随温度升高单调递增。事实上，对于大多数电解质，当溶液温度变化不大时，可以认为其电离常数基本保持不变。

再如，不少资料以“二氧化锰氧化浓盐酸制氯气”的反应为例来说明“同一反应中氧化剂的氧化性强于氧化产物”这一比较物质氧化性强弱的

经验规律，即认为二氧化锰氧化性强于氯气。而事实上，查标准电极电势知：$E^{\theta}(Cl_2/Cl^-)=1.36\ V$，而$E^{\theta}(MnO_2/Mn^{2+})=1.23\ V$，即标准状态时$Cl_2$氧化性其实略强于$MnO_2$，这也正是该反应要用浓盐酸且加热才能进行的主要原因之一[3]124。上述提及的比较物质氧化性强弱的方法只是一种有局限的经验方法（应是自发且单纯的氧化还原反应，且双方浓度接近时），并非普遍适用，不能机械乱套。

此外，像难溶电解质的溶度积K_{sp}与其溶解度换算这类问题也须谨慎。比如$CaSO_4$，其溶解部分并未完全电离，计算表明饱和$CaSO_4$中真正电离的$CaSO_4$不到其溶解总量的一半（另一大半溶解部分仍以化合态$CaSO_4$存在），因而，其K_{sp}与溶解度之间不能简单换算。事实上，只有$BaSO_4$等少数（溶解部分全部电离且离子水解不明显）难溶电解质，才可以进行溶度积与溶解度间的换算，而像$CaCO_3$这类溶解部分发生水解的也不能简单换算[3]95-96。

当然，教学教辅中还有其他一些流行性错误，如把溶液配制或酸碱滴定中的种种错误操作当作误差分析等，此处不再一一详述。造成上述问题的客观原因与化学学科本身特点有关：化学是一门关于泛分子的学问，其研究对象本身有一定复杂性，学科中的不少结论目前还只停留在经验的、半定量的阶段；而主观原因则是我们老师学习思考和批判意识不足，遇到问题无暇或不愿投入精力研究实证，所以才有那么多劣质教辅资料充斥着课堂坑害着师生。针对这一问题，我们同样可以在相当程度上通过自身努力来避免。首先，对已有任何理论都应持一种保留态度和发展的眼光，在教学中要克服过分“简单化、绝对化”的倾向；其次，一定要本着实事求是的态度教学，如在备课或习题命制中，相关问题一定要先查证资料或做实验反复推敲，切忌想当然主观臆造，从而确保教学不出或少出科学性错误。

总之，笔者认为以上论述可谓当前中学化学教学中存在的三大典型问题，值得广大化学教师和教研人员警惕。

参考文献

[1] 张礼和. 化学学科进展[M]. 北京:化学工业出版社,2005:202－203.

[2] 吴星,吕琳,张天若. 中学化学疑难辨析[M]. 南京:江苏教育出版社,2012:77－79.

[3] 严宣申. 化学原理选讲[M]. 北京:北京大学出版社,2012.

思维素养

怀特海在《教育的目的》一书中强调教育要关注那些“若干年后学生忘记知识细节后仍会在脑子里剩下的东西”，能长久在学生脑子里“剩下的东西”恐怕主要就是在学科学习中习得的思维能力和学科素养吧！本部分文章主要讨论在化学教学中如何培养学生的重要思维品质，以及对学科核心素养的教学思考与实践。

归纳演绎思维在化学科学研究中的体现及启示

思维能力对人终生发展的影响举足轻重，恩格斯曾赞美思维是地球上最美的花朵。在科学研究历程中，杰出的思维方法往往是成功的关键。尽管目前人们对思维方法讨论很多，尤其关注各种高阶思维（如批判思维、创新思维、系统思维、逆向思维、原点思维等）培养，但以归纳和演绎为代表的逻辑思维始终是最基本的思维方法，是其他高阶思维的基础。在化学发展历程中，归纳演绎思维更是扮演着关键角色。所以，关注归纳演绎思维在化学科学研究中的体现，既是深入理解学科本身的需要，也是提高教学效率的需要，更是进一步培养高阶思维促进学生长远发展的需要。虽已有学者讨论在化学教学中培养归纳演绎思维的重要性[1]，但其取材和视野囿于中学教材，而本文素材主要源于化学史上若干经典案例，以突显归纳演绎思维在科学研究中的重要地位，分析视角主要聚焦于从科学史中挖掘先贤思维规律和认知脉络，启迪心智。诚如宋心琦先生所言“科学史料的教育作用，不应该仅限于励志，更应当着眼于科学素质的培育和提高”[2]。

一、归纳法与演绎法概述

1. 归纳法及其地位特点

归纳法是由个别到一般、从特殊到普遍的推理方法。比如，从金银铜铁锡等部分金属性质推出所有金属通性（导热、导电、延展性等）就是典型的归纳法，也是一种古老而有效的思维方法。现代科学归纳法一般认为始于英国思想家培根，运用其推理通常分三步：搜集素材、整理素材和概括抽象[3]3。归纳思维有个显著优点，即从具体感性到抽象概括，符合认知特点，尤其适于较低学段学生。科学中大量重要定律和结论，如能量守恒定律、质量守恒定律、酸碱通性等，都是基于大量日常经验和实验观察总结的，当然其中有时会包含一些错误尝试和教训（如对永动机的追求等）。可以说，早期科学大厦的根基大部分是建立在归纳法之上的。

归纳法可分完全归纳法（考察分析对象的全部个体和要素）和不完全归纳法（很多时候不能穷尽所有具体事实，只能抽样选取部分个体和要素）。不完全归纳法又分简单枚举法和科学归纳法，后者指通过分析部分对象的本质和内在联系从而推出该事物的一般性结论[3]4-7。简单枚举法结论往往具有或然性，对此有个深刻典故——罗素鸡，即20世纪英国著名数学家、哲学家伯特兰·罗素给过分沉湎于归纳法的实验科学家警告："每天喂小鸡而喂了它一辈子的那个人，临了却绞断这只小鸡的脖子……某事已发生过若干次，就只这一点就使动物和人预料它还会发生……我们所处的地位并不比脖子出乎预料被绞断的小鸡好些。"[4]比如，我们通过经验归纳出物体热胀冷缩的一般规律，但总有"水结冰膨胀"等例外；又如，若由常见钠盐易溶于水而归纳出所有钠盐均易溶于水则是以偏概全（如，硬脂酸钠微溶于水、铋酸钠难溶于水）。另外，使用归纳法还要警惕基于非本质属性的错误归纳，如亚里士多德的"重物比轻物下落更快"的谬误就是因归纳时只注意到表象而未深入本质（空气阻力）。

2. 演绎法及其地位特点

演绎法是由普遍到个别、从一般到特殊的推理方法。演绎法基本形式为三段论：大前提（一般原理或假设）、小前提（与大前提有关的个别对象的属性）、结论，可抽象为：所有M是P，S是M，所以S是P。演绎推理应用极广，比如类似以下推理在教学中不胜枚举：有化合价改变的反应都是氧化还原反应（大前提），置换反应一定有化合价改变（小前提），故置换反应都是氧化还原反应（结论）；只有胶体能产生丁达尔效应，雾有丁达尔效应，故雾是胶体……牛顿万有引力理论也主要归功于演绎法：物体只有受外力才会改变运动状态（大前提），所有星球在环绕运动时不断改变运动状态（小前提），故任何星球一定受到其他星球给予的外力（结论）。许多惊世骇俗的科学结论均出自巧妙的演绎法，如得出相对论中“接近光速物体质量会无限大”的演绎推理为：大前提是“真空中光速为速度极限”，小前提是“接近光速的物体若持续受定向外力则会继续加速并逼近甚至超过光速”，结论必然是“接近光速时物体质量会无限大以使加速度趋于零（才不至于超光速）”。

和归纳法不同，演绎法的结论往往具有必然性。很多重要的学科体系都是基于几条基本公理、定律和假设，然后充分运用演绎法建立的，如欧几里得几何、热力学和量子力学等。演绎推理还是作出科学预见和发展假说的重要手段，科学假说的发展一般分三步：提出假说、由假说演绎出某些结论、验证这些结论（若演绎的结论与实践相符，则假说成立）[3]48-49。正确使用演绎法有几个关键：一是大前提要正确严谨，比如以“物体都热胀冷缩”为前提推理就可能出问题；二是推理形式要合逻辑，如“电解质水溶液都导电，氯化氢水溶液导电，故氯化氢是电解质”的推理就不合逻辑；三是警惕推理过程偷换概念[3]131，如“物质永恒不灭，钢铁是物质，所以钢铁永恒不灭”的错误推理就存在隐秘的偷换概念，大前提中的“物质”是哲学和原子层次“全体物质”的统称，而小前提中的“物质”则是一种具体化物质，其概念范畴不同，故结论不成立。

二、归纳法在化学科学研究中的体现及注意事项

1. 化学研究中归纳法无处不在

（1）定比定律的发现。定比定律又称定组成定律，即所有化合物都具有确定比例的元素组成，因而具有确定的化学式。化学家很早就认识到$CaCO_3$、HgO等有固定组成，后来法国化学家普罗斯特根据实验事实指出

无论天然还是人造 $CuCO_3$，其组成完全相同，并进一步引申归纳出“两种或多种元素形成化合物时，其重量之比是天然一定的，人力不能增减”。此后，还有许多化学家用更精确的实验证明不管用何种方法得到的同种化合物，其组成都固定不变（如不管用哪种方式获得的纯水样品，其中氢氧质量比都近似为 1 ∶ 8），从而使定比定律获得公认并推动了化学进步[5]57。因为化学家不可能穷尽所有化合物的定量组成分析，所以“不完全归纳法”是建立定比定律的主要思维方法。

（2）倍比定律的发现。倍比定律在化学史上意义非凡，它是道尔顿提出科学原子论的关键证据之一，然而回眸这一定律的建立过程，我们亦能感受到归纳思维的光芒[5]58。先是 1800 年，戴维测定了三种氮氧化物（N_2O、NO、NO_2）的重量组成，并换算出三种化合物中与同量氮化合的氧重量比为 1 ∶ 2.2 ∶ 4.1（约 1 ∶ 2 ∶ 4），可惜他并未进一步研究；1804 年，道尔顿采集沼气和油气定量分析了 CH_4 和 C_2H_4 的组成，发现在这两种气体中与同量碳化合的氢重量之比总是 2 ∶ 1，于是他明确提出“倍比定律”，即当两种元素化合形成多种化合物时，若其中一种元素质量一定，则与其化合的另一元素在各化合物中的质量总是呈“简单整数比”关系（不过道尔顿提出倍比定律完全是在有意识、有目的的情况下进行的，他就是想以此支持自己的原子学说）。后来，贝采尼乌斯又精确测定了 PbO、PbO_2 和 CuO、Cu_2O 等组成，也证实了倍比定律。经众多科学家的大量实验与归纳，倍比定律终于成为化学中的一个基本规律。

（3）化学平衡与勒夏特列原理。早在 1861 年左右，科学家就在研究醋酸与酒精反应中发现了可逆反应，1864 年，化学家古德贝格与瓦格又通过对 300 多个实验的分析归纳，正式提出了可逆反应与化学平衡的概念。随后，勒夏特列着手研究气体燃烧和高炉炼铁中的化学平衡问题，他在 1884 年前后进行了大量具体实验和事实收集，并发现：升高温度，平衡总是向吸热方向移动，系统好像要抵抗温度升高，降低温度平衡总是向放热方向移动，系统好像要抵抗温度降低；增大压强，平衡总是向气体分子数减小的方向移动，系统仿佛要抵抗压强增大……1888 年，勒夏特列用更精炼的语言将上述事实进一步概括为：任何（封闭）系统中的反应达平衡后，若改变影响平衡的某一因素，平衡将向着削弱这种改变的方向移动，此即著名的勒夏特列原理[6]250-253。这一归纳法得出的原理，文字简洁内涵深刻且富于哲理，对后来化工生产起了很大的指导作用。

此外，化学史上还有许多其他重要结论也主要源自归纳法，如盖斯定律是在总结大量化学反应能量变化规律的基础上提出的，不再赘述。

2. 化学研究与教学中使用归纳法应注意的问题

（1）不完全归纳法的结论常具有或然性。化学中有很多相关素材和教训，如"燃素说"的提出就是因当时只关注了燃烧时放出气体的反应（灰烬质量减轻）而忽视了类似金属燃烧烧渣增重的反应。又如，拉瓦锡曾基于部分物质的燃烧产物水溶液有酸性（如碳、磷、硫），便盲目归纳出"酸都含氧"的谬误。再如，关于温度对速率的影响，范特霍夫曾归纳出一个经验规则，即温度每升高 10 ℃速率约提高 2 ~4 倍，但这个规则很多时候并不成立，如水溶液中许多离子反应速率几乎不受温度影响（活化能极小），个别反应升温速率反而下降（如 NO 氧化）。还有，化学教学中归纳的"强制弱"规律（如较强酸碱制较弱酸碱、较强氧化剂制较弱氧化剂等），其成立更是有严苛条件，否则像 H_2S 与 $CuSO_4$ 溶液反应、Na_2CO_3 与石灰水反应、钠置换出钾等反例比比皆是。从根本上讲，一个反应能否自发不能简单看是否符合"强制弱"这一基于不完全归纳法的狭隘经验，而应当作热力学分析。甚至连最基本的"质量守恒定律"，也因其源自不完全归纳法而有适用条件（无核反应时）。

化学学科要格外警惕归纳思维的这种局限性，因为：一是化学自身理论体系还不完善，以实验为基础的归纳法至今仍是化学发展的重要方法之一；二是化学研究对象较复杂（其主要研究对象分子原子的运动和作用方式与宏观物体有很大差别），且化学物质和反应不计其数、个性千变万化，这些都是运用归纳法必须考虑的。

（2）归纳推理要注意区分事物相关性与因果性。曾有人研究一个偏远岛屿上的原著居民，发现他们相信"长体虱会增进健康"，证据是身边长体虱的人都健康，而病人则无体虱。而真相其实是体虱"有眼光"，它们主动避开病人而只寄居在健康者身上，即长体虱与健康间有相关性但非因果性。从事物相关性直接推出因果联系是归纳和统计推理中最常见的错误[7]。再看一例，很多催化反应（如酶催化）在某些温度区间速率与温度负相关，但不能因此解释为升温是速率降低的根源，因为真实原因可能是温度过高使催化剂活性降低。

三、演绎法在化学科学研究中的体现及注意事项

1. 化学史上很多突破性研究得益于演绎思维的巨大威力

（1）电离理论的提出。科学家很早就知道酸碱盐等化合物水溶液能导电，但一直对导电根源认识不清，其中一些科学权威（如法拉第、门捷列夫等）都误以为是通电导致了电解质电离（这是当时流行的说法）。阿仑尼乌斯在该研究中牢牢抓住溶液导电性问题不放，并发现纯的酸碱盐本身并不导电，然后他进行如下推理：溶液中只有自由离子才导电，酸碱盐等化合物本身不导电但在水中便可导电，故酸碱盐等化合物是在水的作用下解离产生了自由离子。正是在大量实验的基础上（如导电性、稀溶液依数性等实验），进一步运用清晰缜密的演绎思维，最终阿仑尼乌斯突破了法拉第等权威偏见，提出了化学史上具有里程碑意义的“电离理论”，极大提升了人们对水溶液问题的认识[6]335-340。

（2）稀有气体化合物的首创。英国化学家巴特勒特在一次实验中用氧化性比 F_2 还强的 PtF_6 蒸气和 O_2 反应，结果得到一种深红色固体——六氟合铂酸氧（$O_2^+[PtF_6]^-$），一般人可能至此便觉大功告成，但巴特勒特却意识到该反应非同寻常，因 PtF_6 是将已达 8 电子稳定结构的 O_2 氧化成阳离子，于是他联想到惰性气体是否也能被 PtF_6 氧化，还进一步比较了电离能，发现氙第一电离能（1 171.5 kJ/mol）比氧分子第一电离能（1 175.7 kJ/mol）还略小[8]，最终他大胆作出如下三段论式演绎推理：氙第一电离能比氧分子第一电离能小（意味着氙可能比氧分子更易失电子被氧化），PtF_6 能氧化 O_2，因此 PtF_6 很可能也会氧化氙。后来实验果如所料，得到了历史上第一个稀有气体化合物——六氟合铂酸氙（$Xe^+[PtF_6]^-$，后来进一步证明其化学式可能并非如此简单），从而在演绎思维指导下一举做出了划时代成就，即发现稀有气体也能反应，震惊了化学界，惰性气体从此改名稀有气体。上述案例可谓化学家妙用演绎思维突破传统认知禁区做出开拓性成就的典范，令人拍案叫绝。

化学史上还有很多演绎思维的精彩案例。如道尔顿之所以将“倍比定

律”作为其原子论的关键证据，其中便蕴藏如下巧妙演绎推理：整数一般是用来数物体个数的，既然两元素形成的不同化合物中与一定质量某元素化合的另一元素的质量间总呈整数比，那么物质应由可数的某种“基本单元”（原子）构成。再如，拉瓦锡也是运用基于反证法的演绎思维，设计了汞燃烧的判决性实验才终结了统治科学界近百年的燃素说，这一具有里程碑意义的实验背后的设计思维是：按燃素说预测，任何物质燃烧将向空气释放燃素，故密闭容器中汞燃烧后烧渣质量应减轻且空气量应增多，然而实验结果却正相反，从而否定了燃素说并创立了科学的燃烧氧化学说（虽此时仍有顽固派狡辩说燃素有负质量，但已少有人信）。

2. 运用演绎思维要谨防谬误推理并关注物质个性

请看化学教学中常用的如下演绎推理：“原子最外层8电子结构较稳定（这个大前提是考察稀有气体原子结构得出的），原子成键应追求稳定结构（小前提），所以成键后原子应达8电子圆满结构。”这个结论很多时候是对的，但也有不少例外（如 $BeCl_2$、PCl_5 等）。为何这一演绎法的结论却有例外呢？根源就在于上述推理并不严谨，即大前提本身有陷阱，“最外层8电子结构较稳定”这个前提是用不完全归纳法得出的经验结论，且并未说“非8电子结构”是否稳定。所以，演绎推理一定要确保大前提可靠且逻辑严密。再看如下推理：“浓硝酸比稀硝酸氧化性强，铁铝常温能被稀硝酸氧化溶解，故铁铝常温更易被浓硝酸氧化溶解。”而实际情形是铁铝常温在浓硝酸中钝化，这一谬误推理的教训是：化学中逻辑推理必须关注物质和反应的丰富个性与细节。

四、辩证统一的“归纳－演绎法”

1. 归纳法与演绎法的辩证统一关系

归纳与演绎的辩证统一以“一般与个别的辩证关系”（即一般包含个别、个别构成一般，两者相互依存）为哲学基础。强调推理时从个别到一般、再从一般到个别，如此循环往复、相互印证、不断深入[9]。归纳与演绎的辩证统一打破了两者长期分化、扬此抑彼（历史上常出现夸大一方而贬低另一方的现象，如认为演绎比归纳高明）的状态，有利于克服各自局限。

（1）归纳是演绎的基础。演绎法一般以归纳法的结论为前提，演绎的前提（各种公理、定律、假设等）往往是运用观察实践和归纳概括得出的结论。如，大量热力学推论就是以源自归纳法的“能量守恒定律”为前提的。

（2）演绎法为归纳法提供指导。如，在通过分析大量实验数据以归纳规律时，常会判断一些有差异的数据到底是随机误差还是系统误差引起的，此时就需演绎思维，即运用统计学中的“假设检验”，如看平均值与标准值间是否有显著性差异（t 检验法），若有显著性差异则属系统误差，反之为随机误差[10]。

（3）归纳法和演绎法的结论彼此检验。如，化学中质量守恒定律主要是归纳思维确立的，但同时又得到演绎法的确证：物质质量取决于所含原子的种类和数目，化学反应不改变原子种类数目（实质是原子重组），故化学反应前后质量守恒。

2. 科学研究更需要辩证统一的“归纳－演绎法”

一个经典案例是关于元素周期律的建立。早在 19 世纪中叶，人们就已掌握了几十种元素的大量性质，但这些素材零乱不成系统，当时人们就迫切想知道：构成大千世界到底有多少种元素？如何发现新元素？各元素间有无内在联系和规律？早在 1864 年，德国迈尔就提出了周期表的雏形——“六元素表”。1865 年，英国科学家纽兰兹就用归纳法发现了元素周期律的雏形——“八音律”。在这种背景下，门捷列夫也积极参与了这一发现伟大科学规律的事业，他将当时已知的 60 多种元素的各种理化性质制成一张张资料卡片，再反复比对、排序整理，最终惊喜地发现元素性质随原子量递增呈周期性变化，这是典型的归纳法。但若只做到这里，他并不比同代其他科学家（如纽兰兹、迈尔等）高明多少，门氏真正高明之处恰在于：他在用归纳法发现周期律的同时还巧妙运用演绎法准确预测了 10 余种未知元素及其性质（如镓锗的原子量、体积、化合价等），且预测结果与最终实验绝妙吻合，从而进一步证明了由归纳法得出的周期律是颠扑不破的真理。门捷列夫成功预测第一种未知元素镓时运用的演绎思维可简化为：同族元素性质具有相似性和递变性（这个大前提是归纳思维提供的），周期表中有一空位元素和铝同族且和铝锌铟三种元素相邻（小前提），则该未知元素（当时称“类铝”）应和铝有相似性且某些性质介于铝锌铟之间，并进而预测出镓的有关数据。后来当法国人布瓦博德朗在闪锌矿中发现镓并证实其性质与门捷列夫预言分毫不差时，曾大为惊讶，由此才进一步引起世人对门氏周期律的普遍重视[5]131-144。正是门捷列夫恰当地将归纳法与演绎法完美融合，不仅敏锐地洞见了现有元素性质的周期性变化，还完全正确地预示了许多新元素，才使他的周期律表比别人的更彻底，更为人信服。

五、结语

从以上案例和科学史不难体会归纳演绎思维在化学等科学研究中的巨大贡献。归纳演绎是科学研究最基本的思维方法，熟练掌握有助于对学科本身的深度理解并提高教学和研究效率，也有利于促进人的长远发展。同时，要注意归纳和演绎各自的特点、局限，及二者的互补性和辩证统一关系，而且，要做到自觉娴熟地运用归纳演绎法还需刻意练习。当然，归纳演绎远非科学思维的全部，其他科学思维方式（如系统思维、模型思维等）在科学研究和化学教学中同样重要。思维方法的提升永无止境。

参考文献

[1] 陈丽琴,胡志刚.归纳法与演绎法在化学教学中的应用[J].化学教育,2013(6):47-49.

[2] 宋心琦.利用化学史料提高科学素养的一点看法[J].化学教学,2010(11):1-4.

[3] 岳燕宁.归纳与演绎[M].合肥:中国科学技术大学出版社,2015.

[4] 陈敏伯.热力学的公理体系——论“凭什么相信计算”之一[J].化学通报,2013(5):388-398.

[5] 张德生.化学史简明教程[M].合肥:中国科学技术大学出版社,2009.

[6] 袁翰青,应礼文.化学重要史实[M].北京:人民教育出版社,1989.

[7] 罗纳德·N.吉尔,约翰·比克尔,罗伯特·F.莫尔丁.理解科学推理[M].邱惠丽,张成岗,译.北京:科学出版社,2010:222-224.

[8] 宋心琦.科学发现真伪辨[J].化学教学,2014(12):3-10.

[9] 焦冉.论马克思主义的归纳-演绎法[J].理论月刊,2015(1):10-14.

[10] 武汉大学.分析化学[M].5版.北京:高等教育出版社,2006:62-63.

例谈系统思维在化学教学中的应用与培养

系统思维是一种整体思维与分析思维有机融合的高级思维能力，通常认为此概念源自著名理论生物学家贝塔朗菲提出的一般系统论[1]，我国著名科学家钱学森也曾在各种场合反复强调系统思维的重要性，并称世界就是大大小小系统的集合[2]。系统思维主要强调：从整体上把握问题，深入有序地分析问题，重点解决关键问题，向上要看到更大的系统，向下要看到更小的系统，能跳出系统看系统。复杂问题的有效分析和成功解决，必须依赖系统思维。

一、系统思维与化学学科及其教学

鉴于化学学科特点，如知识面广点多、既注重逻辑推理量化实证、又强调归纳概括具象分析，所以在教学中应用系统思维具有特别的意义：既能更好地提高教学效率又能有效地提升学生的思维品质。然而，当前将系统思维应用于化学教学的研究和实践还较少[3]。

系统思维可用于思考和解决与化学有关的各个层面的问题，如把化学学科和化学教学本身作为系统思考的对象，则有利于更全面更客观地认识化学，并养成多途径、多维度、多层面实施和改进教学的意识。

1. 系统思维应用于化学学科本身的思考

（1）宏观整体思考：化学学科的核心知识结构和核心素养是什么？蕴含在其中的独特而深刻的思想观念有哪些？当前的学科形象和发展现状如何？

（2）深入局部思考：化学各分支学科现状如何？在各分支学科和具体领域存在哪些机遇和挑战？

（3）横向比较思考：化学与物理、生命科学等学科的关系是什么？各自的风格魅力及独特何在？

（4）纵向动态思考：化学史上最重要的事件有哪些？一些基本概念（如元素、化合价、酸碱）是如何演变的？化学前沿领域是什么？这些前沿问题将给人类社会带来何种影响？

（5）向上在更高层面思考：如化学与科学、技术、社会和环境的关系，化学学科对国家长远发展的意义等。

2. 系统思维应用于化学教学反思和教学策略的思考

（1）宏观整体思考：当前化学教学的主流模式和常用手段有哪些，有何利弊？化学教学资源的发掘利用有哪些途径？如何提升个人教学素养？

（2）深入局部思考：各年级各模块化学教学的难点何在？突破这些难点和障碍有哪些行之有效的策略方法？

（3）横向比较思考：化学教学与其他学科教学相比应彰显的特色是什么？当地化学教学与国内外发达地区相比有哪些差距？

（4）纵向动态思考：传统化学教学利弊何在？各种新教学手段和方法（如微课等）将如何影响当前教学？化学教学改革的趋势是什么？

（5）向上在更高层面反思：中学化学中某些概念和理论的局限性相对性何在？初中、高中与大学化学教学三者的衔接关系如何？化学教学如何成全人的长远发展与幸福生活？

（6）向下在更小的系统思考：比如，怎样上好化学实验课？化学概念教学有何策略？如何改进化学作业和试题命制等。

二、系统思维应用于化学具体教学的几点思考

系统思维是突破化学教学难点的绝妙抓手，下面分别以“元素化合物”“电化学”和“水溶液中的离子平衡”等专题为例展示系统思维的具体应用。

1. 系统思维应用于“元素化合物”教学

元素化合物是中学化学最基本的内容之一，是其他模块学习的基础，也可能是教师教学中困惑最多的模块之一。究其原因，主要是因为面广点多且各物质相对独立，稍不注意，教学就变得支离破碎，教学热情大减。因此，在元素化合物部分应用系统思维就具有特别的意义，下面是基于系统思维对本模块教学策略的几点认识。

（1）物质性质教学时先共性后个性（即遵循“先整体上把握问题再具体分析问题”的系统思维程式）。如金属及其化合物的教学思路可为：先总体上认识金属的结构特点、存在形态与制法、物理共性、化学共性（还原性，如与氧气等非金属单质、水、非氧化性酸、氧化性酸、盐等反应），然后再分别介绍某些金属的个性（如钠的活泼、铝的两性和亲氧、铁的变价、铜的相对稳定、铁铝的钝化等），最后再介绍那些典型的金属化合物。

（2）把握认识物质性质和反应的角度与一般方法，这是元素化合物的主要教学目标之一（即系统思维所强调的“重点解决关键问题”）。通常可基于“物质类别（如酸碱角度）、价态（氧化还原角度）、结构（化学键与晶体类型等）、周期律（相似性与递变性）”等重要角度，对有关性质和反应进行预测、解释和梳理，并总结掌握常见反应类型（如酸碱反应、氧化还原反应、沉淀反应和热分解反应等），从而使元素化合物知识更有章法条理。

（3）向上看到更大的系统：如可以把众多表面零碎的化学反应看作是现实中进行化学合成或分析检测时的某些中间步骤，并由此进入学科本身的核心任务、视角和思维方法层面。基于此进行有关教学（尤其在高三复习课时更具可行性），可重点突出“物质转化与应用”这一化学主旋律，使元素化合物知识成为一个应用性、综合性极强的整体。

（4）向下关注更小的系统：在每一种具体物质教学时，也可应用系统思维理出一条主线，如沿着该物质的“类别结构——性质（物理性质与化学性质、共性与个性）——反应（常见类型与条件控制）——用途（基于个性、物尽其用）——制法（不同场合的差异）”这条线索进行教学。

2. 系统思维应用于“电化学”教学

电化学模块是高中化学中比较独特的一个模块：一是因为它集中彰显了化学学科对世界的核心认识角度（即物质变化与能量变化）；二是因为其应用性极强，经常在高考中成为考查学生迁移应变能力的上好素材（常融合一些最新科技成果），因而值得特别关注。教学实践表明，系统思维也正是突破本模块教学难点的有效途径。下面是基于系统思维解决电化学问题的一般思路。

（1）整体上宏观思考：该问题（或模型）涉及的是原电池原理还是电解原理（可从反应自发性及装置特点入手）？若为原电池其总反应是什么？

（2）进一步深入细致分析：若为原电池，其正负极活性物质（即氧化剂、还原剂）是什么？电极反应分别是什么？电子、离子是如何定向移动形成电流的？若为电解池，其阴阳极分别是谁？阳极材料本身是活性还是惰性？何种物质参与阴阳极的放电竞争？最终阴阳极反应各是什么？

（3）横向比较思考：原电池与电解池有何异同点？两者的本质区别是什么？通常区分两者的方法有哪些？化学能转化为电能与化学能转化为热能有何区别（难度、条件和装置等）？

（4）向上在更高的层面思考：如两大类电化学行为共同的理论基础（氧化还原反应和电学常识），电化学与化工、能源、材料和生命科学等领域的联系等。

（5）向下在更小的系统中思考：如从属于原电池原理的各种干电池、充电电池、燃料电池以及金属电化学腐蚀的具体原理是什么？从属于电解原理的电镀、电解精炼、金属外加电流的阴极保护法，以及各种电合成（如氯碱工业）的具体原理是什么？

这种基于系统思维的教学方法有助于学生抓住电化学问题的本质，并厘清两种电化学原理的异同，同时有利于学生构建合理有序的知识体系，并最终通过能力迁移解决真实情境下的各种电化学问题。

3. 系统思维应用于“水溶液中的离子平衡”教学

（1）关于本章学习难点和认知障碍的系统思考。

①溶液中的微粒种类多且具有隐蔽性，电解质溶液中的微粒往往在四种以上。如果对溶质在水中的行为和变化规律（如分步电离、水解平衡等）不熟悉，就很难将溶液中的微粒找全。

②溶液中的动态平衡多且具有隐蔽性，一般化学反应中往往只涉及一个明确的动态平衡（如工业合成氨的反应），而电解质溶液中往往涉及多个且较隐蔽的动态平衡，且各平衡有主次之分，如 Na_2HPO_4 溶液中就同时有多个电离平衡和多步水解平衡，而能否准确把握这些动态平衡是分析有关问题的关键。

③溶液中的定量关系多且具有隐蔽性，从不同角度（如守恒、平衡常数、基于电离或水解程度的经验判断等）可得到多种不同的定量关系，其中很多定量关系是较隐蔽的，如原子守恒、电荷守恒等。这就要求分析本章有关问题时还需要量化的系统思维。

（2）基于系统思维分析本章问题的一般思路。

电解质溶液问题分析一般可建立如下系统思维程序：明确溶质类型及其在水中的行为特点（如是否易电离、易溶或水解等）⟶确定溶液中的微粒种类（分子和离子）与溶液基本性质（如酸碱性）⟶寻找微粒间的定量关系（基于各种守恒、平衡常数、半定量经验等）⟶分析改变条件对平衡和微粒浓度的影响、调控与应用⟶若几种溶液混合，首先考虑可能发生的反应，从而确定混合后溶液的基本组成，再进一步定性定量分析。这一系统思维模型基本上涵盖了水溶液中离子平衡的常见问题。

例题. 已知 H_3PO_2（次磷酸）为一元弱酸，则有关 NaH_2PO_2 溶液分析正确的是（　　）。

A. 该溶液显酸性

B. 该溶液中 $c(OH^-)=c(H^+)+2c(H_2PO_2^-)+3c(H_3PO_2)$

C. 升温溶液碱性增强，pH 一定增大

D. 浓度均 0.1 mol/L 的 NaH_2PO_2 与盐酸按体积 1 : 2 混合后有：

$c(Cl^-) > c(H^+) > c(Na^+) > c(H_3PO_2) > c(H_2PO_2^-) > c(OH^-)$

简析：若无严谨有序的系统思维，对学生而言本题可能易出各种错误。首先应明确 NaH_2PO_2 的类型，即为强碱弱酸盐的正盐，接着分析其电离和水解两种基本行为，溶液显碱性，微粒有 H_2O、H_3PO_2、Na^+、$H_2PO_2^-$、OH^-、H^+，质子守恒式应为 $c(OH^-) = c(H^+) + c(H_3PO_2)$；升温促进水解，碱性增强，$c(OH^-)$ 增大，但同时水的离子积常数 K_w 也增大，因而 $c(H^+)$ 不一定减小，即 pH 不一定增大；与盐酸按物质的量 1 : 2 反应后，溶液中含等物质的量的 H_3PO_2、NaCl、HCl，故 D 项正确。这种系统思维的程序或模型不仅解决本模块问题有效，且具有广泛迁移价值。

三、结语

教师都有这样的经验：很多时候学生学习成绩不理想并非因缺乏具体学科知识，而是缺乏分析有关问题的系统思维，而教师之所以在分析学科问题时相对容易，也并非因其在知识上胜过学生，而是多年经验下来早已自觉或不自觉地积累了大量分析有关问题所必需的系统思维和一般思路。系统思维能力是一种可迁移性极强的素养，一旦养成便可通过横向类比迁移（如从此章节到彼章节，从化学到其他学科）和纵向远迁移（如从当下学习到未来工作）解决许多学习与生活中富有挑战性的问题，而这无论是对学生近期成绩的提升还是未来长远健康发展都大有裨益。

参考文献

[1] 苗东升. 系统思维与复杂性研究[J]. 系统辩证学学报, 2004(1): 1-5, 29.

[2] 钱学森. 钱学森讲谈录：哲学、科学、艺术[M]. 北京：九州出版社, 2009: 2-7.

[3] 江敏. 从系统的角度对化学反应的知识进行建构——化学反应系统化知识的建立[J]. 中学化学教学参考, 2012(7): 3-8.

巧用对比思维　提升教学效率

对比思维是一种重要思维方式，通过“对比”可以看清或放大彼此异同，从而有利于对事物更全面、更本质的认识，故在很多场合和问题上善用对比思维可事半功倍。 高中化学知识面广点多、体系庞杂，由于表面相似而易于混淆的概念、原理和符号不胜枚举，因此在化学教学中巧用对比思维是提升教学效率的有效途径。 下面具体从几个方面举例展示对比思维在化学教学中的实践应用。

一、对比思维在“离子方程式书写”中的应用

离子方程式的书写是高中化学的基本内容， 也是进一步化学学习的基本功。 但一些学生在书写离子方程式时经常在反应原理、物质形态和定量关系等方面出错，若教师能在该内容的教学中针对学生易错的几个方面，巧妙应用对比思维设计若干组针对性练习，将会收到较好的效果。 比如尝试让学生写出如下反应的离子方程式:(1) Na_2CO_3 与足量稀 HNO_3反应；（2）$CaCO_3$ 与足量稀 HNO_3 反应；（3）Na_2CO_3 与足量稀 CH_3COOH反应；(4) Na_2SO_3与足量稀 HNO_3 反应；(5) Na_2CO_3 与少量稀 HNO_3反应。

设计意图:通过(1)(2)中盐的对比让学生思考溶解性对离子方程式书写的影响;通过(1)(3)中酸的对比让学生思考电离能力对离子方程式书写的影响;通过(1)(4)中盐的对比让学生思考物质的化学性质差异对离子反应类型的影响;通过(1)(5)反应的对比让学生思考反应物量的相对多少对离子方程式书写的影响。 在离子方程式书写等教学中，若能针对学生易错点运用对比思维设计典型习题进行练习与反思总结，可事半功倍。

二、对比思维在“物质结构”教学中的应用

化学物质结构部分有关规则和符号术语众多，学生经常因符号、规则、术语的识别不清和理解不透而出错，若在教学中善于运用对比思维设计有关练习，帮助学生在“对比”过程中深刻体会各概念规则的异同，则会收到较好效果。举例如下：

(1)分别写出铁元素的原子结构示意图、电子排布式、最外层电子排布式、价电子排布式、价电子排布图(轨道式)。

(2)分别写出下列物质的电子式：CH_4、NH_3、CaH_2、CaO_2、HClO。

(3)分别写出1-丁烯的分子式、实验式、结构式、结构简式、键线式。

(4)请从结构和物理性质两大方面对比归纳四大类典型晶体的异同点。

设计意图：(1)(3)两组习题引导学生在“对比思考”中掌握几组字面相近但有细微差别的概念(如电子排布式与排布图、结构式与结构简式等)；习题(2)则通过系列物质电子式的对比书写(如CH_4与NH_3的对比、NH_3与CaH_2的对比、CaH_2与CaO_2的对比等)，让学生领会成键的动机原则、共价键与离子键、孤对电子与键合电子等知识。

三、对比思维在“溶液中的离子平衡”教学中的应用

“溶液中的离子平衡”问题既是高中化学的重点亦是教学难点，其中对比思维在本章教学中的应用显得十分必要，否则最后学生可能将各类电解质及其平衡彼此不分、混为一团，何谈问题解决？本章可主要突出下面三方面的对比：

(1)强电解质与弱电解质的对比。在一般的稀溶液中，强电解质完全电离，与强电解质的“行为简单”相比，弱电解质则是“有故事的人”，这个故事的主题就是“电离平衡及其移动”。即相比之下，弱电解质难电离(溶液中往往分子多离子少)，存在动态电离平衡(当浓度、温度等条件改变时，平衡移动引起溶液中微粒数目变化)。关于“电离”这一知识点

的有关习题，宜突出这一强弱对比。

例 1. 下列说法正确的是（　　）。

A. 1 mol/L 的醋酸溶液导电性比 0.5 mol/L 的盐酸强

B. pH 均为 4 的盐酸和醋酸均加水至体积为原来的 10 倍，pH 均变为 5

C. 等体积且 pH 相同的盐酸和醋酸分别与足量锌粉反应，后者放出氢气更多

D. 常温下 pH 为 4 的盐酸与 pH 为 10 的氨水等体积混合后，溶液显中性

（2）电离平衡与水解平衡的对比。可从“对象和实质、对水电离平衡的影响、分子离子比例、进行程度、影响因素”等方面进行对比思考，并可进一步总结为“三异三同”。“三异”指:一是涉及对象和实质不同，电离平衡对象是弱电解质，本质是其自身解离出自由离子，而水解平衡对象主要为含弱酸根或弱碱根的盐，其实质是和水发生复分解反应;二是对水电离的影响不同，弱酸弱碱的电离平衡抑制水的电离，而水解平衡则促进水的电离;三是两类平衡体系中分子离子比例不同，弱电解质的电离平衡体系中往往分子多离子少，而盐的水解平衡体系中往往分子少离子多(少数盐除外)。“三同”指:一是电离平衡和水解平衡都需要水的参与和作用;二是两种平衡进行的程度一般都不大(少数水解除外);三是外界影响因素相似，两平衡均主要受浓度和温度的影响，且稀释时对两种平衡均为促进，升温对水解和多数电离也都是促进。

例 2. 常温下，pH 均为 5 的醋酸和氯化铵溶液中由水电离出的 H^+ 浓度分别是多大?

（3）电离过程与溶解过程的对比。常有学生误以为难溶的也难电离，其实物质的溶解与电离是两种不同的变化过程，前者指溶质均匀分散到水中(可为分子态也可为离子态)形成溶液的过程，后者专指电解质解离为自由离子的过程。易溶的不一定易电离，如乙醇、醋酸等，易电离的也不一定易溶解，如硫酸钡等(其溶在水中的部分可完全电离，熔融状态亦可完全电离)，还有少数盐（如 $CaSO_4$）溶解在水中的只有部分电离，值得注意。

四、对比思维在元素化合物部分的应用

元素化合物知识面广点多，不少化学物质在组成和大的类别上（如都是氧化物）相近，但结构和性质却大相径庭，学习时易混淆出错。高三复习时可打破章节顺序而根据需要重组相关知识，此时若善于运用对比思维求同存异，往往效果较好。比如将 Na_2O_2 与 H_2O_2、Na_2O 三者对比，Na_2O_2 与 Na_2O 的结构性质对比主要是求异，而 Na_2O_2 与 H_2O_2 的对比则是在学生对 H_2O_2 已有认知的基础上求同（或同化），以助于理解过氧化物这一类物质的性质（如氧化性和作供氧剂等）。又如，HNO_3、H_2SO_4、HCl 三大常用强酸，可从氧化性、还原性、稳定性、挥发性等方面对比求异，以突出彼此个性（2021 年全国乙卷 26 题考查较高温度下对“酸溶”试剂的选择就是基于此），而对 H_2SO_4 则需进一步对浓硫酸和稀硫酸从微粒构成、性质、应用等方面进行对比。此外，Na_2CO_3、$NaHCO_3$ 和 $NaHSO_3$，SO_2、CO_2 和 SiO_2 等物质的结构、性质和用途等也宜通过对比梳理复习。再如，将 Na、Mg、Fe 分别和水的反应进行对比，能更好地借助金属活动性理解这三个反应在条件、速率和产物（稳定性）上的区别。

五、对比思维在其他方面的应用与特殊意义

比如在高三复习阶段，学生学过的化学概念和用语等已经很多，此时易将一些字面相近而实质不同的知识混淆，如电离、电解和水解，又如同位素、同素异形体、同系物和同分异构体等。针对此问题，教师可将其集中起来，然后采用“对比法”设计系列习题，让学生在对比中加深对各概念原理的深度理解。

其实，对比思维的应用十分广泛，“对比原理”本是心理学上分析和认知事物的一种重要心理机制。在化学教学中巧用、常用对比思维(尤其是在习题设计和复习总结环节)，不仅可以提升当下教学效率，还可在潜移默化中促进学生对这种“对比思维原理”的深刻领会与广泛应用，进而提升其思维的乐趣和思维品质，这将有助于学生未来的长远发展。

对化学学科核心素养体系中“风险评估与安全意识”的教学思考

高风险是现代社会的突出特征之一，以至于有社会学家建议将现代社会称为“风险社会”。因人类理性认知的局限和大量外部事物的未知性与突发性，使风险的存在无论在个体层面还是社会层次都是客观、普遍和永恒的。而在分析导致现代社会风险增长的原因时，科学技术作为重要风险源早已引起学界关注，并认为风险是科学技术的内在属性之一[1]。单从化学学科视角看，现代社会的风险也无处不在。从婴儿奶粉到老人保健品，我们不少人或许一辈子都在被动、无意识地（无论你学不学化学）接触某些有害物质（如甲醛超标产品），关键是社会发展和日常生活的确早已离不开各种化学品（利大于弊），除非人们愿意让自己生活水平倒退几百年。当然，其他学科带来的风险问题也很多（如核污染、克隆人等）。

因此，现代社会从个人层面到国家集体都急需“风险评估与安全意识”这一重要素养来保驾护航。然而，我国当前教育对这一素养的具体要求与课程落实仍有待加强，很多学校的安全风险教育（如消防、地震演练）往往流于形式且内容单一，未能真正在日常课程和教学中潜移默化、一以贯之，而具体学科教学中涉及科技风险和安全话题时往往浮光掠影，这种现象不能不引起广大教育工作者的关注。

一、最新化学课程标准中有关“风险评估与安全意识”素养的要求与解读

正因为在现代社会“风险评估与安全意识”素养对个人和社会健康发展极为重要，故《普通高中化学课程标准（2017 年版）》一书在附录 1 “化学学科核心素养的水平划分”中对该素养提出了明确要求与解读，其中“素养 5　科学态度与社会责任”一栏中的水平 1 指出“具有安全意识，逐步养成严谨求实的科学态度……”，并继续在水平 2 中强调“能运

用所学知识分析和探讨某些化学过程对人类健康、社会可持续发展可能带来的双重影响，并对这些影响从多个方面进行评估”，另外水平 4 也指出“能依据‘绿色化学’思想和科学伦理对某一个化学过程进行分析，权衡利弊，作出合理的决策……”[2]91-92。

可以看出，新一轮化学课程标准一方面将“风险评估与安全意识”明确纳入了学科核心素养体系，但另一方面又将其置于“素养 5 科学态度与社会责任”下的具体素养水平中，并强调在具有安全意识和绿色化学观念的同时要能欣赏化学对人类文明的伟大贡献[2]91，这应当是化学课标制定组慎重考虑后的巧妙安排，也是一段意味深长的解说，因为这里牵涉到化学学科强调“风险评估与安全意识”素养的特殊性。

二、化学学科关注“风险评估与安全意识”素养教育的特殊性

1. 安全风险问题历来在从事化学实验与化工生产的人群身上比较突出

我国每年都有多起较大化工事故，如近年从 2015 年的“8·12 天津滨海新区特大爆炸事故”到 2019 年刚发生的“3·21 江苏盐城特大化工爆炸事故”等教训惨重，可见当前我国化工行业从管理层到普通职工其风险评估与安全责任素养之匮乏。当前，化学实验室安全问题同样备受关注，近年来许多著名高校实验室事故频发（如 2008 年美国加州大学洛杉矶分校一研究助理在取用丁基锂过程中因药品自燃致烧成重伤并死亡，2015 年清华大学化学系一实验室因爆炸导致一名博士后当场死亡），更是将实验室安全问题推向了全球舆论的风口浪尖。因此，强调在化学教学中关注和落实“风险评估与安全意识”素养已迫在眉睫。

2. 化学学科发展学生“风险评估与安全意识”素养应特别注意方式和度

在化学教学实践中发现，学生对科学风险的认知常表现出与社会群体相似的两种不良倾向：一种是科学风险意识的缺乏，另一种是对科学风险的过度反应[3]。因此存在一种顾虑，即由于在化学教学中过于强调和渲染“风险评估与安全意识”，甚至有意无意夸大了某些化学品和化学反应的危险和负面影响，可能会无形中增加学生对化学的恐惧心理和厌恶情绪。所以，在化学教学中一定要把握好方式和度：一方面，要在化学教学中充分重视和培养学生的风险评估与安全意识素养（这是为学生和社会安

全负责的必然要求），使学生知道安全风险问题可以科学评估和正确规避，并掌握防范和应对常见安全事故的技能；另一方面，还要特别引导学生注意一个事实，即一些化学试剂、实验和化工生产固然存在安全风险，但人生在世本来就处处充满风险和危机，每年因溺水、火灾、矿难、传染病、交通事故和地质灾害等伤亡的人数远比在化学实验或化工生产中伤亡的多，从而使学生对化学中的安全风险问题能持理性平和的态度。

3. 化学学科蕴含丰富的“风险评估与安全意识”素材

化学在培养“风险评估与安全意识”素养上确有独到的学科优势，因为其中涉及安全风险的话题和素材案例俯拾皆是，从食品添加剂、人造脂肪、合成抗生素、兴奋剂到化妆品、装修材料、化肥农药等不胜枚举，从而确保“风险评估与安全意识”素养能统领和贯穿化学教学始终，这或许是其他学科难以替代比拟的。

因此，笔者认为关注落实化学核心素养中有关“风险评估与安全意识”维度的要求，既是着眼于化学工作者的切身安全问题（且该素养迁移性极强），又有助于广大师生及公众对化学风险问题的正确理解（如懂得如何科学评估和规避），从而使大家能以一种正常、无畏、无偏见的心态对待化学，并让那些真正热爱化学且有学科天分的学生愿意终生研究化学、以之为职业。如果我们基础化学教育能努力做到这一点，则对学生、学科和国家都将是一件幸事。

三、化学学科核心素养中的“风险评估与安全意识”要素分析

分析构成化学核心素养中“风险评估与安全意识”维度的要素也许是个见仁见智的问题，笔者认为至少应包括以下三个方面。

1. 思想观念层面

能在整体上辩证审慎地看待化学等科学对人类的贡献与影响，在化学品使用、化学实验或化工生产过程中能有强烈的风险评估与安全防范意识，并能将化学学科中习得的安全风险评估和防范素养迁移至其他领域（包括对风险不明的事物应当按有安全风险审慎对待），使该素养真正服务于个人和社会的健康发展。但同时要警惕和防止因夸大渲染化学中的安全风险问题而有损学科形象和学生对化学学科的态度。

2. 具体知识层面

了解化学化工中常见的安全风险来源，包括熟悉生活中常见化学品的性能，尤其是一些常见危险化学品的性质、保存、使用及有关法律法规，并理解与化学反应安全有关联的各种知识（如放热、速率、气压变化等）。

3. 方法技能层面

掌握规避常见化学安全风险问题的具体策略和方法技巧，如化学实验中的各种安全规范操作与安全急救措施等。

四、在具体化学教学中落实“风险评估与安全意识”素养举隅

学科素养的形成，需要在长期而具体的教学中有意识、有计划地渗透强化。下面仅分别以高中阶段的化学实验、元素化合物和反应原理等内容为例，探讨如何在教学实际中落实该素养。

1. 在化学实验教学中渗透“风险评估与安全意识”

实验室是科学研究和人才培养的重要场所，也是落实“风险评估与安全意识”教育的最佳平台。尤其是化学实验室，通常环境较复杂，存放和使用的化学品较多，且热、电、水、气等用量大，人均空间狭小，不可否认这些客观因素在一定程度上导致化学实验室安全隐患较大。但调查发现，近年高校多数实验安全事故的主要原因在于实验者安全意识淡薄、思想麻痹大意甚至违规操作[4]1-3，这也反映出当前化学实验中“风险评估与安全意识”教育的明显不足。

在化学实验教学中，首先要让学生掌握一些大的安全原则。如，所有首次实验（以前未做过的，无论这实验表面看起来多么寻常）都应先进行风险评估（如首先充分查阅有关资料），了解该实验可能存在的风险及其原因和规避办法。化学实验操作最基本的一个原则就是先将一切化学品视为有潜在危险的，因而对毒性不明的物质或安全性难以确定的实验都应按有风险对待（如要在通风橱中操作）[4]129，这一原则不仅对实验安全十分重要，而且在现实生活中亦颇具启发，即凡对风险不明的事物都应按有风险考虑，进而审慎对待并有预案备案，这是“风险评估与安全意识”素养的重要内涵之一。其次，应多在实验细节中潜移默化地强化安全风险意识。如，化学实验中对于在没有指明试剂用量情况下应取“最少量”这一

要求，不仅是从节约药品角度考虑，也是出于安全考虑；又如，实验中常用氯水、溴水（或溴的四氯化碳溶液）替代氯气或纯溴，也主要是为了使操作安全和方便；盛气体的钢瓶用不同颜色（如氧气瓶天蓝色、氢气瓶青绿色等），实为安全标志（当瓶上字样标识模糊后仍能识别）；再如，对于剧毒品，需了解其管理的“五双”原则，即双人领取、双人保管、双人使用、双锁、双账[4]62，并清楚毒物侵入的主要途径，如大都知道通过呼吸道和消化道入侵，但也常有人因对皮肤吸收这一主要途径认识不足而酿成悲剧。这些实验中易被忽视的安全细节正是培养学生“风险评估与安全意识”素养的好素材。

2. 在元素化合物教学中渗透“风险评估与安全意识”

元素化合物（包括有机物）涉及大量具体物质的性质、反应、制备和应用，且与日常生活息息相关，因而也是培养学生“风险评估与安全意识”的重要阵地。如碳、氮、硫化合物教学中对环境问题的高度关注，碱金属教学中对其保存、实验及着火处理等安全细节的强调，有机物教学中对毒品和兴奋剂等敏感安全话题的讨论与正面引导等。在元素化合物部分进行安全风险教育时，首先要让学生领会：化学物质中好的并不总是好、有害的并不总是那么坏，就像人一样，怎么能要求它十全十美？关键看人类如何使用和控制，从而使学生深刻体会化学物质对人类的双重影响和“物尽其用”的智慧。这种引导有利于人们以一种更客观理智的态度看待化学品和化学学科（既能预见其可能的风险隐患，又不会产生莫名的恐惧和排斥）。

比如，不仅要让学生知道明矾和氯气能用于自来水净化和消毒，还要认识其存在的安全隐患（铝的长期摄入对脑细胞有一定损伤，而氯气与水中某些有机物作用可产生致癌物），更要知道化学家在面对这些安全问题时的科学对策与积极作为（如用更高效安全的高分子聚合铁盐和二氧化氯分别替代明矾和氯气）。又如，在教学中谈及水、氧气等生命必需物质时，不妨加一句“过量或浓度过高也会发生水中毒、氧中毒”；分析氮气时，一句“实验室钢瓶中大量氮气泄露有无危险”的发问让学生进一步体会谈毒性离不开剂量和浓度（会稀释氧），并通过让学生意识到稳定无毒如氮气仍可能有安全隐患，从而进一步强化其风险评估与安全意识。再反过来看“有害的并不总是那么坏”：NO 通常被描述为有毒气体，然而它在生命体内的诸多作用（如作为气体信使分子、改善血管功能等）如今已为人熟知；SO_2一面是大气污染物，但另一面又在葡萄酒中发挥难以替代的作用。再如，在有机物教学中，苯与氢加成制环己烷的反应学完了，多加一句“环己烷比苯毒性小得多，故常用其替代苯作有机溶剂”，既是学以致用又是润物无声的安全教育，甚至还可引导学生尝试从有机物结构预测毒性（尽管目前还没有相关的系统理论），如一般认为不饱和度越高毒性越大、芳环和卤原子增多往往加重毒性[4]59。这一方面可增强学生科学预测物质风险的信心，另一方面又让学生觉得化学处处蕴含学问和智慧。

总之，在元素化合物教学中，希望通过教师的长期正确引导，既要提升学生“风险评估与安全意识”素养，又要在潜移默化中使学生更客观、全面、公正地看待化学品乃至欣赏化学。

3. 在化学反应原理教学中渗透“风险评估与安全意识”

只要有意发掘，化学反应原理模块同样涉及大量“风险评估与安全意识”教育的素材。事实上，化学反应中的风险研究正是进行工程放大、工艺设计和安全生产的关键环节。

比如在“反应热”教学中，对放热反应我们往往觉得很好，因为放热反应通常易自发还省能量，但许多化工事故皆因反应放热失控引起（比如涉及自发氧化、硝化、磺化等强放热的化工反应时）。因放热使温度升高，温度升高又使反应加快，进而放热更快并导致恶性循环，若无风险评估和预案规避，极易引发事故[5]63。所以在进行化工反应风险评估时，通常需要知道混合物料的比热容、工艺放热速率、最大放热量等技术参数，并对反应中涉及的原料、中间物和产品进行热稳定性测试，以及通过反应的温升测试来评估放热反应失控后可能的严重程度。当然，在教学中不一定要给学生介绍得这么细，但起码应当给学生增加这么一个安全风险的认知维度，比如在面对氢气、甲烷等燃料的热化学方程式时，应同时提醒学生关注爆炸极限。

再如，“化学反应速率”教学也可密切联系化工安全。其中，动力学方程、反应级数、活化能等都是化工反应安全评估的重要参考内容，可通过分析温度、浓度（压强）、催化剂等对反应速率影响的定量关系（如浓度对速率的影响可通过反应级数量化、温度对速率的影响可通过范特霍夫经验规律或阿伦尼乌斯公式预测），从而较为科学地预测反应的总体速率趋势、可能最大速率（包括工艺放热速率、气体及压强的增加速率等重要安全参数），最后再综合其他因素（如生产成本等）设计恰当的反应器并控制最佳反应条件[5]115。在反应原理教学中渗透“风险评估与安全意识”教育，不仅能提升学生预测化学风险的信心与技能，还有利于使抽象教学内容变得更生动实际。

在化学的其他章节模块，如电解（涉及用电安全、电解质熔融时的高温等）、物质结构（如从组成结构预测热稳定性、可燃性甚至毒性）、化学分析检测等方面，也都有很好的风险评估与安全教育素材，不再赘述。

五、结语

在新一轮全国课程与高考改革背景下，在科技风险越来越突出的现代风险社会背景下，在当前化学学科公众形象和发展前景不容乐观的形势下，深入挖掘、多角度探讨并实践化学核心素养体系中“风险评估与安全意识”的维度内容具有现实、深远和特殊的意义。以化学等学科教学为载体，培养学生“风险评估与安全意识”这一迁移性极强的公民核心素养（当然需要特别讲究教学的策略方式和度的把握），增强其预见和规避科学风险及一般安全问题的能力，既是使人们更加客观、理性、公正地看待化学（或科学）的必经之路，更是当代教育在现代风险社会背景下促进学生幸福生活与终生发展的必然选择。

参考文献

[1] 赵万里.科学技术与社会风险[J].科学技术与辩证法,1998(3):50－55.

[2] 中华人民共和国教育部.普通高中化学课程标准(2017年版)[S].北京:人民教育出版社,2018.

[3] 梁雪峰,倪娟.浅论中学化学科学风险认知教学——以“天然气的利用——甲烷”为例[J].化学教学,2015(12):38－43.

[4] 北京大学化学与分子工程学院实验室安全技术教学组.化学实验室安全知识教程[M].北京:北京大学出版社,2012.

[5] 黄仲九,房鼎业.化学工艺学[M].2版.北京:高等教育出版社,2008.

基于核心素养的物质结构原创题及评析

结构决定性质，“构性关系”是化学学科的核心问题之一，是化学核心素养中“宏观辨识与微观探析”的灵魂所在。因而，《物质结构与性质》模块在现行化学高考中虽然属于选修内容，但其在学科中的地位是核心的，它是学生进一步深入理解化学的基石，对学生化学核心素养的培养起着关键作用。而且，近年来高考对《物质结构与性质》模块的具体考查形式和难度都在不断创新和悄然变化，其中的原因之一可能是为了与另一选修模块《有机化学基础》难度相平衡。然而，师生平时在教学中练习的有关题目往往面孔陈旧且雷同较多，其中大多数只是对已往高考试题的简单模仿与改编，而缺乏真正具有引领性和预测性的原创性题目。笔者近年在这一方面做了些思考和实践，下面介绍两道基于学科核心素养的《物质结构与性质》原创模拟题，供同行参考。

例1. 卤素是最典型的一类非金属，相关物质在生产生活中具有广泛应用。请回答有关问题：

（1）卤素的价电子排布式可用通式统一表示为（用 n 表示能层）____，它们均在周期表的____区。

（2）通过有关实验测定的 HF 蒸气相对分子质量往往大于其理论值20，主要原因可能是（不考虑仪器和操作问题）____。

（3）实验发现铝、锌等金属与酸度相同的稀盐酸和稀硫酸反应时，盐酸的反应更快，研究表明主要是因为 Cl^- 参与上述反应并与金属离子形成了一种特殊化学键，推测该键的类型及 Cl^- 在成键时的作用____。

（4）SF_6因其良好的绝缘性和化学惰性广泛用于电力行业，根据价键理论预测其立体结构名称为____，该分子有无极性____；若成键时该分子中硫原子的全部 3s、3p 轨道和部分 3d 轨道均发生了杂化，则推测该分子中硫原子的轨道杂化方式为____。

（5）$AlCl_3$熔点远低于 AlF_3，且前者易升华，推测 $AlCl_3$和 AlF_3晶体类型依次为____，导致两者晶体类型不同的原因主要是____；已知 AlF_3能和 Al 在高温下化合生成另一种化合物（曾在星际物质中发现），从铝的电子结构预测该生成物并写出有关反应方程式____。

（6）CaF_2晶胞如图 1 所示，则 Y 的离子符号为____；晶体中两种离子分别填入对方形成的正四面体空穴和立方体空穴，其中 Ca^{2+}和立方体空穴的数目之比为____；若该晶体密度为 a g/cm^3，则其中 Y 离子形成的立方体空穴的边长为____ nm（用含 N_A、a 的代数式表示）。

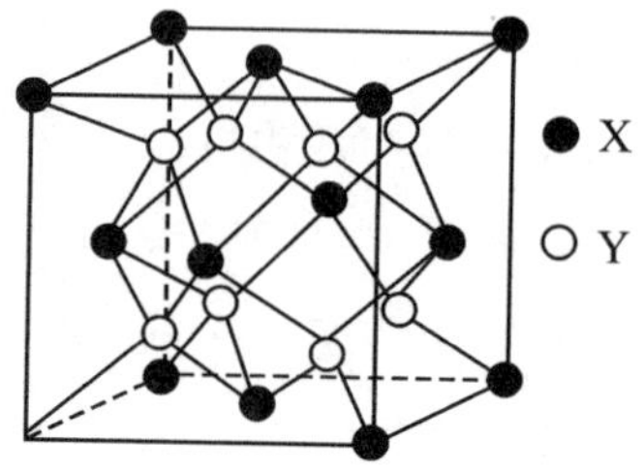

图 1　CaF_2 晶胞示意图

设计意图：本题以卤素为背景和话题，较为全面而灵活地考查了学生物质结构方面的基本知识和应用能力。其中第（2）（3）问通过实际问题情景考查学生对分子间氢键和配位键知识的学以致用；第（4）问表面上好像超出考纲要求（中学介绍的价层电子对互斥理论中，其价层电子对数通常不超过 4，而原子轨道杂化通常也不涉及 d 轨道），但实际上这应当是一道并不超纲且极具区分度的好题，因为硫原子和卤素的成键特点学生应该是清楚的，而若学生能真正理解“价层电子对互斥理论”，则判断出 SF_6为正八面体和非极性分子就不难（教材在离子晶体一节中也曾涉及正八面体构型），而后面对硫原子轨道杂化方式的考查则有充足的信息提示（即硫原子的全部 3s、3p 轨道和部分 3d 轨道均发生了杂化），事实上题目对中学少见的 sp^3d^2这一杂化方式的考查，恰恰能很好地甄别出学生对杂化轨道是否真正理解以及其思维的灵活性和迁移性；第（5）问先考查学生对电负性的理解和应用能力，其中要求通过铝的电子结构预测有关反应和生成物这一设问，既新颖又不露声色地考查了学生对核外电子排布规律及原子轨道性质的灵活理解，体现了对“宏观辨识与微观探析”这一学科核心素养的要求；最后一问有关 CaF_2晶胞的分析，则重点考查学生的空间想象能力（相比之下，具体的计算能力倒是其次），尤其是其中 F^-形成的立方体空穴中有一半填充有 Ca^{2+}，还有一半则完全是空的，并进而观察推导出该立方体空穴的边长为晶胞边长的一半，对学生的思维和想象力要求均较高。

参考答案：（1）ns^2np^5　p　（2）HF 蒸气中仍有少数分子通过分子间氢键形成缔合体（HF）$_n$　（3）配位键，作配体提供孤对电子　（4）正八面体　无　sp^3d^2　（5）分子晶体和离子晶体　F 和 Al 电负性差值较大而 Cl 和 Al 电负性差相对较小　$2Al + AlF_3 = 3AlF$　（6）F^-　1 : 2　$\sqrt[3]{\frac{39}{aN_A}} \times 10^7$

例 2. 联合国批准2019 年为“国际化学元素周期表年”，以庆祝“化学元素周期表发明 150 周年”。依据现行化学元素周期表和物质结构知识回答下列问题：

（1）下列事实不能支持或证实原子核外电子处于能量不同的能层和能级的是____。

A. 原子光谱　　B. 原子的逐级电离能数据

C. 同位素现象　　D. 电子跃迁现象

（2）常温常压下的气体物质往往属于____（A 无机物；B 有机物；C 单质；D 小分子），原因是____。

（3）元素周期表中熔点很高、硬度很大的金属（如 W、Cr）往往为过渡金属而非主族金属，原因主要是____；其中 Cr 的价电子排布式为____，它在元素周期表中的位置是____，其最高价氧化物的化学式为____。

（4）碳是元素周期表中形成化合物最多的元素，也是有机物的骨架元素：①碳与周期表中电负性最大的元素可形成许多有重要用途的有机物，请写出其中一种所有原子均共平面的分子的结构式____；②2-丁烯（$CH_3—CH═CH—CH_3$）中碳原子轨道杂化方式为____，它因其碳碳双键不能自由旋转而存在顺反异构，其双键不能自由旋转的根源是____。

（5）元素周期表中的铁、铬、锰及其合金在冶金学上被称为“黑色金属”，其中铁的晶体常为体心立方堆积，研究晶体结构常用的仪器方法是____；已知铁密度为 a g/cm^3，铁原子半径为 b pm，则阿伏加德罗常数 N_A 可表示为____（列出有关计算式即可）。

设计意图：本题以“国际化学元素周期表年”为话题引入，总体难度虽不大，但同样十分注重考查学生学以致用的能力和学科核心素养达成情况。比如第（1）小问结合具体知识考查学生“证据推理”的学科素养和意识；第（2）（3）小问结合生活中的实际现象和事实，考查学生对分子间作用力、金属键等知识的活学活用；尤其值得一提的是第（4）问最后一小问，通过要求解释烯烃碳碳双键不能自由旋转从而存在顺反异构的原因，灵活考查学生对共价键中 π 键成键特点的深入理解与迁移应用，充分展示了物质结构理论在整个化学学科中的广泛应用价值和基础性地位，走出了就知识考知识的浅表层次；本题最后一问涉及的利用有关晶体结构数据求阿伏加德罗常数 N_A 近似值，是科学史上求 N_A 的一种真实可行的方法，要求学生对晶体的堆积特点、空间结构和阿伏加德罗常数等都要有清晰的认识。

参考答案：（1）C （2）D 小分子物质其分子间作用力一般较小，故熔沸点往往很低 （3）过渡金属的价电子数目往往更多，其金属键往往更强 $3d^5 4s^1$ 第四周期第ⅥB族 CrO_3 （4）① F—C≡C—F（或四氟乙烯、六氟苯等） ②sp^3和sp^2 碳碳双键旋转会使形成 π 键的 2p 轨道重叠程度减小进而影响分子的稳定性 （5）X 射线衍射法 $\dfrac{112}{a\left(\frac{4}{\sqrt{3}}b\times10^{-10}\right)^3}\ \mathrm{mol}^{-1}$

虽然习题设计与练习只不过是化学教学的一个辅助环节，但由于它是学情反馈和学以致用最便捷的手段之一，因而始终是理科教学的重要组成部分。教学中要多注重高质量、原创性、创新型习题的设计，从而有效引领和促进化学教学。笔者推测，基于高考的选拔性特点、往届高考命题趋势分析和新一轮化学学科核心素养要求，《物质结构与性质》这一模块在未来高考中的考查形式将会继续创新，而容量和难度（尤其是考查在真实问题情景中的学以致用方面）可能会继续提升，这一点值得选择本模块的师生关注。

教学方法

达尔文曾说“世间最重要的知识是关于方法的知识”,“教什么”和“怎么教”始终是教学研讨中的永恒话题。本部分文章主要是对一些具体化学教学方法的思考与实践,以及在化学习题命制方面的一点想法与尝试。当然,教学方法往往是个性化和经验性的,我们在教学中既要关注这些具体方法,更应懂得因材施教、随机应变,正所谓“教学有法,教无定法”。

化学概念教学应关注其演变性和相对性

一、问题的提出

概念是进行判断、推理的基础，概念教学是学科教学最基本的组成部分，其教学效果直接决定学生能否对该学科进行正确而深入的理解。当前，在概念教学中，人们往往很关注概念的绝对准确甚至精确性（有些教师甚至要求学生按教材原话把概念一字不变地记下），而忽视了很多概念自身的演变性和相对性。法国物理学家、教育家郎之万曾尖锐地批判过在科学教育中只向学生灌输概念和结论的教条主义及形式主义倾向，并指出必须以一种依赖历史的、动的概念来代替那些死板的、静的概念。他的这些远见卓识在今天依然值得深思和借鉴。

化学中很多概念具有历史演变性和相对性，如元素、化合价、酸碱反应、金属与非金属、共价键与离子键等，而能基于演变发展和相对性、过渡性的角度认识事物，正是科学素养极其重要的组成部分。科学最可贵的品质之一就是善于自我纠错、不断完善和超越自我，它从不认为自己就代表着最后的绝对真理。因此，在化学教学中关注概念的演变性和相对性是培养学生科学精神的重要途径。目前，专门介绍化学概念演变的文章不多，而关于化学概念相对性和分歧性的文章几乎没有。

正是基于现状和以上思考，笔者将结合若干实例对化学概念的演变性和相对性做以分析。

二、化学概念演变举例

化学中有些概念可以顾名思义，如分解反应、同分异构体、取代反应等，但有些概念若顾名思义则会出问题，如胶体、芳香烃等，因为这些概念的内涵与外延往往经历了历史的演变。

1. 胶体

人们初次接触这个概念时，总难免要顾名思义、先入为主地将其想象成一类胶黏状的物质，而历史上人们对胶体的认识也确实经历了从宏观感性到微观本质两个阶段[1]。

（1）1861 年，英国的格雷姆最早提出“胶体”这个名词，他以此来描述一些难以扩散和难通过半透膜的胶黏物质，如蛋白、明胶等，并将这类物质与晶体进行对立区分。

（2）1905 年，维伊曼对 200 多种化合物进行实验，结果证明任何典型晶体都可以通过改换溶剂或降低其溶解度的方法而制成胶体（如 NaCl 分散在苯或酒精中可形成溶胶），由此才进一步认识到胶体不过是一类特殊的分散系而已。一般认为胶体分散质尺寸在 1 ~ 100 nm。所以，胶体的本质在于其分散质的特殊尺寸大小，而其字面意思早已过时。

2. 芳香族化合物

其概念演变大致经历了如下三个阶段[2]444。

（1）在有机化学发展初期，人们曾把从植物中得到的一些有芳香味的有机物通称为芳香化合物。

（2）1828 年，法拉第从液化照明气中分离出苯，并且随着煤焦油工业的发展，人们还合成了大量含苯环且性质与早期研究的脂肪族化合物有显著差异的一大类有机物，而且研究还发现那些早期天然芳香化合物也都含苯环，因此便把含有苯环的化合物通称为芳香族化合物。

（3）后来研究继续深入，尤其是在20世纪，化学家休克尔提出了著名的“休克尔规则”，即认为凡含 $4n+2$（n 为自然数）个 π 电子的单环闭合平面共轭多烯化合物皆有芳香性。于是，人们从微观结构上对芳香族化合物的本质有了更深的认识，并将芳香化合物从苯系扩展到了非苯芳香体系。

概念的背后都是有故事的，如果教学中完全撇开这些演变故事不提，而直奔所谓的“教学目标”，则会让学生觉得这些概念有些突兀、生分和冷冰冰。

3. 酸碱

人们对酸碱的认识经历了漫长的过程，酸碱概念的不断演变和完善可以算作化学概念演变的典范，该演变通常认为经历了如下几个阶段[2]20-23。

（1）最早是基于感性认识的一种朴素酸碱观：把有酸味，能使紫色石蕊试液变红的物质叫酸；把有涩味、滑腻，能使紫色石蕊试液变蓝的物质叫碱。

（2）1887年，瑞典化学家阿仑尼乌斯提出了酸碱电离理论，即在水中电离释放的阳离子都是 H^+ 的物质叫酸，电离释放的阴离子都是 OH^- 的物质叫碱。该理论至今仍普遍使用（尤其在中学化学中），但它将酸碱反应局限在水溶液中，对非水体系中的酸碱反应和不含 H^+ 和 OH^- 的物质（如 Na_2CO_3 等）的酸碱性无能为力。

（3）1923年，丹麦化学家布朗斯特和英国化学家劳里同时提出了应用范围更广的酸碱质子理论，认为酸是质子给予体，碱是质子接受体，并产生了共轭酸碱对的概念（如 NH_3 与 NH_4^+）。酸碱质子理论可用于非水溶液（如氨气与氯化氢气体的反应），且把 Na_2CO_3、NH_4Cl 等可水解的盐也包括在酸碱范围内。但该理论也还存在缺陷，即它不能包括那些不交换 H^+ 但也有酸碱特征的物质。

（4）1923年，美国化学家路易斯提出了酸碱电子理论（又称路易斯酸碱理论或广义酸碱理论），该理论将酸看作电子接受体（如 BF_3、Ag^+ 等），碱看作电子给予体(如 NH_3、Cl^- 等)，而把酸碱反应看作是酸从碱接受一对电子生成酸碱加合物的过程（显然已包含了配位反应和沉淀反应，但不同于氧化还原反应），这样酸碱反应的范围更广了，尤其是许多有机反应可用该理论解释。

（5）1963 年，皮尔逊又在酸碱电子理论基础上提出了软硬酸碱理论，把体积小、正电荷数高、可极化性低的中心原子称为硬酸，体积大、正电荷数低、可极化性高的中心原子称为软酸。类似地，把电负性高、极化性低和难氧化的配位原子称为硬碱，反之为软碱，并提出“硬亲硬、软亲软”的经验规则，在某些领域有很好的应用（如解释配合物的稳定性等）。

此外，在酸碱理论的发展史上还有过溶剂论[3]（是从各种不同溶剂中都存在酸碱反应发展起来的，并产生了为人熟知的酸碱拉平溶剂和区分溶剂等概念），这里不再展开。

4. 化合价

化合价又称原子价，是化学核心概念之一，早期基本含义为某元素的原子结合或置换一定数目的其他元素原子的性质[4]。为了对化合价概念有更深入的认识和应用，现将此概念演变分化为下列几个概念[5]。

（1）共价，即共价化合物中共价键的数目，如氢一价、氧二价、氮三价、碳四价等，尤其在有机化学中应用广泛。

（2）电价（离子价），即离子化合物中的离子所带的电荷数，如 NaCl 中 Na^+ 的 +1 价。

（3）配位数，即配位化合物中配位原子（或配位键）的个数，如 $[Cu(NH_3)_4]^{2+}$ 的配位数为 4。

（4）氧化数（氧化态），它是指将分子中共用电子对被指定属于电负性较大的元素后，各原子所带的形式电荷数（可为正数、负数、分数和 0），如在 CH_2Cl_2 中碳元素的氧化数为 0（而其共价数为 4）。氧化数的概念在无机化学尤其是氧化还原反应中应用广泛，目前中学阶段所谓“化合价”的本质往往指氧化数。

当然，教师不一定要把这些概念的演变或分化全部告诉学生，但至少自己要心中有数，并且要通过恰当的方式教给学生一种基于动态演变的观点去看待科学概念和世界万物的眼光，这也正是我们教学的深层价值之一。

三、化学概念的相对性、分歧性举例

化学中不少概念除了具有动态历史演变性之外，往往还具有一定的相对性、过渡性甚至分歧性（而非绝对、唯一、非此即彼的）。对这些概念的教学，如果还一味追求绝对精确和死抠字眼，则势必阻碍进一步的学习发展，误人误己。

1. 金属与非金属

金属与非金属这一组简单概念显然具有相对性和过渡性，通常可用电负性进行界定，即非金属元素的电负性往往大于1.8（鲍林标度，下同）[6]19，金属元素的电负性往往小于1.8。显然有少数元素处在金属与非金属的过渡交界位置（即电负性在1.8左右，如硅、锗等），我们形象地称之为半金属（或准金属、类金属）。这些半金属从性质上看也的确既表现出某些金属的特性（如金属光泽、一定的导电性等），又表现出某些非金属的典型性质（如易形成共价键等）。而且，特殊条件下某些典型非金属甚至也可呈金属态（如高压下的金属氢）。但很多时候，我们在教学中往往采用了人为一刀切的做法：元素汉字带金字旁的即为金属（除此之外还包括汞），余者为非金属，这似乎已是一种本能的习惯，至于其背后更深层的东西可能不再多想。

2. 共价键与离子键

共价键和离子键这组概念亦具有典型的相对性和过渡性。它们通常以成键元素电负性差值来界定，即两元素电负性相差越大（通常可用电负性相差1.7为界作判定[7]，不同教材可能有出入）越易形成离子键（其实是离子键成分多一些，共价键成分少一些，可看作是极性共价键的特例）；而电负性相差小于 1.7 往往形成共价键（即共价键成分多些，只有同种原子间的非极性键才是 100%共价键）。其实，离子键、共价键以及金属键都不过是人们在认识原子成键过程中所取用的三种理想化极端键型，在这三者之间通过键型变异而偏离极限键型后还存在着多种多样具有过渡形式的化学键（如 ZnS、石墨等）[8]。

3. 过渡元素

从字面上讲，过渡元素表示从活泼金属向准金属及非金属过渡的意思。关于过渡元素范围的界定历来都有不同观点[3, 9, 10]：一种观点以为第 3 至 10 纵列的八列元素为过渡元素，因为它们的基态原子电子构型有共同的特点（次外层 d 轨道均未充满电子）；另一种观点则指第 3 至 11 纵列，认为这九列元素也有很多共性（如，都具有多变的氧化态、水合离子可显色、易配位等），且第 ⅠB族元素在较高氧化态时 d 轨道也未充满电子（如 Cu^{2+}）；还有一种观点，即为了叙述方便，把长周期中夹在第 ⅡA 族和第ⅢA 族之间的十列金属（即第 3 至 12 纵列）均划为过渡元素，这也是目前中学化学教科书通常采用的。

4. 元素周期表中族与区的划分标记

我国现行中学化学教材是这样分的：将 18 纵列分为 7 个主族、7 个副族、Ⅷ族（含三纵列）和 0 族（其实未能反映稀有气体已有化合物这一事实），并把价电子排布相似的集中在一起，分为五个区：s 区、p 区、d 区、ds 区和 f 区[6]14。其实，多看看不同级别、不同国家、不同版本的教材，就知道周期表中族与区的划分有一定的分歧性和相对性。如关于族的另一种划分方法是只分为 8 个主族和 8 个副族[3, 11]，主族依次用 ⅠA 至ⅧA表示（其中ⅧA 族即稀有气体），副族依次用 ⅠB 至ⅧB 表示（其中ⅧB即前述第Ⅷ族的三纵列），而 IUPAC 组织（国际纯粹与应用化学联合会）则直接推荐不分主副而依次称第 1 至 18 族。同样，周期表中区的划分也有一定相对性和分歧性，如有的教材将第 3 至 12 纵列（即中学阶段所谓的过渡元素）都统称为 d 区[11]，这样周期表只分四个区：s 区、p 区、d 区和 f 区。

四、结语

化学中类似于这种具有演变性和相对性的概念还有很多，如果教学中不对此类概念加以特别的关注和思考，长此以往，教给学生的将是一种二元对立、非此即彼、绝对化的简单机械思维，而带着这种僵化思维要想在未来瞬息万变、多元复杂的世界生存发展，其艰难是可想而知的。

每一门学科及其概念都有它独特的演变历史，很多概念理论都是在自我纠错、自我完善中逐步形成的。关注那些概念的演变历程及其相对性甚至分歧性，不仅能使我们对原有冷冰冰的抽象概念产生热情并加深理解，而且还是提升科学素养和思维能力不可多得的途径，也能使教师在教学中不至于坐井观天，这或许正是老一辈著名化学教育家傅鹰先生那句名言“化学可以给人以知识，而化学史则给人以智慧”的真意吧。

参考文献

[1] 傅献彩，沈文霞，姚天扬，等. 物理化学（下册）[M]. 5版. 北京：高等教育出版社，2006：405－407.

[2] 邢其毅，裴伟伟，徐瑞秋，等. 基础有机化学（上册）[M]. 3版. 北京：高等教育出版社，2005.

[3] 张祖德. 无机化学[M]. 合肥：中国科学技术大学出版社，2008：72－74，197，480－483.

[4] 张嘉同. 化学基本概念的演变[M]. 太原：山西教育出版社，1998：136.

[5] 徐光宪，王祥云. 物质结构[M]. 2版. 北京：科学出版社，2010：379－408.

[6] 宋心琦. 普通高中课程标准实验教科书：物质结构与性质（选修3）[M]. 北京：人民教育出版社，2007.

[7] 北京师范大学无机化学教研室，华中师范大学无机化学教研室，南京师范大学无机化学教研室. 无机化学（上册）[M]. 4版. 北京：高等教育出版社，2002：51，152.

[8] 周公度，段连运. 结构化学基础[M]. 4版. 北京：北京大学出版社，2008：69－70.

[9] 严宣申，王长富. 普通无机化学[M]. 2版. 北京：北京大学出版社，2012：184.

[10] 华彤文，王颖霞，卞江，等. 普通化学原理[M]. 4版. 北京：北京大学出版社，2013：391－392.

[11] 周公度. 结构和物性——化学原理的应用[M]. 3版. 北京：高等教育出版社，2009：16－17.

例谈化学课堂设计中的三种重要线索

一、问题的提出

一堂好课或一个好的教学设计，一定需要一条或多条好的线索支撑，以把各个教学单元、知识和活动串联起来，从而保证教学的流畅性和高效性。那么，贯穿一堂好课的线索有哪些呢？这是个见仁见智的问题。笔者认为，从教师教的角度看，化学课堂设计首先要关注知识的内在逻辑线索和事实证据支撑线索，因为“讲逻辑、重事实”既是化学等理科最显著的特点之一，又是现代公民最基本的科学素养之一，因此要在化学教学中高度彰显；而从学生学的角度看，化学课堂设计则应重点关注学生的“知识生长点”，关注学生的认知发展脉络，课堂设计要精心，要为学生的认知发展历程舒筋活血搭台阶，要以学定教，这是有效教学的重要保障。因此，笔者在长期的教学实践中，总结出化学课堂设计应首先关注这三种教学线索：知识内在逻辑线索、事实证据支撑线索和学生认知发展线索，通过这些灵活的教学线索设计，优化课堂结构、提高教学效率[1]。

二、化学课堂中三种重要教学线索的内涵与实践

1. 厘清知识内在逻辑线索，让化学课堂条理清晰

条理清晰、循序渐进是所有课堂教学的基本要求之一，尤其是化学等理科教学。这就要求教师在进行课时或单元设计时，一定要先理清相关知识的内在逻辑线索，此时，教师需站在更高的层面，以达到“在整体中教局部”，即应当对学科知识的系统结构、相关概念体系（上位、下位概念）、层级递进关系和来龙去脉等做出清晰的梳理与重整，尤其是化学概念和理论原理的教学。下面，以高中化学选修 3 模块中“分子的立体构

型”一节为例，谈谈该节教学设计中的知识内在逻辑线索。

（1）总体分析与思路：从知识上下前后的联系看，本节前承原子结构和化学键、后接分子性质。教学中可先让学生感受分子丰富多彩的立体结构，例说分子立体结构之重要（如生命体中的分子识别），接着指出分析分子立体结构的常用方法：现代仪器分析测定和理论经验预测（即价层电子对互斥理论）。

（2）本节核心内容的“知识内在逻辑线索”可设计如下：

结合电学常识介绍“价层电子对互斥理论”（VSEPR 理论）的基本含义──→提炼该理论中的三个关键词：中心原子、价层电子对、互斥──→介绍如何识别中心原子──→分析价层电子对（n）的含义及孤电子对数的算法（包括离子）──→基于 VSEPR 理论得出三种最常见的 VSEPR 模型（即 n 分别为 2、3、4 时）──→由三种常见 VSEPR 模型去掉孤对电子得到五种最常见的分（离）子立体构型（四面体、三角锥、平面三角形、V 形、直线形）──→应用上述方法透析六种常见代表物（V 形结构时 n 可能为 3 或 4）的立体结构（如 CCl_4、PCl_3、BCl_3、H_2S、SO_2、CS_2）──→补充利用等电子体原理预测某些特殊分子离子的立体结构──→再由某些基态原子（如 C）成键前后价电子轨道状态出现的差异和矛盾（如能量、方向等），引出“杂化轨道理论”──→点明杂化轨道理论基本含义及其关键词（周围原子影响、中心原子、价电子轨道线性重组、更好地成键）──→举例说明上述关键词（这是学生认知障碍之一）──→杂化轨道的特点和作用──→杂化轨道类型的判断方法及常见三种杂化方式（sp、sp^2、sp^3）──→上述六种代表物的中心原子轨道杂化方式判断思路示例──→在掌握预测分子立体构型方法的基础上，进一步简述立体结构对分子性能和行为的影响（价值升华、动机强化）。

这条基于知识内在逻辑而设计的教学线索循序渐进、清晰简明、环环相扣、承前启后，学生易学易懂，对理论原理性知识的教学效果显著。

2. 寻找事实证据支撑线索，让化学课堂有理有据

“证据推理”是化学学科明确提出的核心素养之一，也是设计化学课堂教学线索的一个重要角度。在化学教学中，要善于培养学生的证据意识和实事求是的品格，以使其在现代信息社会中不盲从轻信，这是强调在教学设计中要关注“事实证据线索”的深层用意。下面，仍以高中化学选修3中“分子的性质”一节中“分子间作用力”的教学线索设计为例。

（1）本节内容特点：该节内容微观抽象，远离学生感官世界与宏观经验，故教学中应强化事实证据线索，让学生信服和深入理解有关结论。

（2）本节教学的“事实证据线索”可设计如下：

先呈现和讨论大量学生熟知的事实和问题，如气体降温为何凝聚？胶水的原理是什么？壁虎等小昆虫为何能倒贴在建筑屋顶或树干上？从而引导学生感受到分子与分子之间存在作用力的客观性和普遍性——→接着用摩擦带电的玻璃棒使细水柱发生偏转的实验，并结合电学常识，引导学生明白分子间作用力的实质是静电作用——→进一步通过有关数据事实，证明分子间作用力通常比化学键弱很多，如以水在不同温度下的变化情形为证：常压下，冰在0 ℃即可融化（破坏部分分子间作用力），在100 ℃即沸腾（破坏大部分分子间作用力），而要在1 000 ℃以上才可能分解为氧气和氢气（破坏化学键）——→展示系列分子晶体及其熔沸点，让学生通过大量实例和数据的观察分析，归纳分子量大小及分子极性对范德华力的影响，以及分子间作用力对熔沸点、溶解性等方面的影响——→由分子极性对范德华力的影响猜测：若分子极性非常强时，分子间作用力必显著增大，同时及时展示卤化氢、氧族氢化物及氮族简单氢化物的沸点数据变化趋势图，通过 HF、H_2O、NH_3三者在同族氢化物中的沸点反常这一事实，引出特殊的分子间作用力——氢键——→进一步解释氢键原理，并结合大量事实和现象分析氢键对物质熔沸点、溶解性、分子识别等方面的影响。

上述教学环节设计，以大量现象、事实、数据及必要的实验为证据线索，将抽象的分子间作用力“化虚为实”，从而有效降低了教学难度，强化了学生的学习动机，并于潜移默化中培养学生“证据推理”这一化学学科核心素养。

3. 关注学生认知发展线索，让化学课堂自然生成

在教育教学中，一个一度让人十分困惑的问题是：教学应先于学生发展还是学生发展应先于教学？因为，教学若过于走在学生发展（某些心智功能的成熟）的前面，则无异于拔苗助长；而教学若一味地跟在学生认知发展的后面，那么教学的价值究竟何在？[2] 所以，把握好教学的节奏，尤其是教学与学生认知发展的关系十分重要，两者应保持一种巧妙的协同共进。俄国心理学家维果茨基也正是在这样的背景下提出了他著名的“最近发展区思想”，强调要“以学定教”，即多设计一些线索和问题，引导并启发学生让他们“跳一跳，够得着”。比如，在科学概念的教学中，要善于了解学生脑子里已有的前概念（或日常概念）、迷思概念等，因为它们既可能是科学概念学习的障碍，也可能正是进一步学习的“生长点”（比如，胶体、氧化还原等内容的教学就是如此）。只有善于关注学生的认知发展线索，并将学科知识心理学化，教学才能事半功倍。下面，以《化学反应原理》模块中的“电解”一节为例，谈谈教学中对学生认知发展线索的关注与设计。

（1）本节内容特点：学生初中已初步接触过“电解”一词，但没有专门介绍；同时，电解模型和前一节的原电池有几分相似、“电解”与“电离”字面上也多有相似，这些都是“以学定教”的基础；同时，在电解中阳极是否惰性、电解质溶液（水中或熔融）的多变、电极上的放电顺序等均是学生易忽略易犯错的地方，在教学设计中应当有所体现。

（2）本节基于“学生认知发展线索”的教学设计如下：

回顾初中的电解水反应——→思考电解的初步概念——→演示惰性电极电解 $CuCl_2$溶液，结合实验现象分析电极反应和总反应——→进一步给出电解的概念及其特点、价值，并归纳出电解过程的一般模型和机理示意图（注意阴阳极和惰性阳极的界定）——→以惰性电极电解简单熔融离子化合物（如熔融 NaCl）为例进一步理解电解的机理及有关装置——→以惰性电极电解 NaCl（或 $CuSO_4$）的水溶液为例，引出电极上的放电竞争及其规律——→以铁件镀锌为例分析有关活性阳极的电解反应，并进一步认识电极上的放电竞争规律⟶在电解原理的诸多应用实例中（如物质的电合成、金属制备、精炼与防腐等）进一步强化其基本原理和分析思路⟶基于“对比”的知识小结：在与原电池、电离等概念原理的对比中，完成对电解原理的深化理解。

本节教学线索的设计，无论是电解概念的引入还是关于电解质溶液和电极的变换，不论是对电解模型和分析思路的关注，还是最后基于“知识对比”的小结等，均体现了由简到繁、以学定教和关注学生认知发展的理念，有助于学生对电解原理认知的螺旋式上升。

三、设计课堂教学线索时需注意的几个问题

1. 在一堂课中，应注意“知识内在逻辑线索、事实证据支撑线索、学生认知发展线索”等多种线索的平衡兼顾。比如，有时学生的认知发展脉络与知识的内在逻辑线索并非一致，此时教师要结合实际权衡何者为主。

2. 设计教学线索时，需将短期教学与长期教学相结合，既要为当下课时教学设计短线索，又要为单元教学或模块教学设计长线索，正如华东师大周彬教授强调的“教学设计须将若干课堂串联起来，以发挥其整体力量。否则课堂就像散落的珠子，若不串起来，珠子再好也成不了项链”。

3. 不是只有上述三种教学线索，教学线索的选择是灵活多样、见仁见智的，应充分考虑教学的内容特点和学生实际，且既可设计为明线、主线，也可设计为暗线、辅线。

4. 教学线索设计仅仅是优化课堂结构和提高教学效率的一个方面，在教学设计中还需系统兼顾其他教学要素和课堂结构要素，如学习动机激发、学习任务驱动、核心素养培育等。

参考文献

[1] 毛东海.例谈化学课堂有效教学的4点共识[J].化学教育,2011(8):17－19.

[2] 列夫·维果茨基.思维与语言[M].李维,译.北京:北京大学出版社,2010:112－120.

用好“建构主义” 助力化学教学

“建构主义”的核心观点是：知识既不是外界客体的简单摹本，也不是主体内部预先形成的结构的展开，而是主体与外部世界不断相互作用而逐渐建构的结果，认为学习的过程就是个体主动建构和认知发展的过程，而“同化、顺应和平衡（或适应）”则是认知发展的基本阶段。其中，“同化”是指把各种新的认知和事实统合在已有认知结构中，是认知结构的量变；“顺应”（或顺化）指调整和突破原有认知结构以更好地接纳新知，并导致认知结构的质变。人的认知发展就是沿着“同化—顺应与平衡—新的同化—新的顺应和平衡……”螺旋式上升。建构主义充满唯物辩证法智慧，其思想至今不仅不过时，反而值得进一步挖掘。下面主要结合实例探讨其如何助力化学教学。

一、“学习即建构”的教学启示

1. 努力创设丰富真实的情境和育人环境，重视学生活动体验及其对知识的意义建构，激发学生自主修建“知识大厦”的原动力

如“胶体”教学时，可先出示墨水或当面制出 $Fe(OH)_3$ 胶体，当学生基于其外观和稳定性而误以为是溶液时，再及时展示其异于溶液的光学性质（丁达尔现象），从而让学生真切意识到生活中确实客观存在着一类特殊而普遍、既异于溶液又异于浊液的分散系—胶体，接着再简要介绍胶体的早期字面意思和概念演变，最终让“胶体”这一新概念从学生的观察体验与概念发展史的融合中自然而然地生长建构出来，这样的教学将更有驱动力。

又如，在选修4“化学反应与能量”教学中，与其让学生陷入大量枯燥的热化学方程式书写和盖斯定律计算，不如多谈谈化学学科在全球能源

危机背景下的重要贡献，多通过一些真实情境让学生体悟关注能量变化的真实意义：如 H_2O 制 H_2 这一获取理想能源的最大限制之一就是因该反应本身要吸收大量能量，所以如何运用太阳能这一廉价可再生能源光解水便成为该领域的前沿课题；又如，引导学生认识到能量变化与化工安全关系密切，很多化工爆炸都是强放热反应引起的，进而从能量视角培养学生的安全风险素养。

2. 知识是人对世界及其规律尽可能逼真的解释或假设，具有一定人为性和发展性，要引导学生以历史的批判的眼光学“活的知识”

以“元素周期表”教学为例，除掌握周期表的基本结构、“位－构－性”关系等内容外，引导学生关注如下问题将更好地促进学生认知发展：①门捷列夫之前已有许多科学家致力于探索当时已知的几十种元素间的内在联系和规律，并努力寻找发现新元素的方法。其中，迈尔、纽兰兹等科学家已产生了元素周期表的基本雏形，只是门捷列夫的成果最系统且有预见性，即门氏的研究是有其特定背景和基础的。②门捷列夫时代的周期表是以原子量排序且留有大量空白的，发现原子内部结构以后才修改为如今的按原子序数（核电荷数）排序，其空白也是逐渐填满的，今天教科书上完美的元素周期表是反复修改的结晶。③还有其他形式的元素周期表，且现行周期表中族的划分、过渡元素的界定等都还有不同的方式和标准……这些问题可促进学生更好地理解科学的本质，如科学是一种相互继承、不断完善的事业，某些科学知识并非绝对客观等，从而有效促进学生的认知发展和对知识的意义建构。

二、“同化”的教学启示

教学要尽量从学生已有经验中寻找新知识的自然生长点，并发挥已有知识经验的最大同化能力和迁移价值，而非将新知识“空降”到学生面前。同时，教学一定要紧盯那些具有最大同化能力和广泛迁移价值的核心内容（如电离、化学键、氧化还原、平衡思想、结构性质关系等），并养成“在整体中教局部”的大局关联意识。教学中的“同化”通常表现为以下形式：

1. 用已有上位概念理论同化新知识

如在有关化学平衡教学时，常用一般化学平衡的理论同化后续的电离平衡、水解平衡、沉淀溶解平衡等下位概念。

2. 用已有思路方法同化新知识

如元素化合物教学中，金属钠基于“预测——→观察——→解释”的教学方法可用于同化后面铝、铁、铜等其他金属教学，而硫的基于“价－类”二维图的认知模型也可用于同化铁、氮等元素的学习。当然，这就要求元素化学合物教学在一开始就要注重对学生进行思路方法的示范指导。

3. 用生活经验同化新知识

如，在学习化学反应自发性的熵判据时，为使学生体会孤立系统的熵增是自发行为，可让学生回忆有关生活经验：墨水滴入清水的现象、家里物品长期随意取放而不刻意整理的结果等（事实上“熵”的应用启发早就渗透到了社会科学和日常生活中）。又如，关于核外电子排布及其构造原理的教学，因很多结论源自基本假设（如玻尔定态假设）和量子力量推算，很多学生一时难以理解，此时用“学校分级分班”等学生切身经验同化不失为一个办法：核外电子先按能量高低分不同能层，好比学生先按学力分不同年级；同一能层再细分为能量不同的能级（或亚层），好比同年级学生经常按成绩再细分成不同层次的快慢班；而“能级交错”则以“部分高二学生能力比高三的还强”的现象同化之……正因“同化”在教学中的高频应用，皮亚杰认为“同化”是学习的根本。

三、“认知顺应与平衡”的启示与反思

1. 认知的质性提升远比具体知识的量变重要，教学正是通过新旧知识经验的冲突促进学生认知发展

比如，氢键教学时，有经验的教师通常会先让学生根据前面范德华力的知识预测卤化氢、氧族或氮族简单氢化物的沸点高低，再展示有关数据，从而通过 HF、H_2O、NH_3 三者在同族氢化物中沸点“反常”这一

事实引发认知冲突，激起学习欲望，最终通过进一步学习修正对分子间作用力规律的既有认识并建立起新的认知平衡。又如，原电池新授课时，可在实验前先让学生根据已有知识预测锌铜原电池实验现象，而当学生在接下来实验中观察到“铜片上居然有气泡”这一意外现象时，迫使学生“顺应”新知识（原电池原理）的时机便水到渠成。在引入 σ 键和 π 键教学时，可先提问“ C═C 键中两根键完全相同吗？其键能是 C—C 键的 2 倍吗？”学生思考猜测后，再展示键能数据，从而让学生在好奇与认知冲突中进入新学习。事实上，化学中像电子云、原子轨道等极度抽象概念的学习，没有认知上的冲突与顺应几乎难以完成，因为电子等微粒的量子化行为完全异于经验世界中宏观物体的机械运动，这将迫使学生发生思维方式和认知观念的质变，即由原来的决定论、确定性、定域化、机械化思维改为不确定、不连续、统计性、波粒二象性的量子思维。当然这种“认知顺应”有时是艰难的，甚至连爱因斯坦这样的科学巨人晚年仍拒绝“顺应”量子力学的某些结论，不信“上帝掷骰子”。

2. 教学有时是“慢的艺术”

从认知顺应到认知平衡往往需要足够的时间（以理解消化与重整），越是抽象难懂的知识学习和重大观念的建立，这一过程往往越漫长。这就需要在教学中有一定耐心，要能慢下来沉住气，包括学校检测考试的频率要适当，因为急功近利的高频检测往往会扰乱学生对某些重要知识和思想的酝酿和消化。

教学是“建构”的艺术，教师要像建筑师那样善于为学生设计蓝图、激发动机并搭建攀爬的脚手架；教学是“同化”的艺术，深刻诠释了以学定教、以旧带新、迁移应用的价值；教学是“顺应”的艺术，这提醒我们要多地关注并创设学生的认知冲突，从而真正促进学生认知水平的质性提升。

高中化学计算技巧枚举与思考

定量化是自然科学的基本特征之一，化学教学和研究都绕不开计算。尽管化学教学中应反对脱离实际和过于偏怪难的计算，但也不能走向另一极端（即过分弱化计算技能）。事实上，对化学基本计算能力和定量意识的培养，无论从促进学生对学科本身的深入理解层面看（如对浓度、反应热、平衡常数、产率等定量类化学概念的理解），还是从发展学生思维品质的角度说（如守恒思想、方程思想、分类讨论、极限与特例思维等），都极为必要。然而，很多学生因缺乏对化学基本计算技能及其背后思想观念的掌握，对化学计算有畏难心理，最终使计算成为化学学习和高考的拦路虎。本文针对这一问题，结合实例介绍化学计算中最基本的若干方法技巧及规律心得。

一、量质结合法

先定性后定量、量质结合，这是化学计算第一原则。只有从整体上作了定性思考，先对问题的性质和概貌有了一个总体理解，才可能抓住问题的本质，否则易陷入细枝末节的计算却“只见树木不见森林”，枉费了时间。很多时候，道理明白了，计算很简单，甚至无须细算。

例 1. 某铁铝混合物若与足量下列溶液反应，放出氢气最多的是（　　）。

A. 3 mol/L 的 HNO_3　　　　B. 3 mol/L 的 HCl

C. 3 mol/L 的 NaOH　　　　D. 18 mol/L 的 H_2SO_4

例 2. 下列说法一定正确的是(　　)。

A. 0.1 mol Cl_2与足量 H_2O 反应转移电子数 0.1 N_A

B. 2.3 g Na 与充足 O_2 完全反应转移电子数 0.1 N_A

C. 过量 Cu 与 100 mL 10 mol/L 浓 HNO_3反应转移电子数 0.5 N_A

D. 5.6 g Fe 加入足量某酸中反应后转移电子数一定介于0.2 N_A至0.3 N_A

简析:这两道例题重点考查的并非计算，而是对性质和反应本身的理解，如硝酸和浓硫酸的强氧化性、钝化、铝的特性、反应限度、浓度对反应的影响等，答案均为 B。

二、观察规律法

例 3. 等质量下列物质与足量稀硝酸反应，放出 NO 最多的是（　　）。

A. Fe_3O_4　　B. Fe_2O_3　　C. FeO　　D. $FeSO_4$

例 4. 某醋酸和葡萄糖的混合水溶液中氢质量分数为 w，则溶液中碳质量分数为多少？

简析:例 3 关键在于观察分析谁亚铁含量最高，答案为 C；例 4 要观察到 CH_3COOH、$C_6H_{12}O_6$、H_2O 三者氢氧原子数之比皆为 2 : 1，由此换算出溶液中氧的质量分数，进而得出碳质量分数为 $1-9w$。

这种基于观察物质细微组成结构规律而进行巧妙计算的训练，既有利于发展学生宏观辨识与微观探析素养，还有利于培养学生敏锐的洞察力和思维的灵活性。

三、运用守恒法

“千变万化、变中有定”是化学的突出风格特点，所谓“变中有定”主要指的就是化学千变万化的背后往往隐藏着某些守恒量，如原子（质量）守恒、电子守恒、电荷守恒、能量守恒等。“守恒”是化学学科的一大基本思想观念，也是学科核心素养之一。因此，守恒法是化学计算最常用的一种技巧，不少化学问题不用守恒法几乎无法解决。

例 5. m g 铜完全溶于某硝酸，生成 NO_2、N_2O_4、NO 这三种混合气体（折算为标准状况时总体积为 V L），若通 O_2使混合气体全被水吸收（转化为 HNO_3），则常温常压通入 O_2的体积至少为多少？

例 6.（2014 年全国高考）已知：将 Cl_2通入适量 KOH 溶液，产物中可能有 KCl、KClO、$KClO_3$，且 $c(Cl^-)/c(ClO^-)$的值与温度有关。当 n(KOH)

$=a$ mol 时，下列说法错误的是（ ）。

A. 若某温度时反应后 $c(Cl^-)/c(ClO^-)=11$，则溶液中 $c(ClO^-)/c(ClO_3^-)=0.5$

B. 参加反应的氯气物质的量为 0.5a mol

C. 改变温度，反应中转移电子的物质的量介于 0.5a mol 至$\frac{5}{6}a$ mol 之间

D. 改变温度，产物中 $KClO_3$的最大理论产量为$\frac{1}{7}a$ mol

简析：例 5 据反应知，铜先把电子传给氮，氮又把电子传给氧气且氮价态复原，从反应始末态看相当于铜把电子传给了氧（即 $2Cu+O_2=2CuO$），故答案为$\frac{49\ m}{256\ L}$；例 6 综合考查了氧化还原中的多种守恒，A 项设生成 11 mol Cl^-（转移 11 mol 电子），则 ClO^-为 1 mol，由电子守恒知另一氧化产物 ClO_3^- 为 2 mol，故 A 选项对；B 选项易由原子守恒（产物中 K、Cl 原子数相等）得出；C、D 项同样运用电子守恒再结合极限思维（假定氧化产物全为 KClO 或 $KClO_3$），不难判断出 C 选项对 D 选项错。

四、列方程法

某些化学计算，因数据信息不足无法直接下手，此时往往可通过设未知数列方程求解。在化学计算中运用列方程法，也是基本数学素养的一种体现，彰显了跨学科解决问题的能力。一些资料介绍的“十字交叉法”，若追根溯源，也源于解方程法，但该法远没有列方程法基本、普适和易懂。

例 7. 用过量过氧化钠吸收 5.8 g CO_2和水蒸气的混合气体后，固体增重 1.8 g，则原混合气体的平均相对分子质量为多少？

例 8. 取某空瓶称质量为 m_1 g（含空气），若相同条件下充满 CO_2质量为 m_2 g，若充满某未知气体质量为 m_3 g，则未知气体相对分子质量为多少？

简析：例 7 设 CO_2和水蒸气分别为 x mol、y mol，Na_2O_2吸收后分别变为

Na_2CO_3（增重相当于 x mol CO）和 NaOH（增重相当于 $2y$ mol H 原子），故有 $44x+18y=5.8$、$28x+2y=1.8$，解得 x、y 分别为 0.05 mol 和0.2 mol，进而求得平均相对分子质量为 23.2；例 8 设瓶子本身质量为 m g、瓶中气体物质的量为 n mol、未知气体相对分子质量为 x，则有：①$m_1=m+29n$、②$m_2=m+44n$、③$m_3=m+xn$，由①、②式可解出 n，再由①③或②③得 $x=15\times(m_3-m_1)/(m_2-m_1)+29$ 或 $15\times(m_3-m_2)/(m_2-m_1)+44$。

五、分类讨论法

分类法是化学教学和研究中的一种重要思想方法，不仅贯穿于整个化学教学（如物质分类、性质分类、反应分类等），而且也是解决很多生活实际问题的常用方法，因而具有方法论层面的普遍意义，也是化学计算常用的一种思想方法。

例 9. 一定条件下将 24 mL NO_2 和 O_2 的混合气体（忽略 NO_2 向 N_2O_4 的转化）通入足量水充分反应后，气体剩余 4 mL，则原混合气中 O_2 体积为多少？

例 10. 两烧杯各有 100 mL 3 mol/L 的盐酸和烧碱，均加入等量铝反应，结束后生成气体体积比为 1 : 2，则加入铝质量为多少？

简析：例 9 余下气体可能为 O_2 或 NO，结合反应可分别算出原 O_2 体积为 8 mL 或 2.4 mL；例 10 宜通过三种情况的讨论入手：一是若两边铝都反应完，则两边氢气量应相等，故不符，二是若两边铝都没反应完，则由酸碱均反应完算出气体体积比应为 1 : 3，亦不符，故只能是第三种情况，即与盐酸反应时盐酸不足，与烧碱反应时铝不足，由此算出铝为 5.4 g。

六、特值特例法

特值或特例法充分运用了哲学上“特殊与一般”的辩证统一关系，此法可大大简化计算过程，提升解题速度。

例 11. 某硝酸铵样品（杂质不含氮）氮质量分数为 28%，则样品中硝酸铵质量分数为多少？

例 12. 某纯碱溶液物质的量浓度为 a mol/L，密度为 b g/L，则其质量摩尔浓度（溶质的物质的量除以溶剂质量）为多少？

简析：例 11 用特值法最简便，取 100 g 样品，则含氮 28 g，由硝酸铵中氮的质量分数易换算出硝酸铵为 80 g，故答案为 80%；例 12 取 1 L 溶液，则含 a mol Na_2CO_3，其质量摩尔浓度为 $[a/(b-106a)]$ mol/g。

七、极限与估算法

有些科学问题的解决，由于信息不足或严格分析时过于复杂，往往采用极限或估算法，化学计算同样如此。极限与估算背后蕴含着人类化繁为简的大智慧。

例 13. m g 铝、铁、锌的混合物若与足量稀硫酸反应，生成气体在标准状况下体积可能是多少？

例 14. 估算 0.1 mol/L H_2S 的 pH（电离常数 K_1、K_2 分别为 1.3×10^{-7}、7.1×10^{-15}）。

简析：例 13 因等质量的三种金属中铝置换的氢最多，锌置换的氢最少，故取两种极限：假定金属全为铝或全为锌，由此算出氢气标况体积应在 $\frac{22.4m}{65\ \text{L}}$ 至 $\frac{22.4m}{18\ \text{L}}$ 之间；例 14 需用近似与估算（否则很麻烦），即首先忽略 H_2S 的第二步电离（太弱），认为溶液中 H^+ 和 HS^- 浓度近似相等，且电离平衡时 H_2S 浓度近似为 0.1 mol/L（忽略电离掉的冰山一角），于是有 $K_1=c^2(H^+)/0.1$，从而估算出 pH 约为 4。

八、综合分析法

有些复杂计算单独运用以上某一方法技巧难以完成，往往需综合分析、随机应变，正所谓“无招胜有招”。

例 15.（2013 年四川高考）1.52 g 铜镁合金完全溶于 50 mL 密度 1.4 g/mL、质量分数 63% 的浓硝酸中，得到 NO_2 和 N_2O_4 的混合气体 1 120 mL（标准状况），向反应后的溶液中加入 1 mol/L 的 NaOH，当金属离子全部沉淀时，得到 2.54 g 沉淀。下列说法不正确的是（　　）。

A. 该合金中铜与镁的物质的量之比为 2∶1

B. 该浓硝酸的物质的量浓度为 14 mol/L

C. 所得混合气体中 NO_2体积分数为 80%

D. 恰好沉淀完全时加入烧碱体积为 600 mL

简析：本题须综合运用数学方程、原子守恒、电子守恒等方法，对综合分析能力和思维水平要求较高，是一道很有区分度的高考计算题。B 选项相对独立，考查不同浓度间的转化，可用特值法快速求解，正确；其余三选项须综合关联分析，由组成分析知沉淀金属离子所用 OH^- 质量为 2.54 g − 1.52 g = 1.02 g，即 0.06 mol，则由电荷平衡知两金属离子共 0.03 mol，且反应转移电子 0.06 mol，设铜 x mol，镁为（0.03 − x）mol，则有 $64x + 24\times(0.03-x)=1.52$，解得 $x=0.02$，故 A 选项正确；再设 NO_2 为 y mol，N_2O_4为（0.05 − y）mol，由电子守恒：$y+2(0.05-y)=0.06$，得 $y=0.04$，故 C 选项正确；当金属离子恰好沉淀完时，溶液溶质恰好为 $NaNO_3$，由原子守恒知，所加 NaOH 物质的量为 $(14\times0.05-0.04-0.01\times2)$ mol = 0.64 mol，故体积为 640 mL，D 选项错误。

总之，适当的化学计算可帮助学生更好地理解物质的组成、结构、性能、合成及变化规律，进而培养其定量分析理解化学问题的观念，而对化学计算基本技巧的掌握不仅有助于提高计算效率，还有利于在计算过程中发展多种思维品质。当然，对计算技巧的追求应把握好度，且应尽量以真实的定量类化学知识作为计算情境和载体。

例谈高三化学习题设计的策略

一、问题的提出

目前虽然有很多有思想的教师都在反思理科教学中的“做题”现象，尤其是批评“以大量练习来替代对知识本身的深度理解和学科素养培育”

这一不良倾向。但不可否认，做习题的确是理科学习绕不开的一个有效环节，连著名化学家莱纳斯·卡尔·鲍林和徐光宪院士等都曾谈及做习题对其化学学习的巨大帮助[1]。因此，习题设计仍是化学教学中值得关注的一个重要方面，尤其是在高三复习中，由于学生已具备了相当的基础，故习题设计的策略方法更值得研究。比如，如何通过习题促进学生对核心知识的系统化建构和融会贯通？如何克服学生多年在题海中摸爬滚打后已有的疲惫和麻木？等。然而，当前市面上各种流行资料中的习题设计却过于随意、缺乏策略、“千书一面”没有个性（不少是通过网络粘贴拼凑的），忽视了习题对教学的导向功能和对学生核心素养的提升作用（如学法引导、观念建构、思维培育、兴趣激发等），这在相当程度上制约了高三复课的质量。笔者近年在化学教学中，更多地采用自主设计的较为个性化的习题，效果较好。下面是对高三化学习题设计策略的一些思考和实例。

二、高三化学习题设计的策略思考与实践

1. 巧用“兴趣点”设计，激发学生思考热情

教育工作者都应铭记著名物理学家理查德·费曼的教育智慧[2]：先让孩子觉得这件事好玩，然后再慢慢加入教育的因素。高三学生本身学习压力大，习题训练多，故更应当在习题中加入一些有趣的元素。然而，当前不少流行资料中的习题面孔陈旧、素材乏味，易使学生丧失思考兴趣。好的习题设计应充满活力和乐趣，应当给学生带来学以致用的喜悦。化学习题设计可围绕衣食住行、医药保健、能源材料、社会热点等诸多学生感兴趣的实际问题展开。下面是一组基于学生“兴趣点”设计的习题。

例 1. 学生中患“干眼症”的人不少，聚乙烯醇是抗干眼症药物的有效成分。(1)合成该药物的单体结构式为____；该单体中官能团的名称是____。(2)从微观结构分析聚乙烯醇能缓解干眼症(即保湿)的药物机理。

例 2. 肾结石的主要成分为 CaC_2O_4（草酸钙）和 $Ca_3(PO_4)_2$ 等，请解释为何多喝水(尤其在夏天)、适当控制钙的摄入量等措施有利于预防和缓解

肾结石的产生。

例 3. 为延长一般食品的保质期，从化学的角度你能给出哪些合理建议？

设计意图：这些习题很基础，却紧密联系学生的生命健康、饮食安全等问题，很接地气且有一定的开放性，既有利于学生对有机物常识、氢键、沉淀溶解平衡、氧化还原反应、反应速率等知识的学以致用，又有利于学习兴趣的激发和思维能力的发展。

2. 善用“对比法”设计，促进知识深度理解

“对比”是解决问题的一种有效方法。在高三阶段，学生学过的化学概念和化学用语等知识已经很多，此时易将一些字面相近而实质不同的概念混淆，如电离、电解和水解，又如同位素、同素异形体、同系物与同分异构体等。针对此问题，教师可以将其集中起来，然后采用“对比法”设计系列习题，让学生在对比中加深对各概念、原理的深度理解。实践表明，习题设计中采用对比策略，可有效促进学生对相近易混知识的辨析。下面略举几例。

例 4. 分别写出 $AgNO_3$ 在水中的电离方程式、电解反应方程式（惰性电极）和水解反应方程式。

设计意图：引导学生在具体实例中对“电离、电解、水解”三个字面相近的化学基本概念进行对比和区分。

例 5. 比较各卤化氢（HX）的热稳定性、还原性、酸性（水中）及沸点顺序，并作出解释。

设计意图：引导学生通过对卤化氢四种性质的对比思考，加深对物质各种理化性质及其影响因素的理解。

例 6. 下列说法正确的是（　　）。

A. 常温下，pH 为 4 的盐酸与 pH 为 10 的氨水等体积混合后，溶液显中性

B. pH 均为 5 的醋酸和氯化铵溶液中由水电离的 H^+ 浓度相等，溶液导电性相近

C. 等浓度的氨水、CH_3COONH_4、NH_4Cl 和 NH_4HSO_4 溶液中，NH_4^+ 浓度依次增大

D. 分别用浓度均为 0. 1 mol/L 的盐酸和醋酸滴定等量未知浓度的 NaOH 溶液，理论终点时消耗酸体积相同，且都可用甲基橙作指示剂

设计意图：A 项和 D 项考查强弱电解质行为特点的对比（既有相似又有区别）；B 项既涉及强弱电解质电离行为的对比（导电性比较），又涉及酸的电离平衡与盐的水解平衡的对比；C 项既涉及强弱电解质的对比，又牵涉不同离子对 NH_4^+ 水解平衡影响的对比，为正确答案。本题旨在通过系列对比，帮助学生深刻理解不同电解质在水溶液中的各种行为规律。

3. 多用“话题式”设计，彰显学科系统魅力

当前各种流行习题集的一个通病是东扯一个物质西拉一个反应，整个习题如同一盘散沙，琐碎零乱。“话题式或主题式”习题设计强调整个习题设计围绕一个中心话题（或主题），由此话题引入和展开一个丰富多彩的化学世界，并在其中促进学生对化学知识的系统化、结构化建构与应用。“话题式”习题设计的关键之一是话题本身的选取，这直接决定着整个习题的格调、层次和效果，所选话题应是有重要价值且学生感兴趣的，还应尽可能多地整合学科主干知识与核心观念[3]（这正与高三综合复习的特点相匹配），可以围绕某一重要化学物质（如水或氨）展开，也可以围绕某些核心概念或科学主题（如能量或电子）展开。

比如，高三复习题设计时可以“水”为话题和明线，以水分子及相关物质的组成、结构、性质、变化、应用等化学视角为暗线，整合分子的结构与性质（如分子极性与水溶性、萃取与反萃取等），常见无机物和有机物的反应（如梳理中学阶段水参与的各类化学反应），电解质在水溶液中的行为与离子反应、与水有关的能量问题（如氢能源、水煤气等），合成制备中的禁水和干燥问题，水资源的净化，海洋资源的开发利用等诸多重要知识，这样的综合性话题式命题可巧妙地全面考查学生的必备知识、关键能力、学科素养和核心价值，同时将学生引入一个丰富多彩、化学味十足的“水世界”，使其感受学科知识的系统性、整体性和实用性之美。具

体习题设计实例可参考下一篇文章（《基于学科重大话题的高三化学习题链设计》）。

4. 引入“多因素分析”设计，培养学生发散思维和多元智慧

很多事物的变化是由多个因素协同作用共同决定的，善于多因素全面分析问题是一个人理性和智慧的重要标志，“盲人摸象”“三视图”等词正是在启示我们分析问题时要尽可能多角度、全方位，才能少出谬误。现实生活中，人们常常对某些问题持有偏见，其根源往往正是人们以单一、不全甚至错误的信息来判断。化学教学中很多谬误的产生，也常常是因为分析问题时过于片面、角度单一和遗漏要素，北京大学严宣申教授曾专文强调过此问题[4]。化学中的很多问题，如键能大小、晶体熔点高低、反应速率和平衡移动、电化学中的放电反应顺序等，皆是多因素共同影响的结果。因此，高三习题设计很重要的一个策略就是要引导学生学会对问题进行多因素、多角度、多层次的全面分析，从而培养其解决复杂问题时所必需的发散思维和跨学科多元智慧。

例 7.（1）有学生预测常温下 Al 与 Br_2 反应比与 Cl_2 反应平缓，你觉得其理论依据可能是____，写出对应的两个反应方程式：____；（2）实验却表明 Al 与 Br_2 反应要剧烈得多，你觉得可能的原因是什么？

设计意图：引导学生在分析化学反应时，不能只考虑物质化学性质这一单一因素，还要意识到反应物状态、浓度等因素对速率的影响（Br_2 为液态，可认为其浓度远高于 Cl_2）。

例 8. 酸化的 $FeSO_4$ 溶液与 H_2O_2 混合后，滴加 KSCN 溶液变红，用离子方程式解释该现象：____；反应过程中还有无色气泡产生并放热，可能的副反应是____，最后还有少量红褐色沉淀生成，则另一副反应为____，产生沉淀的原因是什么？

设计意图：引导学生在分析真实的化学反应时，能多方面、多角度思考，尤其是意识到反应体系中可能存在的各种竞争（平行）反应和连串反应，从而克服狭隘的思维定势。

例9. 请思考在实际化工生产中为某一反应选择恰当温度时应兼顾哪些因素？ 并举例说明。

设计意图：实际化工生产中选择温度时需兼顾反应速率、催化剂活性、平衡转化率、副反应及反应选择性、物质热稳定性、熔沸点、成本和安全等众多因素，因而上述问题既能促进学生利用发散思维回顾思考与温度和反应有关的各种化学知识，又能引导学生学以致用，并深切体会“多因素分析”在实际化工生产中的重要性，这也是对化学学科核心素养的考查。

三、结语

习题设计与练习是高三化学教学的重要环节，应当讲求策略、立意高远。 好的习题设计充满个性、活力、趣味和挑战，不但能促进学生对知识的理解掌握，还应当给学生带来思维的乐趣和学以致用的喜悦。 在高三化学习题设计中，巧用“兴趣点”设计、善用“对比法”设计、多用“话题式”设计和引入“多因素分析”设计等策略，有利于促进学生对化学核心概念原理的深刻理解、对知识的系统建构和综合应用，激发学生学习兴趣，培养其发散思维和多元智慧，从而有效提升学生的学科核心素养和高三复课质量。 当然，化学习题设计中需要关注的因素和层面还有很多，比如，习题本身的科学性、针对性、区分度等都是值得重视的维度。

参考文献

[1] 徐光宪. 我对素质教育的认识[J]. 大学化学,2004(3):1－7.

[2] 理查德·费曼. 发现的乐趣[M]. 张郁乎,译. 长沙:湖南科学技术出版社,2008:178.

[3] 唐隆健. 电子和电磁作用是化学学科之魂——兼论高三化学“话题式”复习[J]. 中学化学教学参考,2017(7):19－21.

[4] 严宣申. 化学实验的启示与科学思维的训练[M]. 北京:北京大学出版社,1993:77－78.

基于学科重大话题的高三化学习题链设计

适量而优质的习题设计与练习是高三化学复习的重要组成部分。通过对习题的思考与解决，可发现学习中存在的具体问题，还可以促进学生对已有学科知识的深度理解和学以致用。然而，当前各种流行教辅资料和习题集的一个通病是东扯一个物质西拉一个反应，习题从选材到构思缺乏整体系统的设计和构思，整个习题给人的感觉是一盘散沙、琐碎零乱，因而往往难以激发学生的思考热情，导致学习效率低下。所谓基于学科重大话题的习题设计，是指习题设计应围绕学科的某个重要中心话题，由此引入并展开一个丰富多彩的化学世界，并基于该话题设计若干习题链。完成这些基于学科某一重大话题的形式较为新颖的习题链，可促进学生对知识的系统化、结构化建构与深度思考和灵活应用，进而提高教学效率。话题式习题设计的关键之一是话题本身的选取，这直接决定着整个习题的品位和效果，所选话题应在学科中具有重要地位且是学生感兴趣的，同时还应当尽可能多地整合学科的主干知识与核心观念，而这些特点也正好与高三系统复习的要求相匹配。下面举例说明。

一、以“电子和电性作用”为话题设计习题链

化学中，无论是物质的组成、结构、性质还是反应，都与“电子和电性作用”息息相关，“电子和电性作用”可谓化学学科的“大统一理论”，属于学科重大话题。事实上，电学本身几乎牵涉化学等所有自然科学[1]：电结构是物质组成结构的最基本形式、电能是最常见最重要的能量形式之一、电过程是自然界的基本变化过程之一、电场是客观世界的重要存在方式之一、电磁作用是自然界的四大基本相互作用之一。因此，围绕“电子和电性作用”这一话题设计习题链，既可促进有关知识的综合应用，又可唤起学生对这一学科核心问题的关注与思考。有关习题链可设计

如下：

（1）元素周期律的实质是什么？ 化学键和分子间作用力的本质是什么？ 碳原子为何往往形成共价键而非离子键？

（2）结合化学键和物质结构等解释下列事实：

①碱金属熔点从上到下递减；

②卤化氢从 HF 到 HI 热稳定性递减、还原性递增；

③同主族元素 N 比 P 非金属性强，但对应单质 N_2 却比 P_4 稳定得多；

④金属晶体中，为何高熔点高硬度的往往是过渡金属。

（3）CO_2 和 SO_2 两者立体结构相似吗？ 两者是否有极性？ 并依据“等电子体原理”预测 N_2O 分子立体结构。

（4）从电性作用角度预测 NH_4^+、Cu^{2+}、 Fe^{3+}、Sn^{4+} 四种离子水解能力的大小并查证，再从电性作用角度推测 Mg_3N_2、$SOCl_2$ 等的水解反应方程式。

（5）为何与 Cu^{2+}、Ag^+ 等反应时，NH_3 的配位能力比 H_2O 强？ 为何与 NH_3 结构相似的 NF_3 却难作配体？

（6）解释氟元素的诸多特殊性：无正化合价、HF 有分子间氢键、氟气与水反应放出氧气等。

（7）标出 CH_4、SiH_4、XeF_2 中各元素的化合价；为何 SiH_4 有强还原性？ 为何 XeF_2 有强氧化性？ 预测 XeF_2 与水反应的化学方程式（有氙单质生成）。

（8）解释 HClO、$HClO_2$、$HClO_3$、$HClO_4$ 的酸性强弱顺序；解释为何氯乙酸酸性比乙酸强？

（9）电化学中，各物质在电极上反应先后顺序的主要依据是什么？举例说明。

（10）适量铜与足量硝酸完全反应，生成气体有 NO、NO_2 和 N_2O_4，该混合气体与标准状况下 6.72 L 氧气混合后通入水中恰好都全部转化为硝酸，则铜的质量是多少？

……

二、以“水”为话题设计习题链

显然，“水”对化学学科意义重大，它是孕育生命的关键，是最常见的分散剂和化工原料，与众多化学反应和化学过程联系密切。下面系列习题链以“水”为话题和主线，以物质组成、结构、性质、变化、应用等化学视角为暗线，整合了分子的结构与性质、常见无机和有机反应、溶液中的离子平衡、反应原理、水资源的净化及开发利用等诸多重要知识，设问前呼后应、灵活开放，意在将学生引入一个丰富多彩、化学味十足的水世界，并在潜移默化中提升学生对核心知识的理解，形成核心素养。习题如下：

（1）水分子电子式和结构式分别为？分子中氧原子轨道杂化方式为？分子立体结构为？分子有无极性？

（2）常见哪些类型的物质易溶于水，为什么？举例说明。

（3）水的哪些特性与其分子间氢键有关？举例说明。

（4）请按物质类别梳理可与水反应的无机物和有机物，并指出这些反应的类型或原理。

（5）为何 Al_2S_3、$SiCl_4$、PCl_5 等物质的制备，以及锂电池所用的电解质体系等均需无水环境？用相关反应解释。

（6）化学实验中常用干燥剂有哪些类型，各自适用范围是什么？举例说明。

（7）某温度下水的 $K_w = 1.0 \times 10^{-13}$，若该温度下某溶液 pH = 7，则其酸碱性如何？

（8）NaH_2PO_4 是常见的缓冲剂，简述如何配制 500 mL 0.1 mol/L 的 NaH_2PO_4 溶液（以 $NaH_2PO_4 \cdot 2H_2O$ 为原料）？该水溶液中有哪些微粒？这些微粒是如何产生的？它们之间有哪些定量关系？为何 NaH_2PO_4 有酸碱缓冲能力？

（9）为何电解质在水溶液中的反应通常速率较快（与一般的气相、固相或有机相反应比）？为何金属制品在潮湿环境下更易腐蚀？

（10）利用水分解制氢气是目前解决能源问题的理想方法之一，该分解反应能自发进行吗？ 实现该反应（要有较满意的转化率和速率）有哪些途径？ 若要电解水制氢，为增强导电性，可向纯水中加入哪些强电解质？

（11）请分析由海水制备 Br_2 和 Mg 的原理和反应，并查阅有关资料。

（12）当硬水中的钙镁以碳酸氢盐形式［即 $Ca(HCO_3)_2$、$Mg(HCO_3)_2$］存在时，称暂时性硬水，这种水中的钙镁离子可在煮沸时除去从而使硬水软化。 请分析暂时性硬水软化的反应原理。

（13）水体中的 Pb^{2+}、Hg^{2+} 等重金属污染可用 FeS 通过沉淀转化消除，写出该转化的离子方程式，该类转化发生的一般规律是什么？ 电解法也可除去污水中的铅汞离子污染，其原理是什么？你还知道哪些化学净水方法。

……

三、其他话题式习题设计举例

基于“话题”的习题设计不一定都要设计成上面那种较长的习题链，即使是简短的选择题也可以围绕某一话题而进行设计。 当然，无论设计成何种题型，有一点很关键：所选话题一定要有重要价值和意义，最好该话题在学科中举足轻重。 比如，还可以“能量”为话题设计习题，因为“能量”是整个自然科学的基本概念之一，在化学中亦具有重要地位，它与微观的化学键和结构变化、宏观物质的稳定性、反应热及其应用、反应的自发性与平衡移动、电化学、化石能源开发利用以及各种分离提纯操作（工业上蒸馏等分离提纯能耗很大）都息息相关。 围绕“能量”话题可设计如下选择题：

例 1. “能量”是自然科学的核心概念之一，下列与能量有关的叙述错误的是（　　）。

A. 工业上很多分离提纯操作会消耗大量能源

B. 放热反应的能量来源主要是物质中电子的能量变化

C. 放热反应自发且不需要加热，吸热反应都需加热才发生

D. 虽有“能量守恒定律”，但因能量使用过程会改变其种类和品位，

故“能源危机”仍然存在

又如，以“原子”为话题也可设计如下思考性强且有趣的小题：

例 2. “原子分子论”是近代化学的基石，下列有关原子分子的说法错误的是（　　）。

A. 构成孔子或李白的某些原子现在有可能在我们体内

B. 化学反应、分子设计及其结构修饰等实质都是原子重组

C. 无论地球、月亮、生命还是非生命均由周期表中的 110 多种原子构成

D. 冷热、酸甜、软硬、色彩、溶解扩散、三态变化、表面张力、毛细现象等万千表象均可由原子分子论统一解释

基于学科重大话题的习题设计，不仅可以激发学生从不同角度和层次思考同一话题，使学生通过发散思维积极调动学科各层次和各模块知识以解决有关问题，从而完成对学科知识的融会贯通和系统建构，而且还有利于在潜移默化中提升学生的思维能力和学科核心素养。当然，作为教师还应当始终清楚地认识到习题设计与练习只不过是化学教学的一个辅助环节，即便是在高三复习中，习题的设计与使用仍要适时、适度、适量，教师绝不能以大量习题训练来替代学生对知识本身的深度思考与理解，更不能以习题操练来替代纸笔测试难以检测到的核心素养的落实。